中国建投
远见成就未来

GROUP

中国建投研究丛书·报告系列
JIC Institute of Investment Research Books · Report

ANNUAL REPORT ON THE DEVELOPMENT
OF CHINA'S INTELLIGENCE INTERNET
INVESTMENT (2019)

中国智慧互联投资
发展报告（2019）

建投华科投资股份有限公司◎主编

科学技术文献出版社
SCIENTIFIC AND TECHNICAL DOCUMENTATION PRESS

·北京·

总　序

　　一千多年前，维京海盗抢掠的足迹遍及整个欧洲。南临红海，西到北美，东至巴格达，所到之处无不让人闻风丧胆，所经之地无不血流成河。这个在欧洲大陆肆虐整整三个世纪的悍匪民族却在公元1100年偃旗息鼓，过起了恬然安定的和平生活。个中缘由一直在为后人猜测、追寻，对历史的敬畏与求索从未间歇。2007年，维京一个山洞出土大笔财富，其中有当时俄罗斯、伊拉克、伊朗、印度、埃及等国的多种货币，货币发行时间相差半年，"维京之谜"似因这考古圈的重大发现而略窥一斑——他们的财富经营方式改变了，由掠夺走向交换；他们懂得了市场，学会了贸易，学会了资金的融通与衍生——而资金的融通与衍生改变了一个民族的文明。

　　投资，并非现代社会的属性；借贷早在公元前1200—公元前500年的古代奴隶社会帝国的建立时期便已出现。从十字军东征到维京海盗从良，从宋代的交子到曾以高利贷为生的犹太人，从郁金香泡沫带给荷兰的痛殇到南海泡沫树立英国政府的诚信丰碑，历史撰写着金融发展的巨篇。随着现代科学的进步，资金的融通与衍生逐渐成为一国发展乃至世界发展的重要线索。这些事件背后的规律与启示、经验与教训值得孜孜探究与不辍研习，为个人、企业乃至国家的发展提供历久弥新的助力。

　　所幸更有一批乐于思考、心怀热忱的求知之士勤力于经济、金融、投资、管理等领域的研究。于经典理论，心怀敬畏，不惧求索；于实践探索，尊重规律，图求创新。此思索不停的精神、实践不息的勇气当为勉励，实践与思索的成果更应为有识之士批判借鉴、互勉共享。

调与金石谐，思逐风云上。《中国建投研究丛书》是中国建银投资有限责任公司组织内外部专家在瞻顾历史与瞻望未来的进程中，深入地体察和研究市场发展及经济、金融之本性、趋向和后果，结合自己的职业活动，精制而成。《丛书》企望提供对现代经济管理与金融投资多角度的认知、借鉴与参考。如果能够引起读者的兴趣，进而收获思想的启迪，即是编者的荣幸。

是为序。

张睦伦

2012 年 8 月

编辑说明

中国建银投资有限责任公司（以下简称"集团"）是一家综合性投资集团，投资覆盖金融服务、先进制造、文化消费及信息技术等领域，横跨多层次资本市场及境内外区域。集团下设的投资研究院（以下简称"建投研究院"）重点围绕国内外宏观经济发展趋势、新兴产业投资领域，组织开展理论与应用研究，促进学术交流，培养专业人才，提供优秀的研究成果，为投资研究和经济社会发展贡献才智。

《中国建投研究丛书》（简称《丛书》）收录建投研究院组织内外部专家的重要研究成果，根据系列化、规范化和品牌化运营的原则，按照研究成果的方向、定位、内容和形式等将《丛书》分为报告系列、论文系列、专著系列和案例系列。报告系列为行业年度综合性出版物，汇集集团各层次的研究团队对相关行业和领域发展态势的分析和预测，对外发表年度观点。论文系列为建投研究院组织业界知名专家围绕备受市场关注的热点或主题展开深度探讨，强调前沿性、专业性和理论性。专著系列为内外部专家针对某些细分行业或领域进行体系化的深度研究，强调系统性、思想性和市场深度。案例系列为建投研究院对国内外投资领域的案例的分析、总结和提炼，强调创新性和实用性。希望通过《丛书》的编写和出版，为政府相关部门、企业、研究机构以及社会各界读者提供参考。

本研究丛书仅代表作者本人或研究团队的独立观点，不代表中国建投集团的商业立场。文中不妥及错漏之处，欢迎广大读者批评指正。

前　言

　　《中国智慧互联投资发展报告（2019）》是建投华科投资股份有限公司推出的智慧互联产业年度研究成果，是《中国建投研究丛书》报告系列的组成部分。

　　《中国智慧互联投资发展报告（2019）》从产业特征、技术演进、投融资概况、相关细分领域应用等方面对智慧互联产业进行了较为全面系统的研究。全书总体分为综述篇、院士篇及产业篇 3 个部分，综述篇（含 2 篇）全面回顾2018 年智慧互联产业及投融资总体情况并对 2019 年趋势进行展望；院士篇（含4 篇）与产业篇（含 8 篇）主要分析人工智能、5G、信息安全、大数据等领域的发展特点及投资趋势。

　　2018 年中央经济工作会议明确，要发挥投资关键作用，加大制造业技术改造和设备更新，加快 5G 商用步伐，加强人工智能、工业互联网、物联网等新型基础设施建设。2019 年政府工作报告中特别提到深化大数据、人工智能等研发应用，培育新一代信息技术，还首次出现了"智能 +"概念。

　　随着 5G 商用牌照的发放，中国正式进入 5G 时代，为人工智能等新技术发展打开更加广阔的前景，以云计算、物联网、大数据、人工智能等领域组成的链条越发清晰，万物互联的时代正在到来。我们认为，2019 年创新能力引领的信息技术产业将延续高速增长的趋势，人工智能等领域将进入更加成熟的阶段，信息技术将继续与实体经济深度融合，推动传统产业转型升级，为我国经济转向高质量发展提供新动能。

　　《中国智慧互联投资发展报告（2019）》由建投华科投资股份有限公司组织编写，为使该书能够更全面、客观、准确地反映智慧互联产业的发展状况及投资特点，我们聘请了院士专家、企业领导共同参与本书的编写工作。我们对各位专家和领导的关心、指导和帮助表示衷心的感谢！

目　录

综述篇

中国智慧互联投资
发展报告（2019）

AIoT，智慧互联下一站

单　　学 | 建投华科投资股份有限公司总经理

在全球经济大环境趋势下，企业纷纷进行智能化战略转型和业务升级，加快面向智慧互联的供给侧结构性改革，通过智能互联的新供给，开拓智能时代新蓝海。智慧互联作为移动互联网的升级和演进方向，正成为推动经济发展、转型升级、社会进步的重要驱动力量。与移动互联网不同，智慧互联至少显现出"异质互联、人本、融通、智能"的特征。

首先，异质互联，体现在"联得更广"。移动互联网过去主要实现的人与人（People-to-People，P2P）的同质互联，而智慧互联将实现异质互联，人与人、人与物（People-to-Machine，P2M）及物与物（Machine-to-Machine，M2M），实现人类社会所有存在物体的互联。其次，人本，体现在"以人为本"。与移动互联网不同，智慧互联将使得消费者越来越多地参与到生产消费的全过程，既是信息的需求者，也是信息的供给者。再次，融通，体现在"跨界更多"。智慧互联贯通了产业链上下游，同时模糊了产业边界，加强了产业间的协同协作、合作共赢。最后，智能，体现在"交互更深"。智慧互联将使得更多物理设备不断成为智能终端，加强万物之间的交互，无网络，不产品；无终端，不生活。

一、AIoT——智慧互联的下一站

随着人工智能、云计算、物联网等新兴科技发展，一些在功能上具有相互补充作用的技术不可避免地去结合。2018 年，小米将 AI+IoT 升级为 AIoT，马化腾在腾讯"云 + 未来"峰会上表示要做智联网，华为官方正式发布 AIoT 生态战略……由此可见，2018 年的 IoT 是转型的一年，转型到 AIoT。AIoT——智慧互联的下一站。

（一）AIoT 的内涵与技术

从广义来看，AIoT 是人工智能技术（AI）与物联网（IoT）在实际应用落地中的融合。然而，AIoT 不是简单的 AI+IoT，而是应用人工智能、物联网等技术，以大数据、云计算为基础支撑，以半导体为算法载体，以网络安全技术作为实施保障，以 5G 为催化剂，对数据、知识和智能进行集成（图 1）。

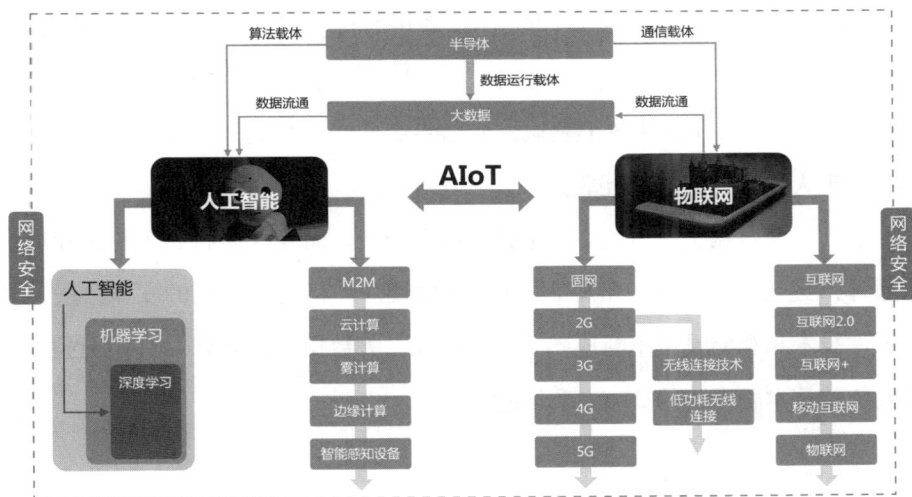

图 1　AIoT 技术实现路径

首先，深度学习是当前人工智能的主流方向。1956 年，达特茅斯会议召开标志着人工智能的诞生，"人工智能就是要让机器的行为看起来就像是人所表现出的智能行为一样"。经过了 1985 年机器学习突破，尤其是 2013 年深度学习算法在语音和视觉识别方面的成功突破之后，随着 AlphaGo 战胜世界围棋冠军李世石，人工智能开始新一轮爆发，并开始在金融、汽车、医疗、教育等行业商业落地。

其次，云计算的下一步拓展方向为雾计算、边缘计算、智能感知设备。物联网建设之初，最早提出的是 M2M，即设备之间的连接，然而随着设备的增加及计算得到增加，云计算诞生并使得这些资源可以被迅速提供和发布，同时实现管理成本或服务供应商干预的最小化。然而，随着连接设备呈几何倍增加，低延迟和高流量的计算负载压力使这种集中式的数据处理模式难以为继。因此，在接近数据的一端设立本地分布式网络设备对数据进行处理、存储的雾计算、边缘计算和智能感知设备将成为未来新方向。

再次，5G 新的组网方式不仅涉及移动通信，也包括物联网应用场景。组网方式经历了固网、2G、3G、4G，5G 商用时代已经来临。前四代移动通信网络技术只是专注于移动通信，而 5G 在此基础上还包括了物联网的应用场景。5G 将渗透到未来社会的各个领域，使信息突破时空限制，拉近万物的距离，最终实现人和万物的智能互联。

最后，大数据为 AIoT 发展提供了数据资产，而半导体将成为算法和通信的载体。经历了互联网、互联网 2.0、互联网＋、移动互联网的发展阶段，基于软件技术和智能设备不断成熟，人工智能、大数据、云计算、5G 组网技术、半导体的技术融合下的 AIoT 呼之欲出。

（二）AIoT 发展现状

2018 年 3 月 28 日，在深圳开幕的 2018 云栖大会·深圳峰会上，阿里提出了万物智联的三驾马车：IoT、AI 和云计算。阿里云总裁胡晓明表示，阿里不仅仅把物联网看作是"连接"，而是在物联网的基础上，能够跟 AI、计算能力进行打通，通向一个未来的"智联网"（AIoT）。

2018 年 4 月，百度与硬蛋签订 AIoT 领域框架合作协议，百度作为 AI 端，硬蛋作为 IoT 硬件端，将吸纳 20 ～ 30 家方案商，双方共同筛选一些合作伙伴。同时，百度也在积极布局 AIoT 安全解决方案，为厂商提供安全服务。

2018 年 5 月，云知声发布首款面向 IoT（物联网）的 AI 芯片 UniOne（雨燕），并于 9 月将基于 UniOne 上的整套解决方案进行开源，赋能合作伙伴，促使 IoT 向 AIoT 发展，技术落地。

2018 年 11 月 28 日，雷军在小米 AIoT 开发者大会上宣布：AI+IoT 是小米的核心战略，而且未来 5 年、10 年不会动摇，未来 5 年将耗资 100 亿 All in AIoT。

2018 年 12 月 26 日，华为首次正式公布 AIoT 战略，旨在解决企业及行业智能化过程中的技术难题。华为针对 AI 和 IoT 布局 HiAI、HiLink 两大平台，并将推出面向智能家居的全新品牌华为智选。

由此可见，2018 年可以被称为是 AIoT 发展元年，巨头向 AIoT 转型，创业公司紧抓 AIoT 新机遇。目前，部分公司的 AIoT 战略重点和应用场景如表 1 所示。

表 1　部分公司 AIoT 战略布局

日期	公司名称	战略重点	AIoT 应用场景
2018 年 3 月	阿里巴巴	聚焦万物智联的三驾马车：IoT、AI 和云计算，打造通向未来的智联网（AIoT）	智能家居、智能城市、智能社会、工业互联网等
2018 年 4 月	百度	推出物联网产品天工，与硬蛋签订 AIoT 战略协议	自动驾驶、智能家居、物流、能源、零售 O2O 等
2018 年 5 月	腾讯	围绕人、物和服务的连接，布局三张网：人联网、物联网、智联网	超级大脑、屋内智能、智能硬件
2018 年 5 月	云知声	发布首款面向 IoT（物联网）的 AI 芯片 UniOne（雨燕）	智能家居、智能车载、机器人、智能医疗等
2018 年 5 月	特斯联	发布全新的 AIoT 智慧消防管理平台，提供 AIoT 产业智能化解决方案	智能社区、智能写字楼、智能商业、智能医院等
2018 年 11 月	小米	AI+IoT 是小米的核心战略	智能手机、智能家居、智能硬件平台等
2018 年 12 月	京东	推出"京鱼座"AIoT 生态品牌	智能家居、智能硬件、智慧出行等

续表

日期	公司名称	战略重点	AIoT 应用场景
2018 年 12 月	华为	首次正式公布 AIoT 战略，旨在解决企业及行业智能化过程中的技术难题	个人、家庭、办公、车载等全场景
2019 年 1 月	思必驰	发布第一代 AI 语音芯片——TAIHANG 芯片（TH1520）	智能家居、智能车载、企业服务等
2019 年 1 月	OPPO	成立新兴移动终端事业部，专注负责 AIoT 产品的研发和探索工作	智能手机、智能硬件、智慧生活等
2019 年 1 月	旷视	发布着重于打造 AIoT 系统战略	智能制造、智慧物流、智慧城市等
2019 年 3 月	创维	发布大屏 AIoT 生态战略"创维 Swaiot"	智能硬件、智能家居等

资料来源：亿欧智库及根据公开资料查询。

除了国内公司，国外科技巨头也在积极布局 AIoT。谷歌收购 LogMeIn 公司的 Xively IoT 平台，进军 AI+IoT 领域。微软 2018 年 4 月 4 日宣布，计划在未来 4 年内向物联网相关的各种项目投资 50 亿美元，用以提供智能化服务。

AIoT 是大势所趋，并开始在智能手机、智能家居、工业机器人等行业快速落地应用。

智能手机：智能手机未来将成为"万物互联"的入口，人工智能、物联网等技术也将成为智能手机的标配。目前，AIoT 在智能手机中的应用主要集中在 AI 芯片及人脸解锁、影像处理、智能相册、互娱特效、3D 展示、语音助手、智慧识屏、系统优化等细分场景方面。对于手机品牌商来说，未来也将向生态化方向发展。

智能家居：智能家居目前正处于启动期，从照明、清洁、空气、安防、水系统，到卧室、客厅、厨卫的应用及温度、湿度、光线、气体的检测，智能家居发力点有很多。不过，目前智能家居仍以单品为主，如智能门锁、智能音箱、智能家电等，未来基于大量设备物联网化及云计算、大数据、人工智能和信息安全支持互联网增值内容与生活服务，全屋智能将得以实现，单一场景的智能体验将升级为全屋智能体验与应用场景结合。

工业机器人：工业机器人已经广泛应用于汽车、电子设备、家电制造等领域，是实现智能制造的基础，也是实现工业数字化、网络化、智能化的保障。然而工业机器人不应仅仅是工业自动化执行的核心部件，更应该是工业数据采集的重要节点。因此，未来工业机器人需要更多的接口与 AI 和 IoT 相连接，将机器人技术与机器视觉、人脸识别、语音交互、情绪感知、运动感知、个性化定制及刷脸支付等技术相结合，才能更好地实现工业智能化。

二、2018 年 AIoT 产业发展总体概况

（一）人工智能产业发展概况

如果说 8 年前中国的人工智能企业如同"小荷才露尖尖角"，那么在 2019 年的今天早已是"百花齐放春满园"。人工智能为中国经济实现大转型提供了发展机遇。

1. 中国经济转型的技术先导，尽享政策红利

从 2015 年开始，国务院、发展改革委等国家机关连续发布多个政策文件，逐步将人工智能提升到国家战略层面，为人工智能技术发展和商业落地提供大量的资金、人才、创新政策支持。

2017 年 7 月，国务院发布《新一代人工智能发展规划》，提出"到 2020 年人工智能总体技术和应用与世界先进水平同步，人工智能产业成为新的重要经济增长点；到 2030 年，人工智能理论、技术与应用总体达到世界领先水平，

成为世界主要人工智能创新中心，人工智能核心产业规模超过 1 万亿元，带动相关产业规模超过 10 万亿元"。国家战略规划中，人工智能已超越技术概念，上升为国内产业转型升级、国际竞争力提升的发展立足点和新机遇。

2018 年是人工智能政策地方落地年，各地纷纷响应国家号召，出台相关政策促进人工智能产业发展。据中国新一代人工智能发展战略研究院统计，2018 年共有 31 个省（区、市）发布 259 个人工智能相关政策。其中，广西最多，共 25 项；甘肃和天津位居第二、第三，分别发布 16 项与 15 项（图 2）。

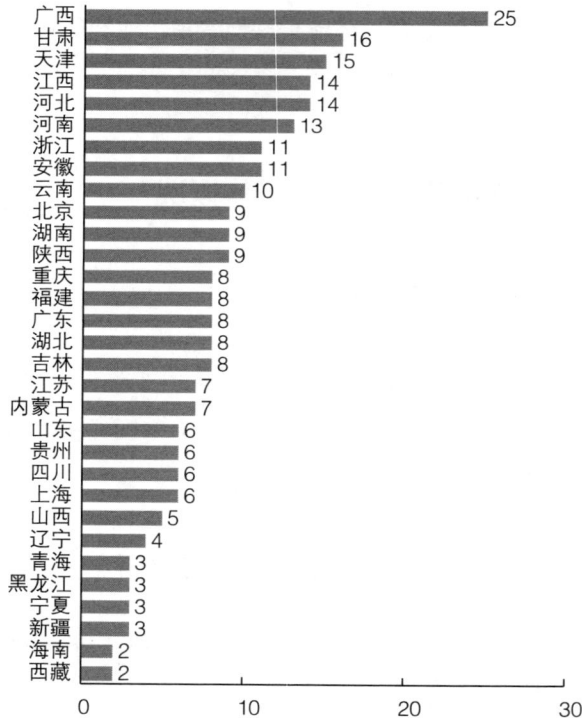

图2 2018 年各省（区、市）发布人工智能政策数量

资料来源：中国新一代人工智能发展战略研究院。

2. 人工智能技术应用进入商业化"快车道"

2012—2018 年，"人工智能"在学术、投资及舆论界的热度整体呈增长趋势。从图 3 中 3 条曲线的变化趋势来看，学术界关于"人工智能"的研究热度增长较为稳定；投资领域在 2014—2015 年增速最快。从 2017—2018 年的变化可以看出，对人工智能领域的投资依旧增长；公众舆论中"人工智能"话题的关注热度与学术曲线走势基本持平。

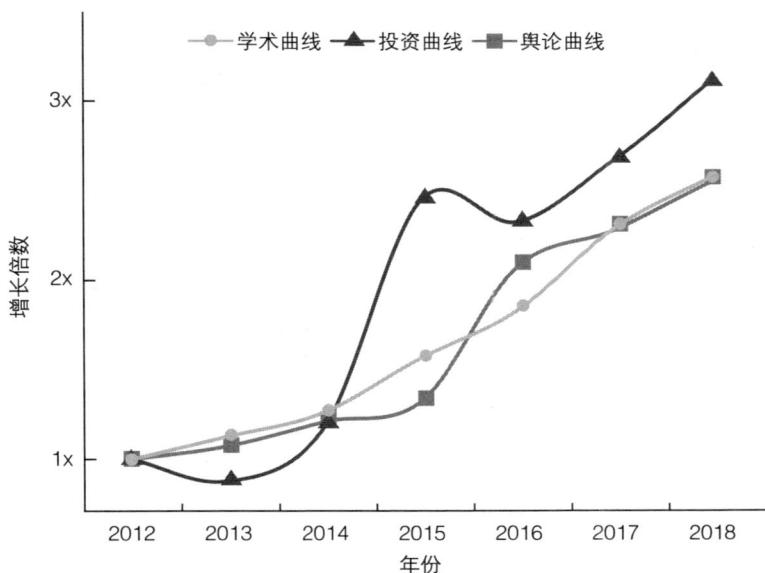

图 3　中国人工智能学术、投资与舆论增长曲线

资料来源：亿欧智库人工智能企业数据库、百度指数、中国知网。

注：1. 本报告统计的是 2012—2019 年 5 月的人工智能投资数据，下文未特殊标明皆默认为这一时期。

　　2. "学术曲线"是中国知网中"人工智能"相关论文各年份发布数量变化情况；"投资曲线"是中国人工智能私募股权投资市场的投资频数变化情况；"舆论曲线"是百度指数中"人工智能"一词的搜索热度变化情况。

根据亿欧智库统计，截至 2019 年 5 月，中国人工智能企业共计 1093 家，其中 78% 的企业成立于 2012 年以后，集中在行业解决方案、机器人、企业服务和汽车行业。自 2012 年起，人工智能创业初见端倪，到 2014 年中国正式迎来人工智能创业热潮，再到 2016 年攀至顶峰，之后创业热度出现走低，2018 年新成立企业数量仅 44 家（图 4）。从数据来看，因深度学习而进入"二次革命"的人工智能的创业窗口期已近于关闭。

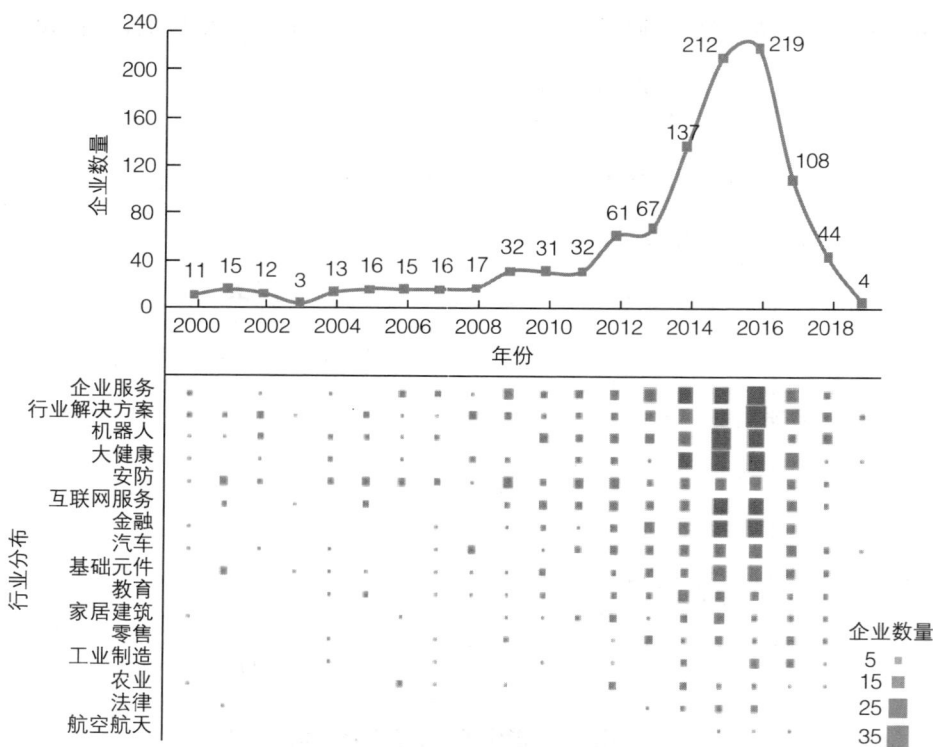

图 4　历年中国人工智能企业新创公司数量及行业分布
资料来源：亿欧智库人工智能企业数据库（截至 2019 年 5 月）。

人工智能技术在部分行业的应用，是颠覆式创新，具有重塑行业的能量。而在大多数行业，人工智能技术仅仅是改良式创新，为行业提供新的辅助性工具，促进行业进步。

据德勤数据显示，截至 2017 年人工智能市场规模已经达到了 216.9 亿元，同比增长 52.8%，预计到 2020 年将达到 710 亿元。2018 年，部分人工智能技术应用已进入商业化"快车道"，而部分仍处于技术研发阶段。亿欧智库曾针对 13 个行业、61 项人工智能技术应用进行研究，挖掘各项应用当前的商业化程度与技术应用深度（图 5）。

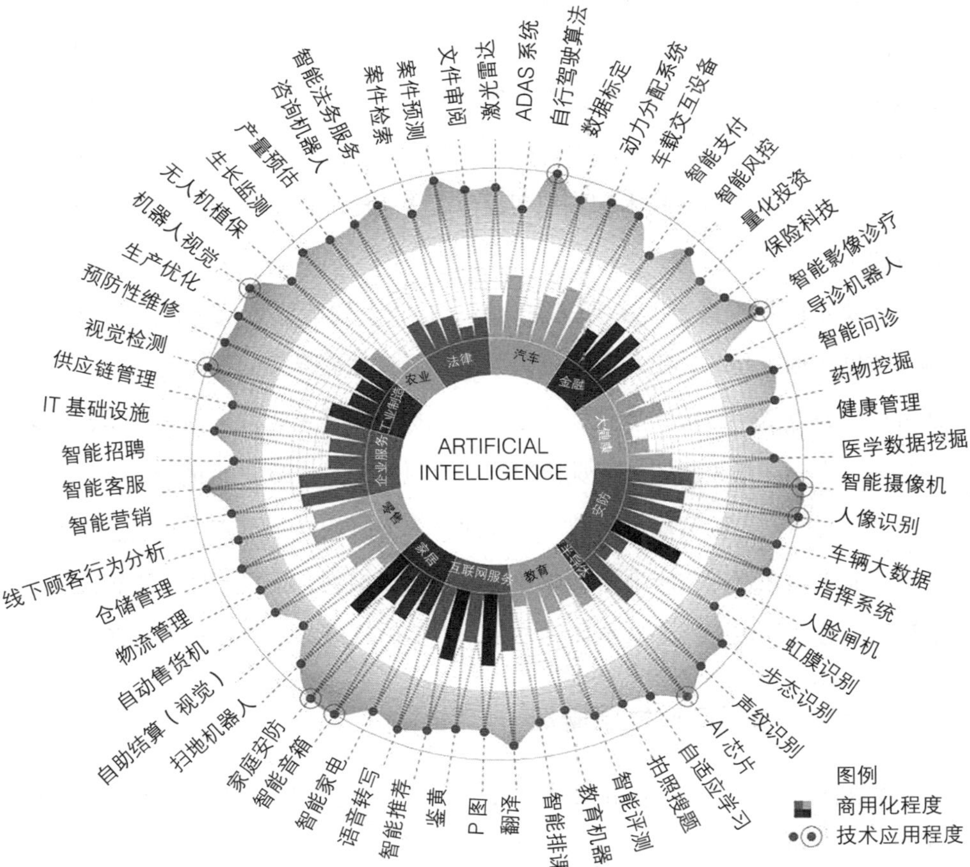

图 5　人工智能在各领域的商业化程度与技术应用深度
资料来源：亿欧智库。

从商业化程度来看，安防、金融、互联网服务、企业服务等行业走在前列。安防领域是人工智能落地最早的场景之一，其市场可分为顶层的政府市场、中层的行业市场、底层的渠道市场。其中，政府市场是核心市场，主要服务的客户是政务机构、公安、司法、交警等，具体落地领域主要为平安城市、智慧交通、智能楼宇、文教卫、金融行业等。金融领域拥有大量数据，一直被认为是人工智能落地最快的行业之一，目前应用相对成熟的是"智能风控"，监管科技、智能投研、智能审计等仍处于探索期。互联网服务领域，以翻译、P 图、智能推荐、语音转写等服务为主，这些服务以智能手机为主要入口，与公众工作和生活的关系较紧密。企业服务领域，智能营销和智能客服是两大成熟商业应用，前者基于人群大数据、通过 AI 算法提升数据挖掘技术实现精准营销，后者则基于语音技术和知识图谱替代人工客服降本增效而被广泛应用于各行业。

从技术应用深度看，主要围绕计算机视觉、智能语音技术、自然语言理解、数据挖掘等技术，出现了一批因人工智能算法而诞生的技术应用，主要包括自动驾驶算法、智能影像辅助诊疗、人脸摄像头等人脸识别相关应用、智能音箱等语音交互相关服务、视觉检测等工业制造服务、AI 芯片的 IC 设计等。

毫无疑问，人工智能应用的广度和深度未来将相当于蒸汽机和电的发明及应用，而中国在这一次产业革命中也走在了世界前列。但是，在人工智能的基本算法、芯片、传感器、量子计算方面，中国仍然落后于多数发达国家。

（二）物联网产业发展概况

物联网（Internet of Things，IoT），是新一代信息科技的重要组成部分，也是继计算机、互联网之后世界信息发展的第三次浪潮。国内外普遍认为，1999 年麻省理工学院的 Ashton 教授在研究 RFID 时，第一次提出了物联网的概念。随着时间的推移，2005 年国际电信联盟（ITU）发布的《ITU 互联网报告 2005：物联网》报告中，又重新定义了物联网的意义和范畴。物联网指通过射频识别装置、红外感应器、全球定位系统、激光扫描器等种种装置与互联网结合成一个全新的巨大网络，实现现有的互联网、通信网、广电网及各种接入网和专用网连接起来，实现智能化识别和管理。

1. 多因素驱动物联网万亿级市场

几乎所有的市场预测都表明，2018年，全球物联网行业规模超过1万亿美元。IoT Analytics做了一个保守的预测，2018年全球物联网行业规模为0.2万亿美元，预计到2025年将达到1.6万亿美元。也有许多市场研究机构对于物联网行业发展比较乐观，例如，麦肯锡预测到2025年物联网行业规模将达到6.1万亿美元，IDC预测将达到7.1万亿美元，思科预测将达到14.4万亿美元(图6)。

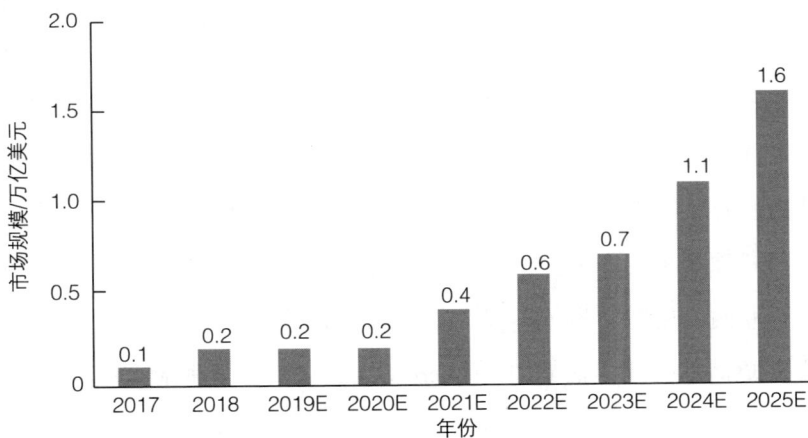

图6　全球物联网行业市场规模

资料来源：IoT Analytics。

物联网行业能够快速发展离不开政策支持、巨头推动、技术进步和需求拉动，具体如下。

政策支持：2010年以来，国务院、工业和信息化部、发展改革委等陆续发布一系列政策支持物联网产业发展。2017年1月，工业和信息化部发布《物联网发展规划（2016—2020年）》，明确了物联网行业"十三五"发展目标：

完善技术创新体系，构建标准体系，健全公共服务体系，推动物联网产业规模应用。2018 年，国家出台了一些物联网细分领域政策。例如，2018 年 6 月，工业和信息化部印发《工业互联网发展行动计划（2018—2020 年）》，深入实施工业互联网创新发展战略，推动实体经济与数字经济深度融合。

巨头推动：随着物联网渗透率加快，互联网企业、通信企业、IT 服务商和垂直行业企业对物联网重视程度不断加深。互联网企业将物联网上升为企业战略，例如，2018 年 3 月，阿里巴巴进军物联网，IoT 是阿里巴巴集团继电商、金融、物流、云计算后新的主赛道。通信企业将物联网视为连接用户新增的主力，截至 2018 年年末，国内三大运营商物联网连接用户数已突破 7.6 亿。IT 服务商以平台为依托拓展物联网行业版图，戴尔未来 3 年将向物联网研发投资 10 亿美元，并成立专门的物联网部门。垂直行业企业则开放能力，向行业赋能，如工程机械厂商基于自身经验积累孵化第三方工业物联网平台。

技术进步：物联网涉及的技术多种多样，从感知技术到传输技术，最终到数据分析、处理与挖掘等多种技术，精确地实现每一项技术都具有很大的挑战性，且每一项技术的实现，都需要各种其余技术配合完成。例如，感知技术方面，物联网发展对新型传感器、芯片的需求逐渐增大，因此对其尺寸和功耗提出了更高的要求。而 MCU（Micro Control Unit，微控制单元）和 MEMS（Micro-Electro-Mechanical System，微机电系统）由于其高性能、低功耗和高集成度的优势，得到了全面发展，成为感知层发展最重要的两项技术。

需求拉动：目前，物联网已进入由基础性、规模化行业需求推动的新阶段。一方面，B 端企业和 G 端政府用户需要物联网提升效率、降低成本、增加收入；另一方面，C 端消费者消费需求增加，物联网可增强其用户体验，如智能电视 2018 年预计销售 5000 万套，渗透率达 60% ～ 70%。

2. 物联网应用场景持续拓展，百花齐放

物联网的技术架构可分为 4 层，分别为感知层、传输层、平台层和应用层（图 7）。其中，感知层是物联网的底层，是物联网应用和发展的基础。利用 RFID 技术、传感等技术，实现对物理世界的智能感知、识别及控制等。物联网的传输层分为有线传输和无线传输，无线传输可按距离分为短距离传输和长距离传输。物联网的平台层分为四大平台，分别为连接管理平台、设备管理平台、应用使能平台和业务分析平台。平台层用于数据的分析与处理，应用层包括物流、交通、安防、能源等行业应用。

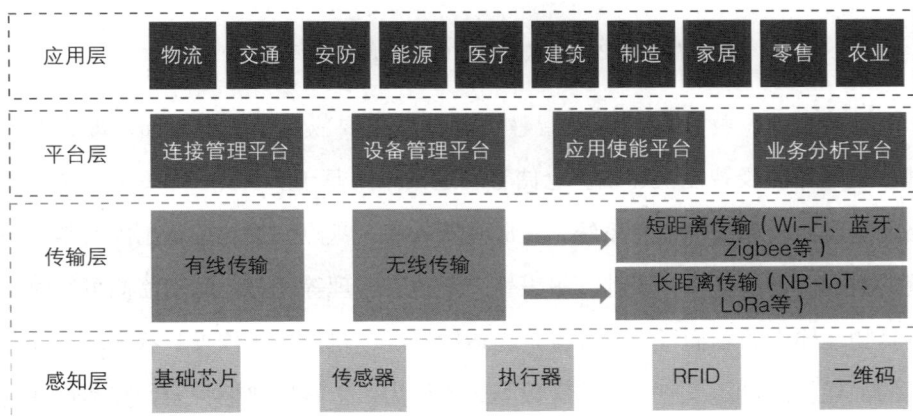

图 7　物联网产业的 4 层架构

随着连接数快速增长和梅特卡夫定律的作用，2018 年，物联网广泛应用落地。2013 年物联网行业应用渗透率为 12%，2017 年数值已超过 29%。预计到 2020 年超过 65% 的企业和组织将应用物联网产品和方案。目前，物联网已开始应用于物流、交通、安防、能源、医疗、建筑、制造、家居、零售和农业等行业（图 8）。这里主要分享物联网技术在智慧物流、智慧交通、智慧能源和智能制造中的应用。

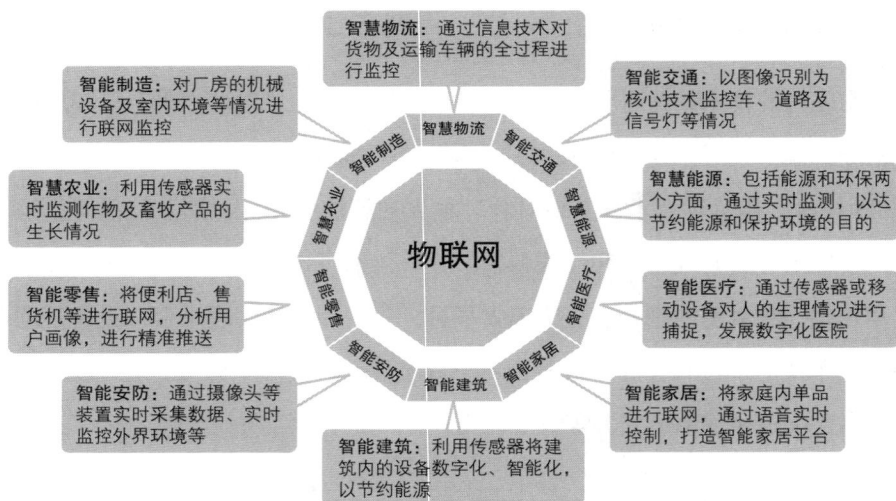

图 8　物联网产业的十大应用领域

智慧物流：物联网技术在智慧物流领域主要应用于 3 个方面，即仓储管理、运输监测及智能快递柜。仓储管理通常采用基于 LoRa、NB-IoT 等传输网络的物联网仓库管理信息系统，完成收货入库、盘点调拨、拣货出库及整个系统的数据查询、备份、统计、报表生产及报表管理等任务；运输监测可实时监测货物运输中的车辆行驶情况及货物运输情况，包括货物位置、状态环境及车辆的油耗、油量、车速及刹车次数等驾驶行为；智能快递柜将云计算和物联网等技术结合，实现快件存取和后台中心数据处理，通过 RFID 技术或摄像头实时采集、监测货物收发等数据。

智慧交通：交通被认为是物联网所有应用场景中最有前景的应用之一，而智能交通是物联网的体现形式。智慧交通利用先进的信息技术、数据传输技术及计算机处理技术等，通过集成到交通运输管理体系中，使人、车和路能够紧密的配合，改善交通运输环境、保障交通安全及提高资源利用率，主要有八大应用场景：智能公交车、共享单车、汽车联网、智慧停车、智能红绿灯、汽车电子标识、充电桩及高速无感收费。

智慧能源：当前，将物联网技术应用在能源领域，主要用于水、电、燃气等表计及根据外界天气对路灯的远程控制等，基于环境和设备进行物体感知，通过监测，提升利用效率，减少能源损耗。例如，智能水表，可利用先进的NB-loT技术，远程采集用水量，以及提供用水提醒等服务。

智能制造：制造领域的市场体量巨大，是物联网的一个重要应用领域，主要体现在数字化及智能化的工厂改造上，包括工厂机械设备监控和工厂的环境监控。通过在设备上加装物联网装备，使设备厂商可以远程随时随地对设备进行监控、升级和维护等操作，更好地了解产品的使用状况，完成产品全生命周期的信息收集，指导产品设计和售后服务；厂房的环境监控主要包括空气温湿度、烟感等情况。

我国是较早布局物联网的国家之一，物联网产业规模近些年来持续发展，通过政府及行业内相关企业的共同努力，在关键技术上已经取得了一定成果，竞争优势不断增强。但是，产业发展仍存在一些问题亟待解决：第一，标准规范问题，发展物联网使用多种技术，然而，在同一个行业中，各家企业所使用的标准不一，设备兼容是个大问题，亟须出台相应的标准规范；第二，底层技术问题，物联网发展的基础在于感知层，而当前，我国自主研制的传感器芯片还不足以满足大规模的物联网应用，且精度远不如国外，需要着重钻研底层技术；第三，商业模式问题，物联网在发展过程中，最重要的是解决谁买单的问题，目前，成本还较高，还需要探索更多的商业模式；第四，行业应用问题，物联网已应用于多个行业，但现在只是简单地将设备进行连接，如何能够发现更多的应用，是行业内应思考的问题。

（三）大数据产业发展概况

大数据已经成为新经济的增长引擎，正如吴军老师在《智能时代》中写道："如果我们把资本和机械动能作为大航海时代以来全球近代化的推动力的话，那么数据将成为下一次技术革命和社会变革的核心动力。"

1. 中国大数据产业发展进入快车道

2018 年，大数据在政策、技术、产业、标准制定等方面取得较大进展。

在政策方面，大数据领域的重要性进一步巩固。早在 2015 年，国务院就发布了《促进大数据发展行动纲要》，明确提出数据已成为国家基础性战略资源，大数据正日益对全球生产、流通、分配、消费活动及经济运行机制、社会生活方式和国家治理能力产生重要影响。2018 年大数据政策从全面、总体规划逐渐向各大产业、细分领域延伸扩展，细分领域成为关注焦点。例如，教育部发布《教育部机关及直属事业单位教育数据管理办法》，国务院出台《关于促进"互联网 + 医疗健康"发展的意见》，银保监会发布《银行业金融机构数据治理指引》等。

在技术方面，分析类、流通类等大数据技术取得快速发展。目前，大数据技术环境主要分为四大阵营：OLTP 阵营、OLAP 阵营、MPP 阵营及流数据处理阵营。OLTP 主要执行基本的、日常的事务处理，处理数据量不大，但实时性和并发性要求高。OLAP 是数据仓库系统的主要应用，支持复杂的分析操作，侧重决策支持，并且提供直观易懂的查询结果。MPP 即大规模并行处理，采用大规模并行处理架构对海量数据进行分析，原生支持并行的关系型查询和应用。流数据处理主要针对不存储在可随机访问的磁盘或逻辑缓存中而是以数据流的方式源源不断地到达的数据，具有实时性、无边界、复杂性等特点。

在产业方面，我国大数据产业继续保持高速发展。根据赛迪顾问数据显示，2018 年中国大数据产业规模达到 4384.5 亿元，预计到 2021 年达到 8070.6 亿元（图 9）。其中，大数据硬件市场规模为 2244.7 亿元，大数据软件市场规模为 822.5 亿元，大数据服务市场规模为 1317.3 亿元。

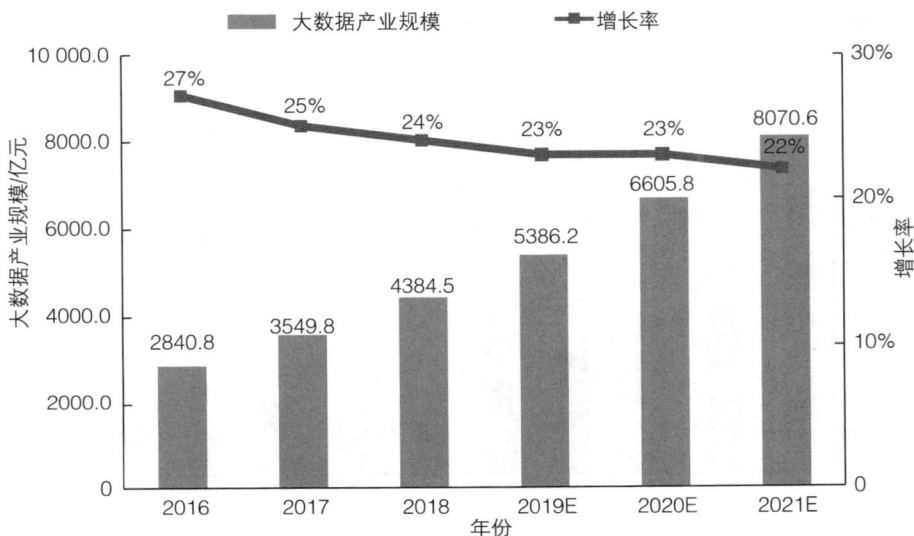

图 9　2016—2021 年大数据产业规模及增长率

资料来源：赛迪顾问。

在大数据标准制定方面，基础标准、数据标准、管理标准、安全和隐私标准及行业应用标准已基本完善。2014 年 12 月，全国信息技术标准化技术委员会——大数据标准工作室正式成立。截至 2018 年年底，整理已发布、已报批、已立项、已申报、在研及拟研制的大数据相关标准超过 100 项。

2. 大数据与实体经济融合成效初显

李克强总理在 2019 年政府工作报告中提出："深化大数据、人工智能等研发应用，培育新一代信息技术、高端装备、生物医药、新能源汽车、新材料等新兴产业集群，壮大数字经济。"大数据与实体经济融合是大力发展实体经济的重要途径，国家高度重视大数据与实体经济融合发展。

当前大数据正在向我国实体经济各领域渗透融合，进入全方位、广渗透的新阶段。根据天府大数据国际战略与技术研究院数据显示，在中国从事数据分析与数据服务的大数据企业居多，占比 23%。大数据金融、大数据营销、大数据医疗则为大数据企业主要发力的细分行业（图 10）。

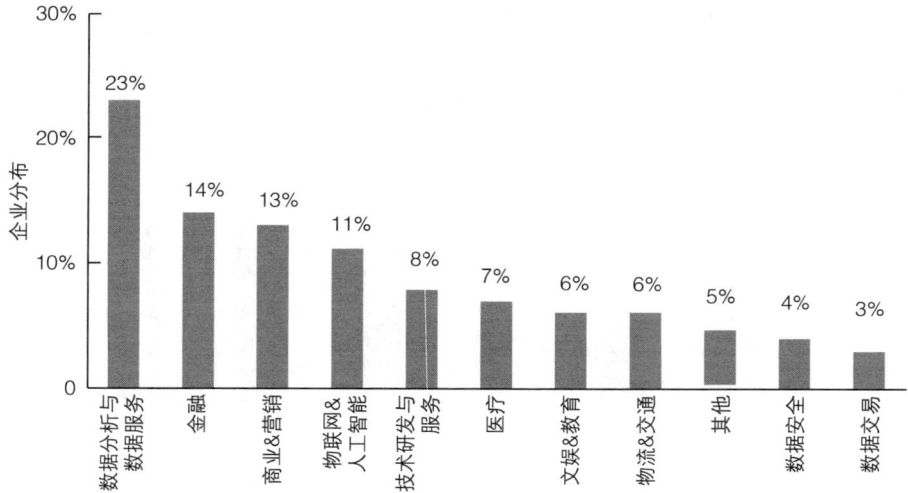

图 10　2018 年中国大数据产业融合企业分布

资料来源：天府大数据国际战略与技术研究院。

大数据金融：金融行业在发展的过程中积累了大量的数据，包括客户信息、交易信息、资产负债信息等。BCG 研究报告以银行业为例指出，银行业每创收 100 万美元，平均就会产生 820 GB 数据。大数据已广泛应用于智能风控、智能投顾等场景中。例如，基于客户人行征信、商务经营信息、收支消费信息等估算客户价值，判断客户优劣。

大数据营销：通过收集用户社交、消费、信用、交易等行为数据，分析用户需求与偏好，建立精准营销解决方案，优化企业对客户的筛选与精准服务，实现营销的精准化、场景化、个性化，优化营销的质量与效果，降低人力成本、提高营销效率。

大数据医疗：医疗大数据主要分为三类：医疗数据、移动医疗健康数据、基因数据。大数据与机器学习、深度学习等技术和循证医学、影像组学等学科的结合，可以为健康管理、辅助诊疗等场景提供解决方案；打通底层数据，构建互联互通的数据平台，可以优化诊疗流程、提升医疗行为的效率。数据互通可以优化各应用场景的体验，各应用场景产生的数据又可以进一步丰富数据——由此形成一个价值闭环。例如，在医学影像中，凭借对海量影像数据信息进行更深层次的挖掘、预测和分析可以定量描述影像中的空间时间异质性，揭示出肉眼无法识别的图像特征。

目前，在行业大数据应用中，因为互联网行业成立之初，数据已融入了业务中，所以进展较快，而传统企业和部分政府机构，在数据应用方面还处于初级阶段，数据平台、数据治理等都需要从零开始。从行业来看，目前各个行业数据应用不平衡严重，金融、医疗等行业处于数据应用前列，而农业、工业进展相对缓慢。

（四）云计算产业发展概况

云计算是一种模型，用于实现对可配置计算资源（如网络、服务器、存储、应用程序和服务）的共享池的无处不在的、方便的按需网络访问，这些资源可以通过最少的管理工作快速配置和发布，或者服务提供者互动。云计算塑造的信息资源集聚和掌控优势将成为国家竞争的战略制高点。

1. 中国云计算规模效应凸显

近几年，中国政府密集出台政策鼓励云计算发展，与此同时，推进相关标准体系建设，规范市场秩序，引导云计算产业稳步、高质量发展。2015 年 1 月，《国务院关于促进云计算创新发展培育信息产业新业态的意见》提出，加快发展云计算，推动传统产业升级和新兴产业增长，培育成新的增长点。2018 年，工业和信息化部发布《推动企业上云实施指南（2018—2020 年）》，提出到 2020 年，全国新增上云企业 100 万家，形成典型标杆应用案例 100 个以上，形成一批有影响力、带动力的云平台和企业上云体验中心（表 2）。除此之外，各级政府纷纷发布"企业上云"行动计划，推动省内企业上云，促进传统产业升级。截至 2018 年 11 月，浙江、山东、江苏、广东、湖南等 20 个省份已出台了推动企业上云的政策文件。

表 2　2015—2018 年中国云计算相关政策

时间	发布单位	文件名称	主要内容
2015 年 1 月	国务院	《国务院关于促进云计算创新发展培育信息产业新业态的意见》	加快发展云计算，打造信息产业新业态，推动传统产业升级和新兴产业成长，培育形成新的增长点，促进国民经济提质增效升级
2015 年 11 月	工业和信息化部	《云计算综合标准化体系建设指南》	提出云基础、云资源、云服务和云安全组成的云计算综合标准化体系框架，以及有效解决应用和数据迁移、服务质量保证、供应商绑定、信息安全和隐私保护等问题的 29 个标准研制方向
2016 年 3 月	新华社	《中华人民共和国国民经济和社会发展第十三个五年规划纲要》	重点突破大数据和云计算关键技术，并积极推进云计算和物联网发展
2016 年 7 月	中共中央、国务院	《国家信息化发展战略纲要》	构建新一代云计算体系，提升云计算设备和网络设备的核心竞争力，鼓励在"一带一路"沿线节点城市部署数据中心、云计算平台和内容分发网络平台等设施
2016 年 12 月	国务院	《"十三五"国家信息化规划》	"十三五"将基本建立新一代网络技术体系、云计算技术体系、端计算技术体系和安全技术体系，培育发展一批具有国际竞争力的云计算骨干企业，中国信息领域核心技术设备自主创新能力全面增强
2017 年 4 月	工业和信息化部	《云计算发展三年行动计划（2017—2019 年）》	建设一批云计算领域的新型工业化产业示范基地，完善产业载体建设，到 2019 年我国云计算产业规模要达到 4300 亿元；突破一批核心关键技术，云计算服务能力达到国际先进水平

续表

时间	发布单位	文件名称	主要内容
2017 年 7 月	国务院	《新一代人工智能发展规划》	继续加强超级计算基础设施、分布式计算基础设施和云计算中心建设
2018 年 8 月	工业和信息化部	《推动企业上云实施指南（2018—2020 年）》	到 2020 年，全国新增上云企业 100 万家，形成典型标杆应用案例 100 个以上，形成一批有影响力、带动力的云平台和企业上云体验中心

根据中国信息通信研究院数据，2018 年我国云计算市场规模达 962.8 亿元，同比增长 39.2%，预计未来 3 年将以超 30% 的增速持续增加，预计 2021 年将达到 2259.7 亿元。其中，公有云市场规模达到 437 亿元，私有云市场规模达到 525 亿元（图 11）。

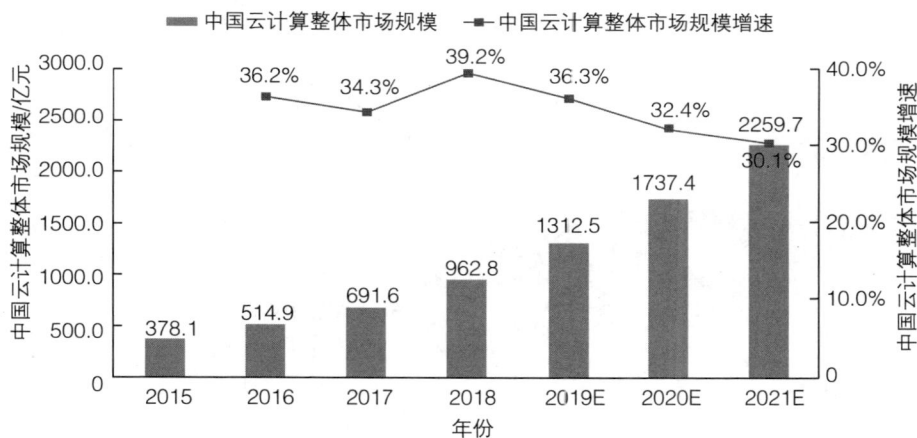

图 11 2015—2021 年中国云计算市场规模及增速
资料来源：中国信息通信研究院。

除此之外，云计算市场也愈加集中。2018 年下半年，中国公有云 IaaS+PaaS 厂商市场份额中阿里云最高，占比 42.7%；腾讯云其次，占比 11.8%。另外，云计算领域出现了诸多规模巨大的并购交易，这些交易分布在云解决方案、云安全、AI 芯片、开源和开发生态等不同领域（表 3）。未来云计算巨头公司针对技术或者客户方向的收购活动预计还将高频出现，开源也将成为各大厂商竞争的关键，以充分利用其汇聚的开发力量，构建开发和应用生态，进而提升综合实力。

表 3　2018 年云计算领域重大并购交易事件

时间	收购方	被收购方	被收购方标签	收购金额
1 月 30 日	SAP	CallidusCloud	云计算 SaaS 解决方案提供商	24 亿美元
3 月 14 日	Palo Alto Networks	Evident.io	云安全公司	3 亿美元
3 月 21 日	Salesforce	Mulesoft	云计算的企业集成服务公司	65 亿美元
4 月 20 日	阿里巴巴	中天微	中国大陆唯一大规模量产的自主嵌入式 CPU IP 核公司	未透露
6 月 4 日	微软	GitHub	全球最大的代码托管平台	75 亿美元
8 月 2 日	思科	Duo Security	多云安全公司	23.5 亿美元
8 月 2 日	西门子	Mendix	云原生低代码应用公司	6 亿欧元（约 7 亿美元）
9 月 21 日	Adobe	Marketo	云计算营销自动化公司	47.5 亿美元
10 月 29 日	IBM	Redhat	开源软件巨头	340 亿美元
11 月 11 日	SAP	Qualtrics	云调查和研究 SaaS 公司	80 亿美元

2. 企业上云成为趋势

越来越多的传统企业认识到，上云是实现数字化转型的重要路径。云计算与本地部署模式相比，企业可以免去自己购买服务器、存储器等基础设施的环节，即接即用，按需付费，有效降低了企业的时间成本和资源成本。同时依托云计算资源池的共享机制，企业利用的云资源可以实现弹性扩张，有效解决了企业业务量波动性强的问题，降低企业运营成本。

传统企业上云的路径分为三步：传统业务云化、数据能力云化、云上业务创新。企业将硬件、软件、数据等基础要素迁入云端为先导，快速获取数字化能力，不断变革原有体系架构和组织方式，有效运用云技术、云资源和云服务，逐步实现核心业务系统云端集成，促进跨企业云端协同，融入开放创新生态。

金融企业使用云计算一站式解决方案降低成本，提高安全性。金融企业面临产品上线速度慢、原有的 IT 架构弹性伸缩能力差、运维成本高等问题，随着云计算技术的提升，云计算相关服务能够为银行、保险、证券、互联网金融等企业提供低成本、高可靠、可弹性伸缩的一站式解决方案，目前提供金融云服务的中国企业主要包括阿里云、华为云、腾讯云、浪潮云、Ucloud、青云、BoCloud 博云等。

医疗企业依托医疗云平台实现各应用系统的互联互通。医疗行业面临医疗资源分布不均，传统的 IT 架构投入大、维护成本高，医疗信息化和智能化导致数据膨胀，难以满足对计算力的需求等问题。云计算解决方案可以提供信息化健康平台建设，优化整合利用医疗资源，利用技术创新实现公共卫生、计划生育、医疗服务、医疗保障、药品供应、综合管理等业务应用系统的互联互通和业务协同。

教育行业借助云计算开拓各类新场景，向智能化转型。教育行业在新的需求和业务模式下，面临着数字化向智能化的转型；新技术驱动下的新工科改革、新工科实训；各类数据的数据治理优化；智慧校园云、远程教育、数字社区、数字图书馆等各类新场景，云计算成为推动教育行业数字转型升级的重要推手。通过通用管理平台、教育账号管理体系及服务、教育应用中心及分发服务、教育大数据平台及个性化服务等产品，教育行业将实现多端互联、内容融合、数据智能。

虽然企业上云是大势所趋，在缩减成本、提升效率方面具有显著优势，但仍面临安全性、管理云计算支出、缺乏资源和专业知识等挑战。在 RightScale 公司的调查中，77%的人表示云计算安全将是挑战之一，76%的人认为管理云计算支出是一项挑战，73%的人认为缺乏资源和专业知识是挑战之一。除此之外，企业还面临治理和控制、合规性、管理多云环境、性能、建立私有云等挑战。

（五）集成电路产业发展概况

集成电路是信息产业的基础，被誉为"工业粮食"，每 1 美元的产值能够带动 100 美元的 GDP，推动集成电路发展已上升至国家重中之重。

1. 集成电路产业转移大势所趋——向中国转移

2014 年 6 月 24 日，国务院发布《国家集成电路产业发展推进纲要》，推进设计、制造、先进封测、IC 关键材料装备等任务，指出到 2020 年，集成电路产业与国际先进水平的差距逐步缩小；到 2030 年，集成电路产业链主要环节达到国际先进水平，一批企业进入国际第一梯队。除此之外，国家成立了"国家集成电路产业投资基金"。目前，国内已形成政策、资金、人才和需求全方位配合，驱动集成电路产业发展的态势。

中国长期面临集成电路的进口额大于出口额的情况，根据海关总署的统计，2018 年中国集成电路进口总额正式突破 3000 亿美元，约达 3121 亿美元，同比 2017 年增长 19.8%。相较之下，集成电路的出口总额在 2018 年时仅 846 亿美元，不及进口额的 1/3，显见中国极度依赖国外芯片制造商，目前国内芯片制造技术尚待提升，但由于半导体的分工模式相当成熟，国内芯片设计企业不需担心芯片生产问题（图 12）。

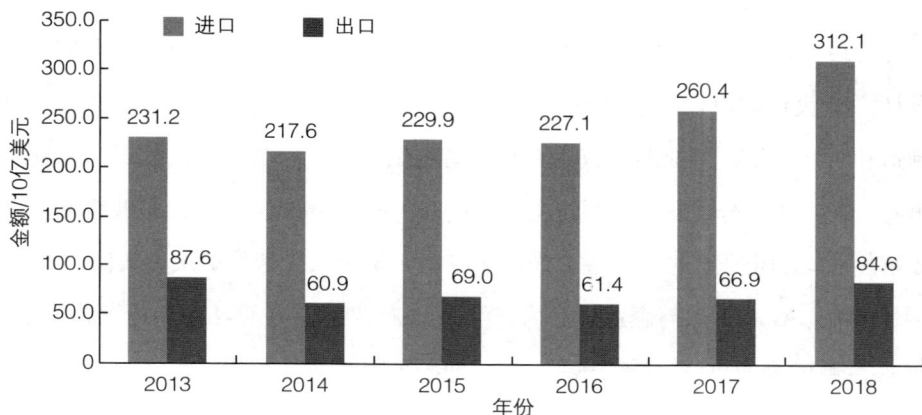

图 12　2013—2018 年中国集成电路进出口金额统计
资料来源：中国海关总署。

我国集成电路起步晚但近年来发展速度较快，如今中国已是全球集成电路最大的销售市场。据 CSIA 数据显示，2017 年中国集成电路市场规模为 14 251亿元，国内销售额为 5411 亿元。在集成电路行业的第三次景气周期中，手机等消费电子产品取代 PC 成为行业增长的主要驱动力。伴随着我国成为全球集成电路主导消费市场，在政策的支持下，中国很有可能成为集成电路产业第三次国际转移的承载地。在此背景下，中国集成电路市场在国际市场中的分量和占比将进一步提升，中国企业也将面临发展的黄金时期。

2. 国产 AI 芯片遍地开花

AI 芯片目前是集成电路行业主攻方向。第一阶段的《促进新一代人工智能产业发展三年行动计划（2018—2020 年）》提出，国家将重点扶持神经网络芯片，冀望 AI 芯片量产且规模化应用。根据 Gartner 的预测数据，全球人工智能芯片市场规模将在未来 5 年内呈现飙升，从 2018 年的 42.7 亿美元，成长至 343 亿美元，增长超过 7 倍，显见 AI 芯片市场增长空间很大。

AI 芯片虽是新兴领域，但强敌环伺，上下游产业整合早已开始。上游主要是芯片设计，按照商业模式，可再细分成 3 种：IP 设计、芯片设计代工和芯片设计，IP 设计即设计芯片用的 IP 核（IP core）。中游包含两大类，分别是晶圆制造和封装测试，但晶圆不仅是在封装时测试，制造后会有一次测试，封装后再有一次。下游分成销售和系统集成（system integration）企业，提供软硬件集成解决方案的企业会被归属在系统集成商中，像是人工智能解决方案商。

目前，AI 芯片参与企业可分为三类：AI 芯片系、AI 算法系和传统芯片系。AI 芯片系的企业以 AI 芯片产品起家，创始人团队亦以芯片设计经验为主，创立时同时设立芯片和算法研发团队，以提供 AI 芯片出货为主，部分兼 IP 核授权生意。AI 算法系的企业以人工智能算法集成产品起家，创始人团队曾参与或主持过深度学习算法的项目，已有 AI 相关产品，再增设芯片团队，可以掌握产品开发控制权，加深客户合作关系。传统芯片系的企业早在 AI 芯片出现前就已经有芯片设计业务，在看到 AI 芯片的机会出现后，将 AI 芯片当作新的产品线，或是在现有产品中加入 AI 设计。

芯片行业是一个成熟行业，传统芯片设计和晶圆制造封测技术壁垒高且市场增长缓慢。人工智能行业正处于成长期，部分 AI 产品已经可以落地，并且持续优化中，算法逐渐趋向稳定。AI 芯片行业目前整体还处于幼稚期：第一，AI 芯片的整体销售市场正处于快速增长阶段，传统芯片（包含 CPU 和 GPU）的应用场景逐渐被 AI 专用芯片（包含 FPGA 与 ASIC）所取代，市场对于 AI 芯片的需求将随着云 / 边缘计算、智慧型手机和物联网产品一同增长。第二，AI 芯片是新技术，这导致学院派和市场派都能同时进入竞争，市场上的竞争者相当多。只是有些落地场景不是企业看得到就能吃下，像是手机芯片的市场仍属于传统芯片企业的领地。因此，AI 芯片企业多是瞄准物联网终端场景，但物联网终端的问题是破碎化，其中较大的场景在安防领域，尤其中国市场更为重要。第三，寻找新合作模式，虽然 AI 芯片正逐渐取代传统芯片，但是集成商或芯片企业是做 to B 业务，和 to C 业务很不一样，AI 芯片企业（包含 AI 芯片、AI 算法、传统芯片）不能很好地抓住新客户的需求，除了当前的合作客户，拓展新客户合作开发产品是困难的，因此纷纷推出开源或开放平台让客户开发新需求（图 13）。

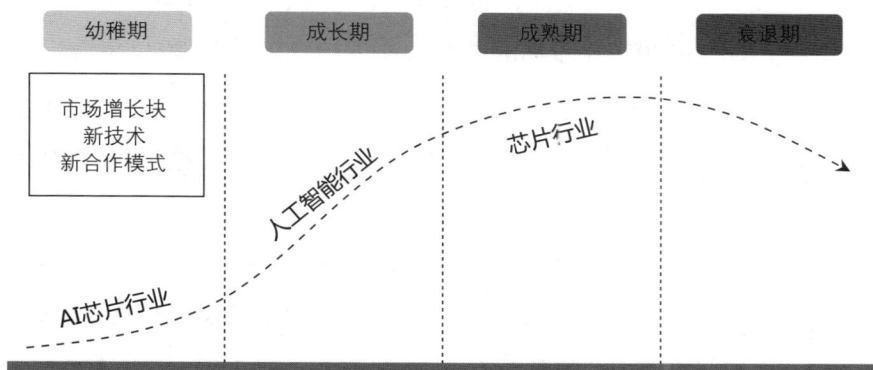

图 13　AI 芯片行业生命周期

（六）5G 产业发展概况

自 20 世纪 80 年代以来，每过 10 年移动通信领域就会更新核心技术指标完成迭代。5G，即第五代移动通信技术，相较于前四代，具备高速传输、高容量与低延迟的特性。5G 将触发广泛的物联网应用场景，推动万物互联的时代变革，成为如汽车、制造、医疗、能源、智慧城市等众多行业与领域生产力的新动能。

1. 不只是比 4G 多 1G，5G 部署速度加快

从模拟通信到数字通信，从文字传输、图像传输又到视频传输，移动通信

技术极大地改变了人们的生活方式。前四代移动通信网络技术，只是专注于移动通信，而 5G 在此基础上还包括了物联网的应用场景。面对如此复杂多变的应用环境，5G 不只是简单地升级了技术，而是对整体通信网络架构进行了改变。相比于 4G 网络架构中使用了更多的硬件设备，为了满足多种多样的网络计算需求，5G 将更多地使用云化及网络虚拟化（在一台硬件设备上虚拟出多台设备）等软件技术（图 14）。

5G 不只是比 4G 多 1G，中国信息通信研究院在《5G 经济社会影响白皮书》中预测，5G 将在 2020 年带动国内 4840 亿元的直接产出，2025 年增长到 3.3 万亿元，2030 年为 6.3 万亿元，10 年间的年均复合增长率将达到 29%。在 "1G 空白" "2G 跟随" "3G 突破" "4G 并跑" 之后，我国高度重视 5G 的研发与应用。

2018 年 5G 取得了重大进展，特别是首个真正完整意义的国际标准——5G NR 标准 SA（独立组网）方案由 3GPP（国际无线网络标准化机构）发布。这标志着 5G 已经完成第一阶段全功能标准化工作，进入了产业全面冲刺新阶段。除此之外，2018 年 2 月，沃达丰和华为宣布，两公司在西班牙合作采用非独立的 3GPP 5G 新无线标准和 Sub 6 GHz（低频频段）完成了全球首个 5G 通话测试。同月，华为在世界移动通信大会上发布了首款 3GPP 标准下的 5G 商用芯片巴龙 5G01 和 5G 商用终端，支持全球主流 5G 频段。

目前，我国在 5G 竞赛中已处于领先地位。专利方面，据 IPlytics 最新发布的名为 "Who is leading the 5G patent race？" 的报告显示，截至 2019 年 4 月，中国企业申请的 5G 相关 SEP（Standards-Essential Patents，即标准必要专利）件数占全球 SEP 专利数量的 34%，位居全球第一。其中，华为拥有 15% 的专利，为全球 5G 企业专利龙头（图 15）。

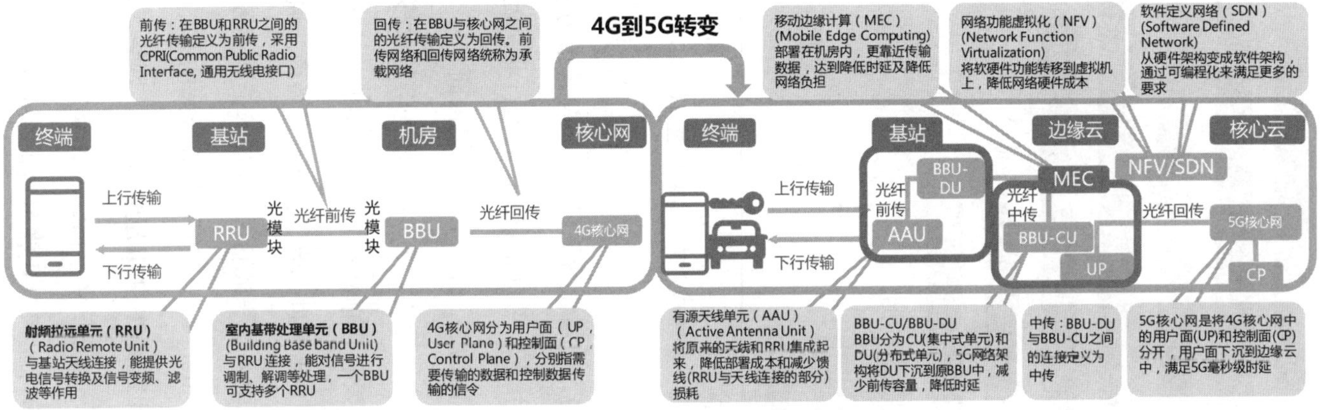

图 14　4G 到 5G 的网络基础架构图的改变

资料来源：亿欧智库。

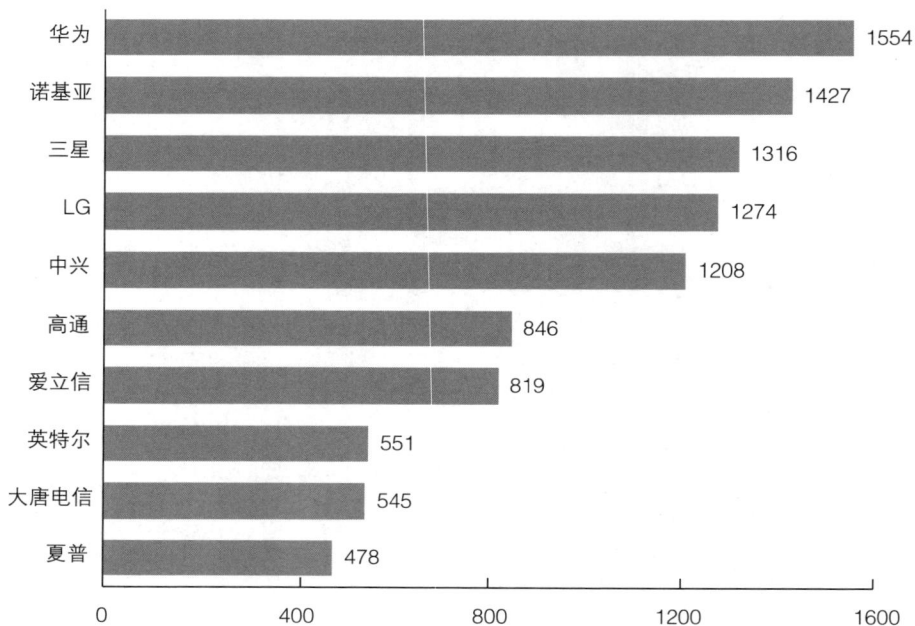

图 15　全球 5G SEP 专利数量 TOP10

资料来源：IPlytics。

　　5G 通信使用高频频段，具有传输损耗大、信号穿透力差的问题，这使 5G 通信建设成为一项资本、技术、劳动密集的高门槛行业，因此推动技术落地的主导玩家仍以传统巨头厂商为主。第一，芯片提供商。5G 的大规模商用会在智能手机终端率先落地，芯片是其关键。全球四大芯片及移动终端技术提供商高通、英特尔、华为、联发科目前陆续发布了 3GPP 标准的 5G 芯片。预计搭载 5G 芯片的终端将在 2019 年面世。第二，通信设备商。通信设备巨头华为、诺基亚、爱立信、三星、中兴等积极利用 5G 技术扩展业务增长点。2018 年 7 月诺基亚与美国运营商 T-Mobile 已经签下全球最大的 5G 订单：35 亿美元的 5G 网络设备供货协议，计划从 2019 年开始部署 5G 网络，2020 年全国覆盖。第三，通信运营商。国内三大通信运营商已经公布 5G 商用进程的最新计划表，2018 年已经在个别城市和行业客户开放 5G 测试和体验，2019 年将实现更广范围的预商用阶段；2020 年正式进入商用。相比较，2018 年年末美国运营商 Verizon 在 4 个美国城市推出固网服务"5GHome"，成为全球首个商用 5G 宽带服务，2019 年 Q1 计划推出移动 5G 服务。

目前终端层和应用层企业也积极布局 5G。截至 2019 年 6 月，三星、华为、OPPO、vivo、小米、努比亚、一加已进入运营商 5G 终端的供货名单，华为 MATE20X 5G 款也已经在 6 月底拿到了入网许可证。

2. 5G 赋能万物，商用指日可待

2019 年 6 月 6 日，工业和信息化部向中国电信、中国移动、中国联通和中国广电颁发了 5G 商用牌照，这意味着中国正式进入了 5G 商用元年。

国际电信联盟 ITU 召开的 ITU-RWP5D 第 22 次会议上，确定了未来 5G 应具有的三大类使用情景：增强移动宽带 eMBB（Enhance Mobile Broadband）、超高可靠低时延通信 uRLLC（Ultra Reliable & Low Latency Communication）和大规模 / 海量机器类通信 mMTC（massive Machine Type of Communication），前者主要关注移动通信，后两者则侧重于物联网（图 16）。

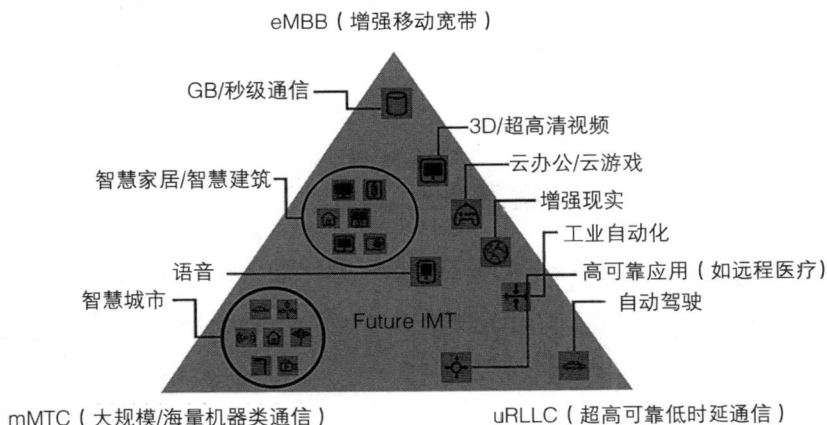

eMBB（增强移动宽带）

GB/秒级通信

3D/超高清视频

云办公/云游戏

智慧家居/智慧建筑

增强现实

工业自动化

语音

高可靠应用（如远程医疗）

智慧城市

自动驾驶

Future IMT

mMTC（大规模/海量机器类通信）

uRLLC（超高可靠低时延通信）

图 16　5G 三大应用场景

资料来源：ITU（国际电信联盟）。

eMBB 被认为是最先商用的场景。该场景侧重于多媒体类应用如视频、游戏娱乐，集中表现为超高的传输数据速率，广覆盖下的移动性保证，需要在用户密度大的区域增强通信能力，实现无缝的用户体验。2018 年平昌冬奥会便推出了 5G 网络服务支持赛事直播，为观众带来多角度、高清晰度的沉浸式观看体验。

mMTC 场景是为适应大规模的物联网应用，特点为连接设备的数量巨大，但设备所需传输的数据较少，对时延性要求较低。应用领域包括智慧城市、智慧建筑等。

uRLLC 情景下连接时延要达到 1 毫秒级别，并支持高速移动情况下的高可靠连接，保证应用的安全性和操作精度。应用领域包括工业自动化、车联网、远程医疗等。要建立低延迟无线网络以连接传感器等设备的难度目前而言还是严重障碍。

5G 的应用，将打破空间的局限，在医疗、教育、文娱等多个场景中优化人们的生活。爱立信预测，2023 年全球 5G 用户可能超过 10 亿，全球 20% 的移动数据将由 5G 承载。然而，5G 在带来高速、低延迟、高容量等优点的同时，也会使得信息安全和隐私泄露风险加剧。在不能够保证填补所有的网络安全漏洞的情况下，5G 的广泛场景应用和更开放的网络空间可能导致大量针对用户的网络攻击。

（七）网络安全产业发展概况

没有网络安全，就没有国家安全。近年来，网络安全产业步入发展的新阶段，发展网络安全的需求日益迫切。"互联网 +"带来的融合创新使得各行各业对网络安全保障的需求不断升级，技术的发展和成熟为传统企业提供数字化变革机会的同时，也带来了更加复杂的信息安全环境和网络安全态势，安全产业成为网络强国建设的基础保障。

1. 网络安全产业发展步入快车道

2018 年我国网络安全法律体系进一步健全，网络安全治理机制进一步完善。自 2017 年 6 月正式实施《网络安全法》以来，配套政策、各行业细分政策相继出台。2018 年 4 月，信息安全标委会发布《大数据安全标准化白皮书（2018 版）》，并于 5 月正式实施《信息安全技术 个人信息安全规范》；2018 年 6 月，公安部发布关于《网络安全等级保护条例（征求意见稿）》公开征求意见的公告，旨在贯彻落实《网络安全法》，深入推进实施国家网络安全等级保护制度。2018 年 9 月，《个人信息保护法》被列入《十三届全国人大常委会立法规划》。2019 年 6 月 30 日，在中国软件产业发展情况新闻发布会上，《国家网络安全产业发展规划》正式发布。根据规划，到 2020 年，依托产业园带动北京市网络安全产业规模超过 1000 亿元，拉动 GDP 增长超过 3300 亿元，打造不少于 3 家年收入超过 100 亿元的骨干企业。到 2025 年，依托产业园建成我国网络安全产业"五个基地"。 此次规划是继等保 2.0 之后又一网络安全领域国家顶层规划政策，信息安全的国家战略地位进一步得到肯定，信息安全产业整体受益。

中国网络安全行业虽起步晚，但发展较快。据赛迪顾问测算，2018 年中国网络安全市场规模达到 495.2 亿元，同比增长 20.9%，远高于全球市场的平均增速。同时，随着国家和企业组织对网络安全重视程度不断提升，中国网络安全市场规模到 2021 年预计将达到 926.8 亿元（图 17）。

从产品细分领域来看，网络安全市场可分为安全硬件、安全软件及安全服务。2018 年中国安全硬件、安全软件及安全服务市场份额占比分别为 48.1%、38.1%、13.8%，中国网络安全市场持续以安全硬件为主（图 18）。然而，全球网络安全市场以提供订阅化服务为主，2018 年安全服务市场占比 64.4%。随着虚拟化及云服务理念不断渗透，中国网络安全盈利模式也将由硬件向服务转变。

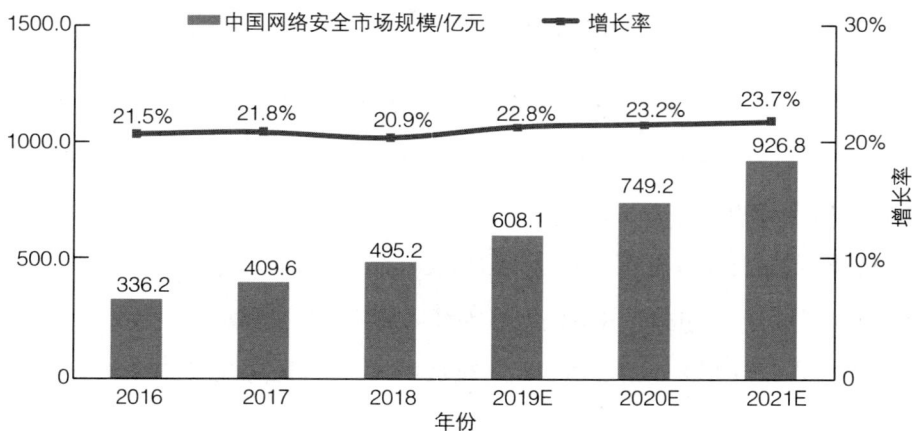

图 17 2016—2021 年中国网络安全市场规模及增长率
资料来源：赛迪顾问。

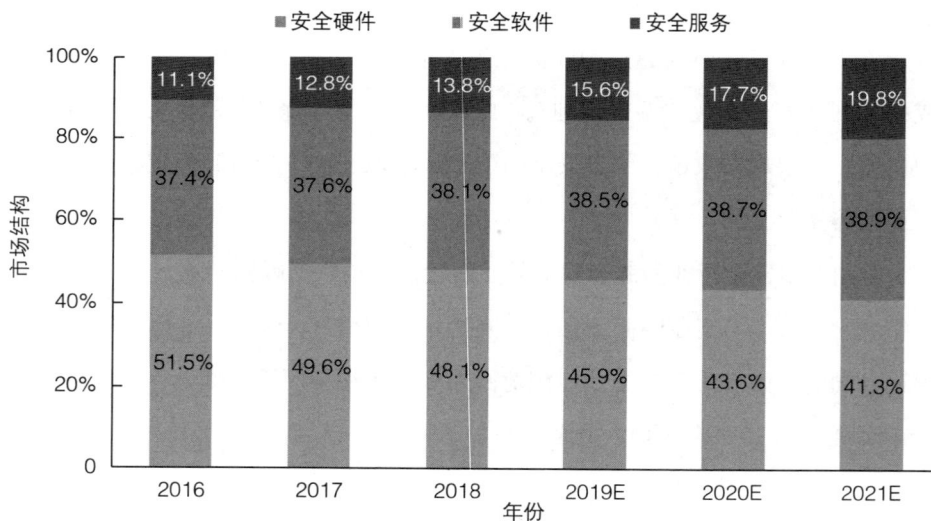

图 18 2016—2021 年中国网络安全市场结构
资料来源：赛迪顾问。

2. 网络安全新兴领域快速成长

随着云计算、大数据、人工智能、物联网等新兴技术发展，其产生的安全问题也逐渐暴露。云安全、大数据安全、物联网安全等新兴领域快速成长。

云安全：随着企业上云速度加快，云上数据泄露事件越来越多，造成的成本损失也更加严重，严重影响了企业正常经营活动，甚至威胁到国家安全，因此，云安全问题已成为政府、企业关注焦点。云安全行业主要包括三大部分：云计算软件安全、云计算基础架构安全和云计算服务平台安全。通过病毒防护、防火墙等构建基于云的纵深防御体系是目前应对公有云安全风险的主要措施。据赛迪顾问发布的数据，2018 年我国云安全市场规模约为 37.8 亿元，增长 44.8%，预计到 2021 年市场规模将达到 115.7 亿元。

大数据安全：大数据已经逐渐成为新一代技术的基础设施，而大数据平台的安全也关系到大数据与实体经济融合领域的安全。从技术角度来看，大数据安全体系可分为大数据平台安全、数据安全和个人隐私保护 3 个层次。针对大数据平台安全，Hadoop 开源社区增加了基本安全机制，同时，一些商业化大数据平台解决方案已具备相对完善的安全机制；数据安全技术方面，目前一般是在整体数据视图的基础上，设置分级分类的动态防护策略，既能防护已知风险，又能减少对业务的干扰；个人隐私保护方面，应用最多的主要是数据脱敏，同态加密、安全多方计算等用于个人隐私保护方面的算法也在不断探索尝试。2018 年大数据安全市场规模达到 28.4 亿元，预计到 2021 年增长至 69.7 亿元。

物联网安全：物联网已进入全面实践阶段，在改变传统产业形态和人类生产生活方式的同时，物联网安全攻击事件日益频发。据 Gartner 调查，近 20% 的企业或相关机构在过去 3 年内遭受了至少一次基于物联网的攻击。目前，物联网安全防护主要是构建涵盖物联网感知层、传输层、应用层的物联网安全防护体系架构，在连接终端与服务端的通信网络部分增加流量分析等安全策略。2018 年，中国物联网安全市场规模达到 88.2 亿元，同比增长 34.7%。

目前，我国网络安全市场"重产品轻服务""劣币驱逐良币"等问题仍较为突出，安全服务市场发展缓慢，云安全、大数据安全、物联网安全等细分领域将有助于网络安全市场打开新局面。

三、2019 年 AIoT 产业发展趋势展望

2018 年，云端大厂最先嗅到了 AIoT 商机，争相推出自己的 AIoT 服务，从原先封闭测试，到发展成熟可以商用的 AIoT 产品，2019 年企业将有更多新选择。全球第二大市场研究机构 MarketsandMarkets 近日发布报告称，2019 年全球 AIoT 市场规模为 51 亿美元，到 2024 年，这一数字将增长至 162 亿美元，复合年增长率为 26%，且 MarketsandMarkets 指出，物联网设备生成的大量实时数据的有效处理需求，是全球 AIoT 市场增长的主要驱动力。

（一）从流量经济到效率经济

流量经济指经济领域中各种依靠要素或生产物的流动而带来经济效益与发展的经济存在型态。移动互联经济时代，无论是智能手机还是电商、社交等，都集中于 C 端用户。而 AIoT 引导的效率经济，则更有可能在 B 端爆发。主要体现在两个方面：第一，移动互联网通过辅助软件降低了企业的人力成本和管理成本，而 AIoT 将降低决策成本，实现自动化和智能化，真正做到智能决策；第二，过去衡量一家企业主要使用活跃用户数 / 付费用户数等指标，而 AIoT 时代，客户对于企业的作用除了短期的收入之外，更长期的利益是数据资产。数据资产的规模决定了企业未来服务的广度和深度。

（二）云计算、大数据、物联网、AI 等技术进一步融合发展

伴随企业数字化转型的加速，越来越多的企业希望寻求信息化、智能化、数字化"三化一体"的定制化服务，因此，大数据、人工智能、物联网、区块链等技术的进一步融合发展成为满足企业数字化转型的关键。各项技术所发挥的作用环环相扣，大数据提供分布式计算和存储等数据工程方面支持，云计算提供计算、存储、网络等基础服务和软硬件一体化的终端定制化服务，物联网提供数据采集支持和动作执行支持，人工智能提供概率图模型、深度学习等数据算法方面支持，区块链提供价值交换和智能合约支持。

（三）从建设产业链上下游到共建产业协同生态

AIoT 实现需要贯穿产业链上下游，新的产业生态需要相关企业加强协同合作，共建产业协同生态。以智慧城市为例，智慧城市建设并非只是运营一个小项目，其覆盖范围广、涉及领域多、项目规模大、资金投入高等特点都促使智慧城市建设需要多方参与才能完成，因此，政府组织、产业联盟、学研机构、技术／产品／运营服务商等大批优质的智慧城市参与方互相合作，共同构建立体化的"系统集成／运营／服务＋开放式物联网平台＋大数据云平台＋政企合作平台"产业生态圈。

（四）具备平台能力企业将更能成为 AIoT 时代领跑者

AIoT 时代对企业的综合能力提出了更高要求，而技术平台类企业，往往能够根据不同行业客户的不同需求，接入平台中特定的功能模块，其可塑性往往使其拥有广阔的目标市场。而这类企业本身未必是技术的研发者，它们更多是在做技术整合，拥有语音交互、人脸识别、图像识别等各类人工智能技术能力的企业作为其上游供应商，成为其技术能力的后院。此类平台型企业，往往

针对具备多元化需求的应用场景，如智慧社区、智慧城市、智慧家庭等，典型的案例包括海尔 U+ 的"U+ 云芯智慧家庭 IoT 物联云解决方案"、特斯联的"DARWIOT 城市级智能物联网平台"等。

中国智慧互联投资
发展报告（2019）

AIoT，投资新纪元

亿欧智库 | 亿欧公司旗下产业创新研究与咨询机构

近年来，从网络发展到技术更新、业务创新，互联网已迈入移动互联时代。随着移动互联网的进一步发展，智慧互联日益成为智能化转型的核心发展方向，一个万物互联、万物智联的智能时代正在到来。投融资在一定程度上能够反映行业发展阶段和发展现状，本文将从人工智能、金融科技、大数据、云计算、集成电路和5G 6个核心行业入手，分析智慧互联投融资发展情况。

一、投融资情况概述

从智慧互联总体投融资情况看，投资金额方面，2012—2016 年整体稳中有升，2018 年实现了 254% 的突破，而 2019 年上半年出现较大回落。投资事件方面，整体表现出先上升后下降的趋势，投资事件总数在 2016 年达到历史高值。总体来看，智慧互联整体投融资在 2016—2018 年呈现出较好的发展态势，2019 年或受到经济下行和中美贸易摩擦影响，投融资将有所减退（图 1）。

图 1   2012—2019 年上半年中国智慧互联投资总额和投资事件数量
资料来源：亿欧智库企业数据库。

各行业各轮次投资金额、投资事件数量及其占比基本呈现出由早期投资向中后期转移的趋势，同时战略投资比重不断增加。这反映出智慧互联各细分行业正在走向成熟，资金更多向头部公司和成熟企业聚集。

地域分布方面，北京、上海、广东和浙江4地是主要投资聚集地，总体上投资事件更多集中在中国东南沿海地区和中部地区，西北部地区少有发生。

企业获投次数方面，整体呈现幂律分布，企业数量随获投轮次增多而逐步减少。获投5次以下企业基本达到总数的95%以上，占据绝大部分比重；获投次数在5次及以上的企业，投资阶段基本偏向中后期，企业已进入快速成长期和商业化阶段（图2）。

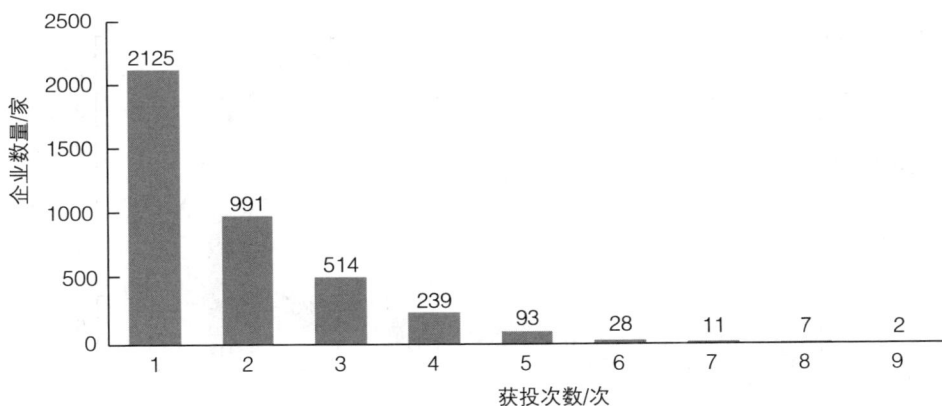

图2　2012—2019年上半年中国智慧互联获投次数及企业数量
资料来源：亿欧智库企业数据库。

二、各细分行业投融资情况分析

1. 人工智能

从中国人工智能行业2012—2019年上半年投资事件数量来看，在2012—2017年持续走高的背景下，2018年投资事件数量有所回落，同比2017年下跌

20.71%。2019 年上半年的投资事件数量是 2018 年全年的 32.05%，预计 2019 年全年投资事件数量将继续回落，或将达到 2018 年的半数水平。

从投资总额来看，2012—2017 年整体稳中有升，其中 2015 年更是同比增长了 3 倍。2018 年的投资金额达到历史峰值，虽当年投资事件数量有所下降，但单笔平均投资额得到了显著提升。2019 年上半年投资金额迅速下降至 271.90 亿元。

总体来看，2012—2018 年中国人工智能行业投资情况呈现出较好的发展态势，并在 2018 年达到高峰。但就 2019 年上半年投资情况而言，2019 年人工智能投资市场或将遇冷回落（图 3）。

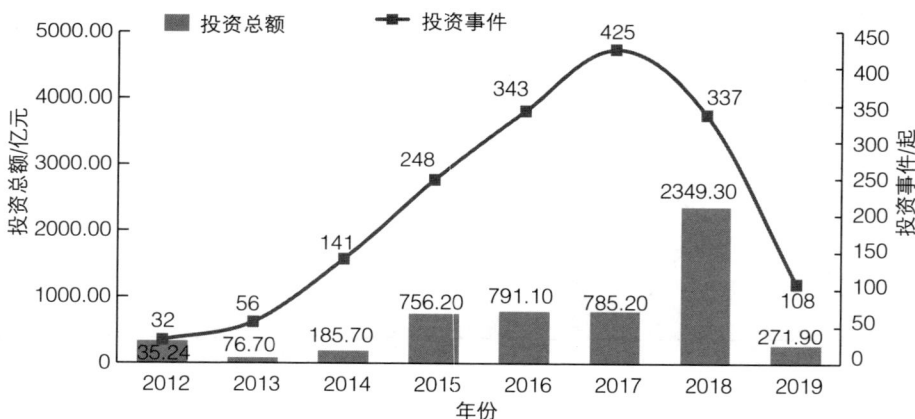

图 3　2012—2019 年上半年中国人工智能行业投资总额和投资事件数量
资料来源：亿欧智库企业数据库。

从中国人工智能行业 2012—2019 年上半年各轮次投资事件数量和占比来看，整体投资阶段由早期向中期转移，A 轮（包括 Pre A/A/A+ 轮）和 B 轮（包括 Pre B/B/B+ 轮）投资增多。

种子轮和天使轮投资占比从 2012 年的 56.25% 逐步降低至 2019 年上半年的 12.04%；A 轮（包括 Pre A/A/A+ 轮）和 B 轮（包括 Pre B/B/B+ 轮）投资占比从 2012 年开始稳中有升，2019 年上半年 A 轮（包括 Pre A/A/A+ 轮）和

B 轮（包括 Pre B/B/B+ 轮）投资事件合计已超过 2019 年上半年总体比重的 70%；C 轮（包括 C/C+ 轮）和 D 轮到上市前阶段的投资占比在 2012—2014 年持续上升，此后先降后升，于 2018 年达到历史最高值 13.39%，2019 年上半年出现回落。

战略投资从 2012 年开始一直保持增长态势，2018 年达到历史占比高值，投资事件达 23 起，占比为 6.85%；2019 年上半年数据为 8 起，占比为 7.41%。虽然投资事件数量有所下降，但所占比重始终保持上升趋势（图 4）。

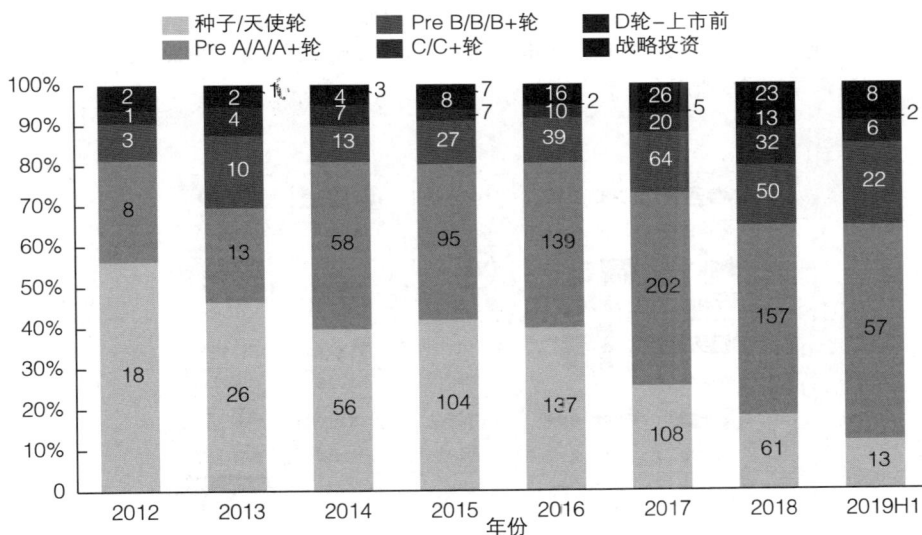

图 4　2012—2019 年上半年中国人工智能行业各轮次投资事件数量
资料来源：亿欧智库企业数据库。

从企业获投次数来看，整体基本呈现幂律分布。其中，94% 的企业获得 5 次以下投资，仅 6% 的企业获得 5 次及以上投资。获得 9 次投资的是商汤科技，获得 8 次投资的包括小鹏汽车、优必选科技和云知声，获得 7 次投资的是极链科技、旷视科技和云丁科技。获投次数在 5 次及以上的企业，投资阶段基本偏向中后期，企业已进入快速成长期和商业化阶段（图 5、图 6）。

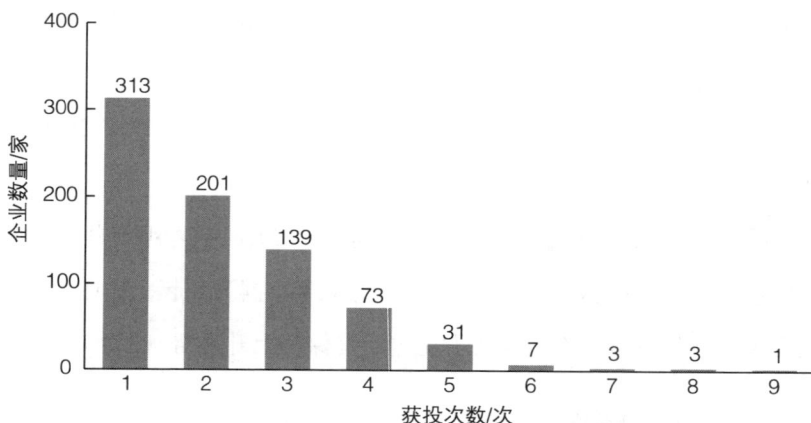

图 5　2012—2019 年上半年中国人工智能行业获投次数及企业数量
资料来源：亿欧智库企业数据库。

图 6　2012—2019 年上半年中国 45 家人工智能企业图谱（获投次数 ≥ 5 次）
资料来源：亿欧智库企业数据库。

根据亿欧智库统计，截至 2019 年上半年，共有 77 家从事人工智能技术开发与应用的中国企业完成上市，其中，A 股 35 家，港股 5 家，美股 8 家，新三板 29 家。2019 年上半年暂无挂牌上市的人工智能企业，但有不少企业如旷视科技已有 2019 年上市的计划。

2015—2016 年，新三板挂牌的企业数量出现爆发式增长。2015 年新三板挂牌企业数量增速达 500%，反超 A 股数量。2016 年增速达 183%，共 17 家企业挂牌，创历史峰值。由于 2015 年前后 A 股市场频繁动荡，部分私募投资转向门槛较低的新三板市场，为新三板的快速成长提供了条件。

A 股上市的人工智能企业以科大讯飞、汉王科技、华大基因、科沃斯机器人为代表。在港股上市的企业有腾讯控股、小米、众安保险、美图和平安好医生。在美股上市的企业有阿里巴巴、百度、京东、搜狗、网易、猎豹移动、奇虎 360 等（图 7）。

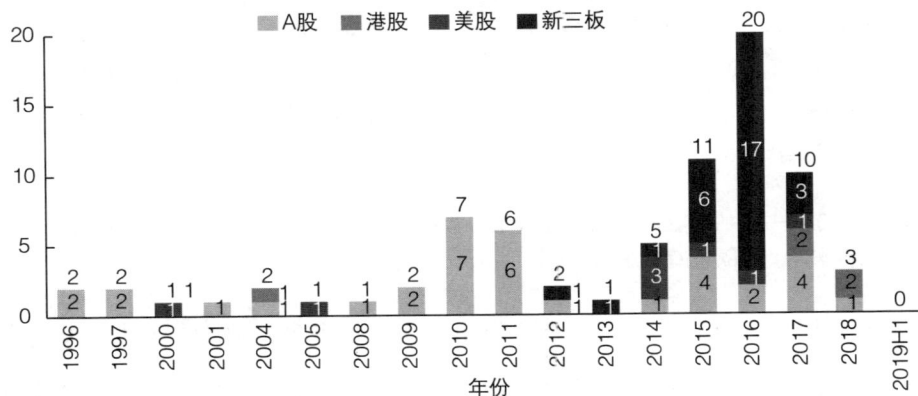

图 7　1996—2019 年上半年从事人工智能技术开发与应用的中国企业上市数量
资料来源：亿欧智库企业数据库。

从行业角度看，企业服务投资事件最多，为 247 起。投资事件数量 TOP5 的行业为企业服务、机器人、大健康、行业解决方案和基础元件，投资事件均超过 130 起，投资高峰大多出现于 2017 年。投资金额 TOP5 的行业为行业解决方案、机器人、金融、汽车和大健康，其中，行业解决方案的投资总额高达 839.2 亿元（图 8）。

行业	2012	2013	2014	2015	2016	2017	2018	2019H1	总计
企业服务	4	13	31	47	40	58	41	13	247
机器人	4	6	13	28	40	50	40	16	197
大健康	1	3	12	25	38	50	41	14	184
行业解决方案	3	2	6	10	37	54	46	16	174
基础元件	0	5	9	21	33	29	32	9	132
金融	0	3	16	22	36	33	16	2	128
互联网服务	7	14	18	16	25	31	19	6	126
汽车	4	2	5	19	26	34	21	11	122
安防	2	1	9	12	22	22	23	2	93
教育	0	2	5	18	15	21	14	1	84
零售	2	5	4	7	10	18	8	2	56
家居建筑	3	4	4	5	5	13	13	3	50
农业	1	2	5	11	6	4	4	0	32
工业制造	0	0	0	1	4	8	13	3	29
法律	0	0	0	3	0	0	0	0	8
航空航天	0	0	0	0	1	2	3	1	7

行业	2012	2013	2014	2015	2016	2017	2018	2019H1	总计
企业服务	1.2	10.8	14.9	37.4	16.3	38.7	43.1	17.1	179.5
机器人	28.1	44.1	15.2	288.1	47.8	61.3	187.0	30.9	702.7
大健康	14.0	0.1	5.9	31.3	71.9	64.6	85.5	19.2	292.7
行业解决方案	269.6	0.4	8.1	63.5	29.1	115.5	335.9	17.2	839.2
基础元件	0.0	0.0	0.1	5.7	23.0	42.6	159.0	51.6	282.9
金融	0.0	0.2	6.7	72.2	157.8	105.6	279.6	2.7	624.7
互联网服务	1.7	9.9	24.9	17.3	35.3	98.0	9.1	1.9	198.0
汽车	0.7	0.6	19.8	41.4	72.2	178.9	183.6	25.6	522.8
安防	0.6	0.1	8.6	6.0	13.0	16.2	23.8	11.6	79.7
教育	0.3	0.1	3.8	17.9	11.3	26.1	28.9	0.5	89.9
零售	3.2	0.8	0.7	2.3	5.6	19.3	15.0	2.3	49.1
家居建筑	13.9	7.7	73.2	26.0	2.9	8.5	41.1	3.4	176.6
农业	0.1	0.5	2.9	16.1	3.7	5.1	4.8	0.0	33.2
工业制造	0.0	0.0	0.0	1.8	1.8	6.8	4.9		15.4
法律	0.0	0.0	0.0	0.0	0.0	1.5	0.0	0.0	1.8
航空航天	0.0	0.0	0.0	0.0	0.1	1.5	2.3	1.0	4.9

图 8 2012—2019 年上半年各行业人工智能投资事件（左）和投资金额（右，亿元）
资料来源：亿欧智库企业数据库。

从中国各二级行业人工智能投资事件看，投资事件数 TOP5 的二级行业为：行业解决方案(169)、智能影像诊疗(105)、智能营销(86)、智能风控(80)及 AI 芯片 (63)。从投资金额看，投资总额 TOP5 的二级行业为：行业解决方案、智能风控、服务机器人、ADAS 系统及 AI 芯片。

综合来看，投资事件与投资金额最多的是行业解决方案，说明其最受资本青睐。行业解决方案基于通用技术平台进行跨行业的应用开发，无论是落地场景的广阔性，还是跨行业横向拓展时的效率及花费成本，都具有优势。其次是智能风控、服务机器人、ADAS 系统及 AI 芯片等二级行业，投资事件与投资金额均处较高水平。投资事件较多而金额较少的二级行业以智能营销和智能影像诊疗为代表，在资本市场也拥有较高关注度（图 9）。

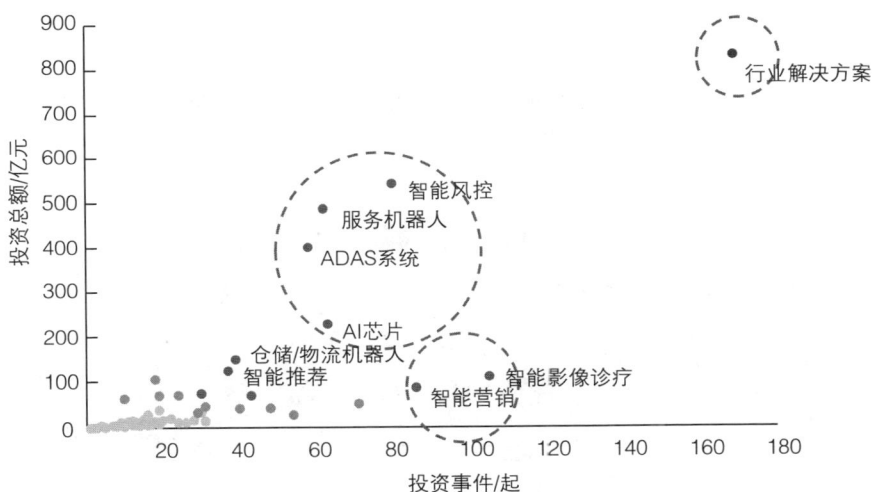

图 9　2012—2019 年上半年中国各二级行业人工智能投资热度对比
资料来源：亿欧智库企业数据库。

2012—2019 年上半年，中国共有 1259 家机构参与到人工智能私募股权投资市场之中。其中，82% 的投资机构仅发生过 1 ～ 2 次投资。投资次数在 20 次及以上的前 10 家机构为：真格基金、IDG 资本、红杉资本中国、创新工场、经纬中国、联想之星、洪泰基金、腾讯、晨兴资本和北极光创投（图 10、图 11）。以人工智能作为主要投资方向的机构仅占少数。

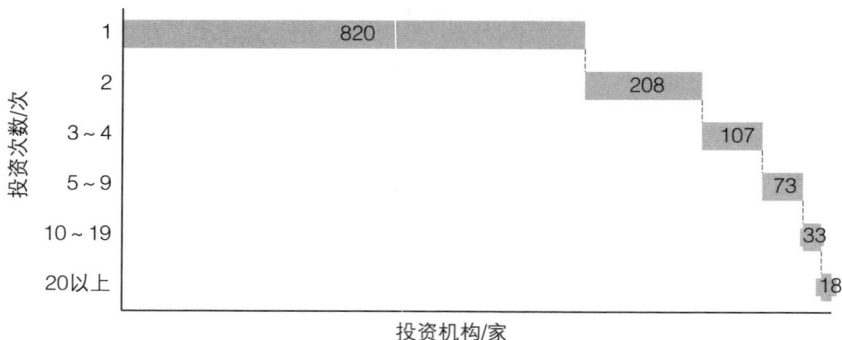

图 10　2012—2019 年上半年中国人工智能行业投资机构投资次数与数量
资料来源：亿欧智库企业数据库。

图 11　2012—2019 年上半年中国人工智能投资市场 124 家机构图谱（投资次数≥5）
资料来源：亿欧智库企业数据库。

2. 金融科技

中国金融科技行业 2012—2019 年上半年投资事件数量整体呈现出先上升后下降的态势。2012—2016 年，投资事件数量逐年攀升，在 2016 年达到 376 起投资事件的峰值，而后投资事件数量逐年回落。2019 年上半年，金融科技行业投资事件仅有 48 起，出现较大回落，2019 年总体投资事件或将难以达到 2018 年的半数。

从投资总额来看，2012—2016 年投资金额与投资事件呈现出相近的上升态势，在 2016 年达到 678.71 亿元的小高峰，而后在 2018 年迅速提升至 1725.95 亿元。2019 年上半年，投资金额迅速下降，仅为 110.94 亿元。

总体来看，2015—2018 年金融科技行业发展较好，尤其是 2016 年投资事件数量达到峰值，2018 年投资金额实现极大突破。2019 年金融科技行业投融资或受经济下行影响出现低谷（图 12）。

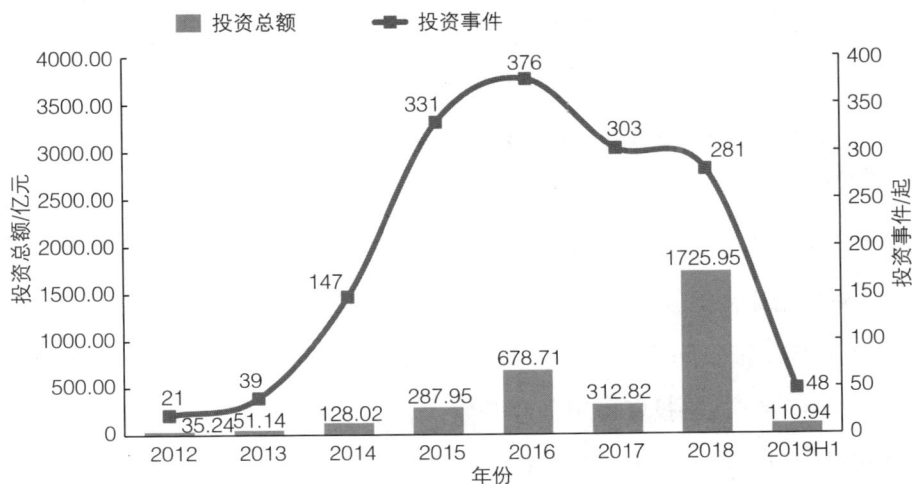

图 12　2012—2019 年上半年中国金融科技行业投资总额和投资事件数量
资料来源：亿欧智库企业数据库。

从中国金融科技行业 2012—2019 年上半年各轮次投资金额和占比来看，

后续轮次投资金额占比逐渐提高。由于 2007 年以来金融科技的不断发展，2012 年和 2013 年 D 轮到上市前轮次的投资金额占据较大比重。从 2014 年开始，投资轮次更为丰富，C 轮（包括 C/C+ 轮）及之后轮次投资金额比重不断提高，尤其是 2018 年达到 81.26%（图 13）。

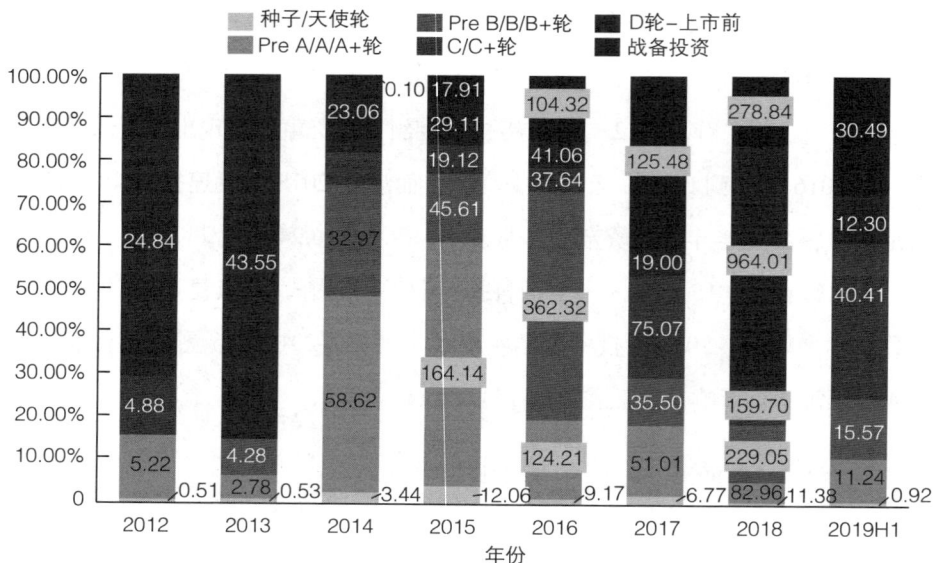

图 13　2012—2019 年上半年中国金融科技行业各轮次投资金额（亿元）
资料来源：亿欧智库企业数据库。

从各轮次投资事件数量和占比来看，种子 / 天使轮及 A 轮（包括 Pre A/A/A+ 轮）始终占据较大比重，在 2017 年及之前年份保持 80% 以上比重，自 2018 年开始逐渐下降至 45.83%。此外，2012 年和 2013 年后续轮次投资事件较少，且不存在战略投资；2014 年开始，后续轮次投资事件逐步增多，尤其是战略投资和 D 轮到上市前轮次的投资事件比重不断加大（图 14）。随着金融科技行业发展日趋成熟，以及资本市场头部聚敛效应，未来投资向后期轮次聚集将成为趋势。

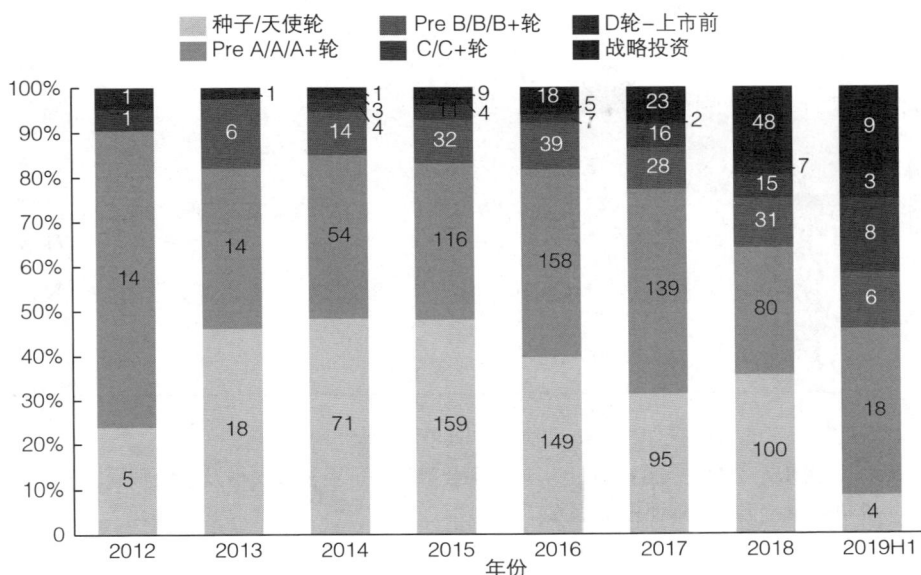

图 14　2012—2019 年上半年中国金融科技行业各轮次投资事件数量

资料来源：亿欧智库企业数据库。

从企业获投次数来看，随着获投次数增多，企业数量呈现出逐渐减少的趋势。在纳入统计的 913 家企业中，获投 1 次的企业有 542 家，达到 59.36%。此外，获投 2～5 次的企业占据 39.43%，仅有 1.20% 的企业获投 6～8 次。获投 8 次的 2 家企业为趣店集团和老虎证券；获投 7 次的 2 家企业为同盾科技和 36 氪；获投 6 次的 7 家企业为蚂蚁金服、闪银奇异、金电联行、PingPong 金融、懒财金服、银多网和 51 信用卡（图 15）。

从投资事件地域分布来看，北京、上海、广东、浙江是金融科技投资的主要聚集地，分别发生投资事件 606 起、407 起、210 起、149 起，合计占到投资事件总数的 88.69%。香港、四川、江苏、湖北、黑龙江拥有 10 起及以上投资，其他省市投资事件均未达到 10 起。在总体地域上，投资事件更多集中在东南沿海地区。

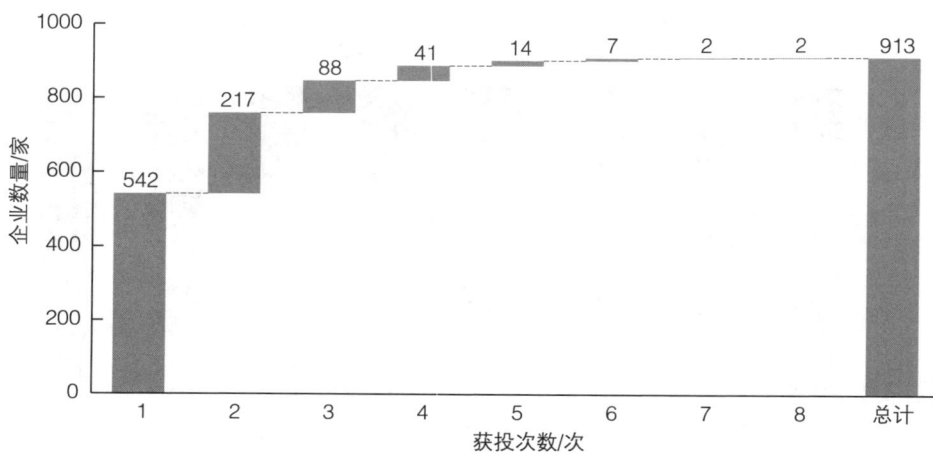

图 15　2012—2019 年上半年中国金融科技行业获投次数及企业数量
资料来源：亿欧智库企业数据库。

　　从投资事件细分领域来看，金融信息化占据最大比重，达到 20.62%。金融信息化能够实现金融业务与互联网、大数据、云计算等的结合应用，也顺应当前信息化建设发展趋势。其次，借贷、虚拟货币、信用及征信和供应链金融也是被投企业所在的核心领域，四者合计达到 33.16%（图 16）。

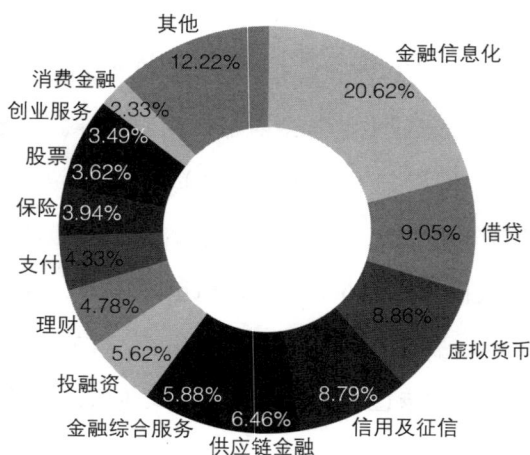

图 16　2012—2019 年上半年中国金融科技行业投资事件细分领域
资料来源：亿欧智库企业数据库。

从中国金融科技行业投资退出方式看，2015—2018 年并购和 IPO/ 新三板
上市均保持较高水平。投资事件方面，并购事件在 2015—2017 年均为 10 起，
2018 年开始略有下滑趋势；IPO/ 新三板上市事件在 2015 年达到 19 起的峰值，
而后基本保持在每年 10 ～ 12 起的水平。投资金额方面，并购方式在 2015 年
和 2016 年出现较高的投资金额，而 IPO/ 新三板上市方式则在 2017 年和 2018
年出现较高的投资金额。相较而言，IPO/ 新三板上市方式投资退出在近年来
更受青睐（图 17、图 18）。

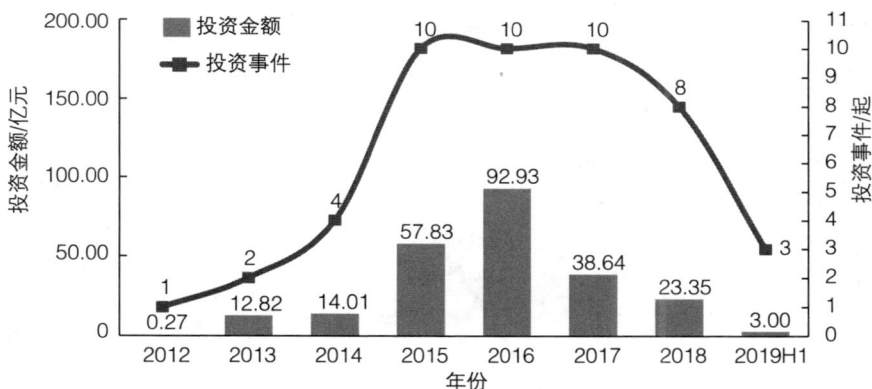

图 17　2012—2019 年上半年中国金融科技行业并购方式投资退出金额和事件数量
资料来源：亿欧智库企业数据库。

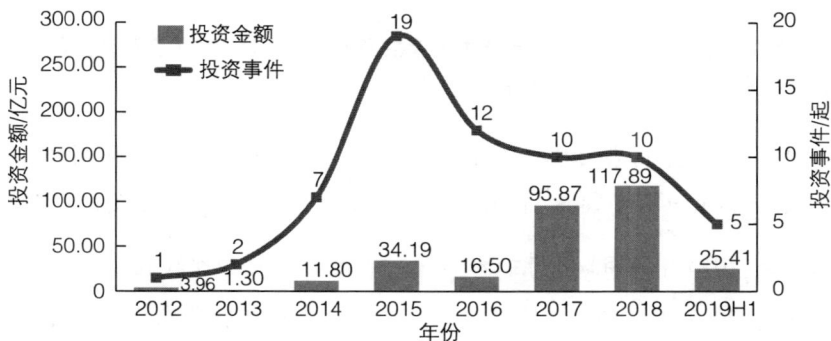

图 18　2012—2019 年上半年中国金融科技行业 IPO/ 新三板上市方式投资退出金额和事件数量
资料来源：亿欧智库企业数据库。

3. 大数据

从中国大数据行业 2012—2019 年上半年投资事件数量来看，2012—2016 年投资事件数量逐年提高，并在 2016 年达到 465 起投资事件的峰值，而后呈现出逐渐下降的趋势。2019 年上半年投资事件数量为 78 起，仅达到 2018 年总数的 28.26%，预计 2019 年或继续延续 2016 年以来投资事件数量下行的态势。

从投资总额来看，2012—2016 年投资金额与投资事件保持同向增长，并在 2016 年突破至 667.70 亿元。而后，在 2017 年短暂下行后，2018 年迅速回升至 1407.45 亿元，达到 2016 年投资金额的 211%。2019 年上半年投资金额仅为 190.34 亿元，或将重现 2018 年前的相应水平（图 19）。

图 19　2012—2019 年上半年中国大数据行业投资总额和投资事件数量
资料来源：亿欧智库企业数据库。

从中国大数据行业 2012—2019 年上半年各轮次投资金额和占比来看，2012—2016 年 B 轮（包括 Pre B/B/B+ 轮）及之前轮次投资金额占据较大比重，尤其 2012—2015 年 A 轮（包括 Pre A/A/A+ 轮）始终占比较高，在 2015 年达到 65.26%。2017 年以来，C 轮（包括 C/C+ 轮）及其后续轮次投资金额开始占据更大比重，资金开始向大数据行业发展较为成熟的企业聚集（图 20）。

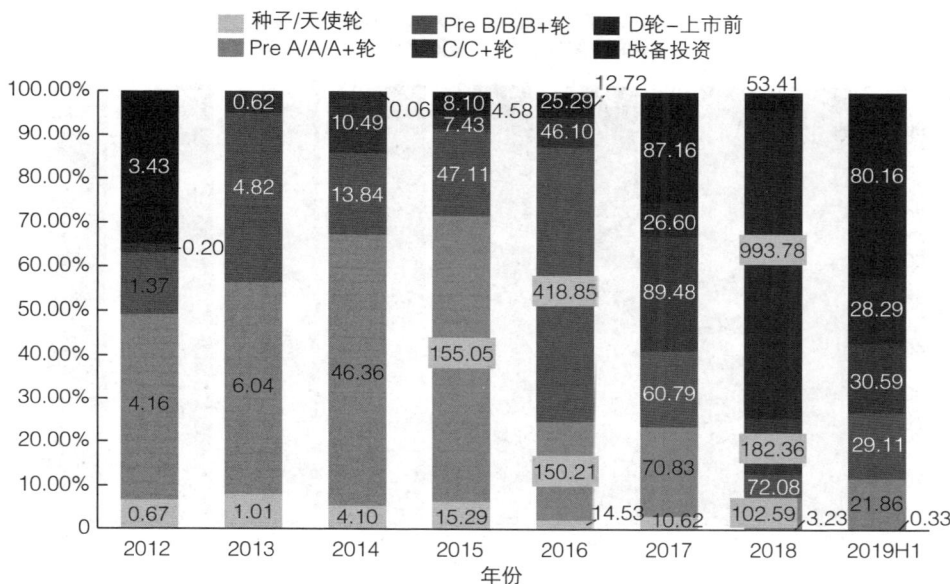

图20　2012—2019年上半年中国大数据行业各轮次投资金额（亿元）
资料来源：亿欧智库企业数据库。

从各轮次投资事件数量和占比来看，种子╱天使轮和A轮（包括Pre A/A/A+轮）始终占比较高，2012—2017年始终保持在80%～85%。2018年开始，这一比重有所下降，同时后续轮次占比逐步提高，尤其是战略投资数量和占比都有一定程度提升。这表明，2018—2019年上半年，一批大数据行业企业逐渐走向成熟，投资也更多向后续轮次聚集（图21）。

从企业获投次数来看，随着获投次数增多，相应企业数量逐级递减，并且出现了获投8次和获投9次的企业。在纳入统计的993家企业中，获投1次的企业超过半数，占据51.56%。获投2～5次企业共计475家，达到47.83%。获投6～9次企业仅有6家，其中，获投9次企业1家，为影谱科技；获投8次企业1家，为九次方大数据；获投6次企业4家，分别为星环科技、EasyStack、蚂蚁金服和闪银奇异（图22）。

图例：
- 种子/天使轮
- Pre A/A/A+轮
- Pre B/B/B+轮
- C/C+轮
- D轮－上市前
- 战备投资

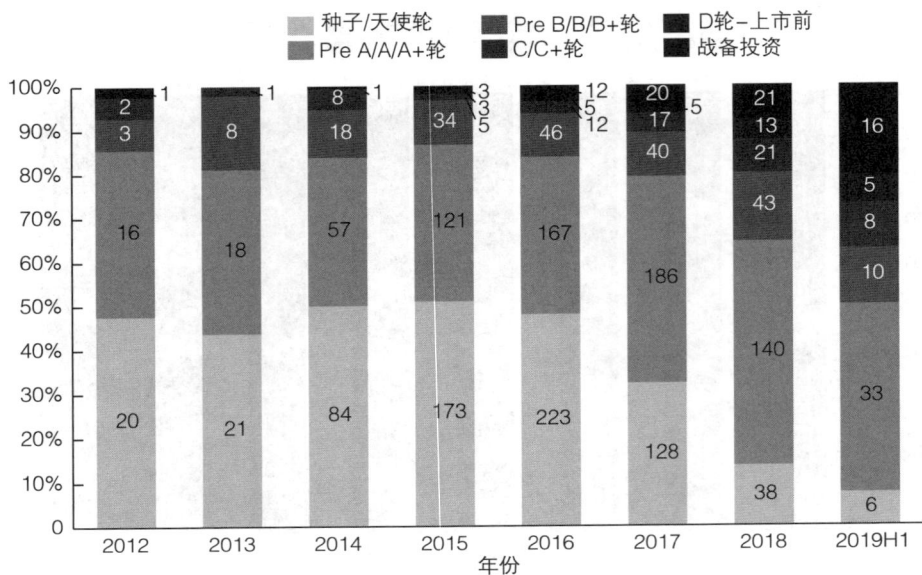

图 21　2012—2019 年上半年中国大数据行业各轮次投资事件数量

资料来源：亿欧智库企业数据库。

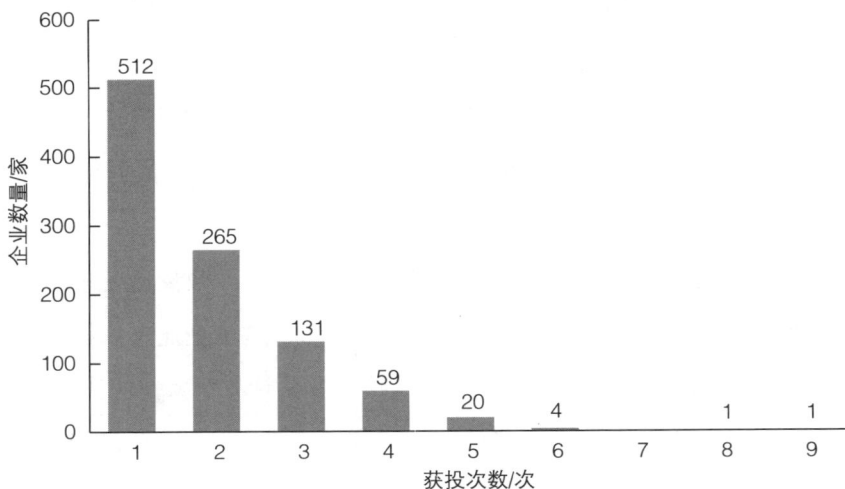

图 22　2012—2019 年上半年中国大数据行业获投次数及企业数量

资料来源：亿欧智库企业数据库。

从投资事件地域分布来看，2012—2019 年上半年中国大数据行业投资事件更多集中在北京、上海、浙江和广东。其中，北京共有投资事件 858 起，占据首位，上海、浙江、广东分别有 339 起、212 起、199 起投资事件。以上四地投资事件占到了总事件数量的 88.74%。此外，江苏、四川、湖北、福建、重庆、陕西和贵州均有 10 起以上投资事件发生。总体来看，投资事件集中于中部和东部沿海地带，西北部地区少有涉及。

从中国大数据行业投资退出方式看，并购方式和 IPO/ 新三板上市方式的高峰期均集中在 2015 年和 2016 年，但就投资事作数量和投资金额而言，IPO/新三板上市方式更具优势。并购方式方面，在 2015 年和 2016 年高峰后，2018年实现了一个小高峰，而后到 2019 年上半年，投资事件数量和金额迅速下滑。IPO/ 新三板上市方式方面，虽然投资事件数量和金额从 2016 年开始呈现下降趋势，但在 2018 年迎来拐点。2019 年上半年投资事件数量和金额均超过 2018年总体水平，预计未来将实现更大的突破和增长（图 23、图 24）。

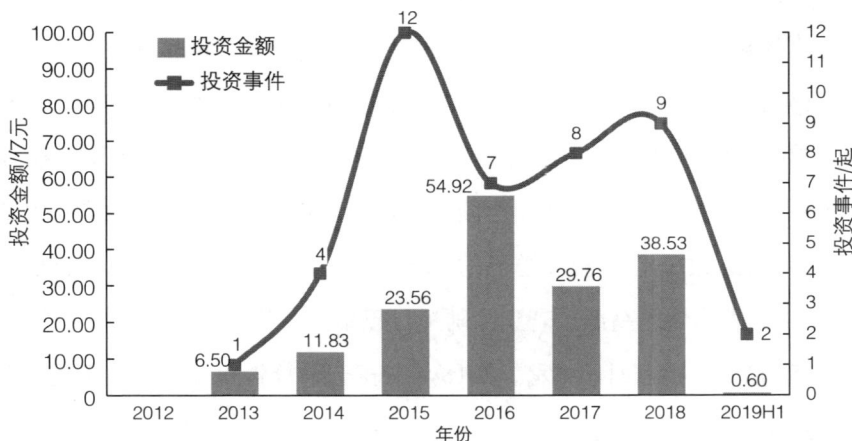

图 23　2012—2019 年上半年中国大数据行业并购方式投资退出金额和事件数量
资料来源：亿欧智库企业数据库。

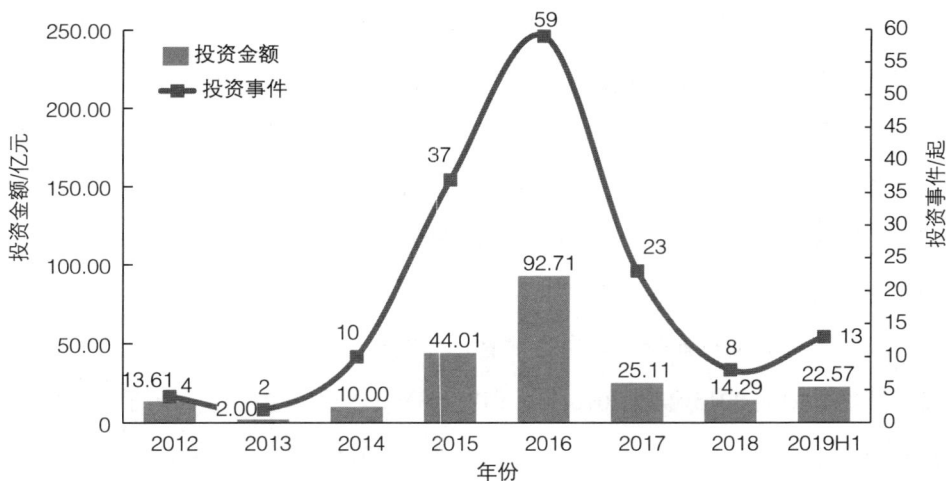

图24 2012—2019年上半年中国大数据行业IPO/新三板上市方式投资退出金额和事件数量
资料来源：亿欧智库企业数据库。

4. 云计算

从中国云计算行业2012—2019年上半年投资事件数量来看，2012—2016年投资事件数量不断上升，并在2016年达到455起事件的峰值，而后呈现出下降的趋势。2018年投资事件数量仅达到2016年的57.58%，而2019年上半年仅为2018年全年的31.68%。2019年或将继续维持投资事件数量下行趋势。

从投资总额来看，2012年由于阿里巴巴集团获得一笔42.88亿美元的F轮到上市前投资，占据全年投资总额的94.29%，故而2012年投资总额呈现出直到2017年亦未达到的高值。若剔除阿里巴巴集团获投金额，2012年投资总额仅为16.51亿元。随着时间推移，2018年中国云计算行业投资总额实现较大突破，达到461.38亿元，同比增长72.81%。2019年上半年，投资金额达到2018年全年的48.75%，未来有望延续2018年的投资水平（图25）。

总体来看，中国云计算行业整体投融资情况表现出稳中向好的发展态势，虽然2016年以来投资事件数量持续下降，但随着投资总额增加，单笔投资额不断提高，资金愈加向发展成熟的企业聚集。

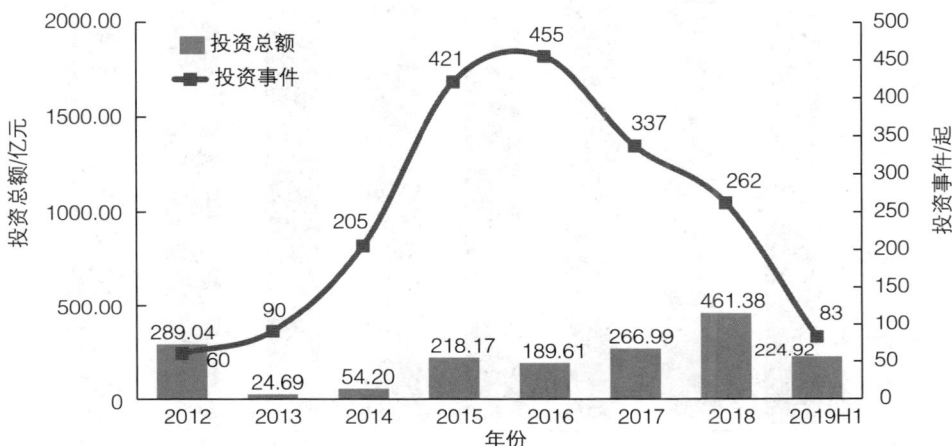

图 25　2012—2019 年上半年中国云计算行业投资总额和投资事件数量
资料来源：亿欧智库企业数据库。

从中国云计算行业 2012—2019 年上半年各轮次投资金额和占比来看，除 2012 年阿里巴巴集团 42.88 亿美元的 F 轮到上市前投资占据投资总额极大比重，从 2013 年开始，B 轮（包括 Pre B/B/B+ 轮）及之前轮次的投资金额占比不断降低，后续轮次比重渐进提高，到 2019 年上半年战略投资比重已达到 67.37%（图 26）。

从各轮次投资事件数量和占比来看，A 轮（包括 Pre A/A/A+ 轮）及之前轮次投资事件数量在 2012—2016 年基本保持在 80% 左右，2017 年开始这一比重逐步降低，并在 2019 年上半年降至 42.17%。同时，与投资金额比重变化类似，后续轮次投资事件数量比重逐渐提高，资金在向头部企业和发展较为成熟的企业聚集（图 27）。

图例：不明确　Pre A/A/A+轮　C/C+轮　战略投资
种子/天使轮　Pre B/B/B+轮　D轮－上市前

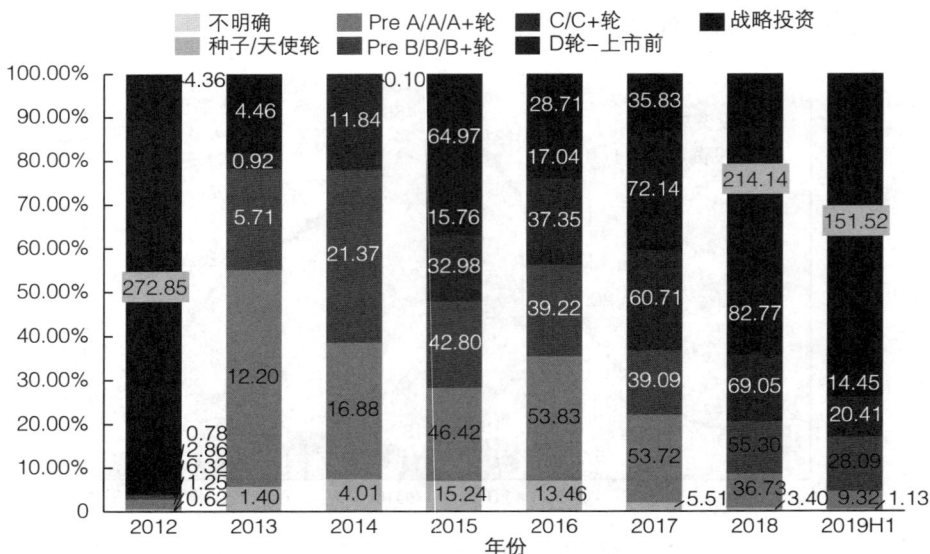

图 26　2012—2019 年上半年中国云计算行业各轮次投资金额（亿元）

资料来源：亿欧智库企业数据库。

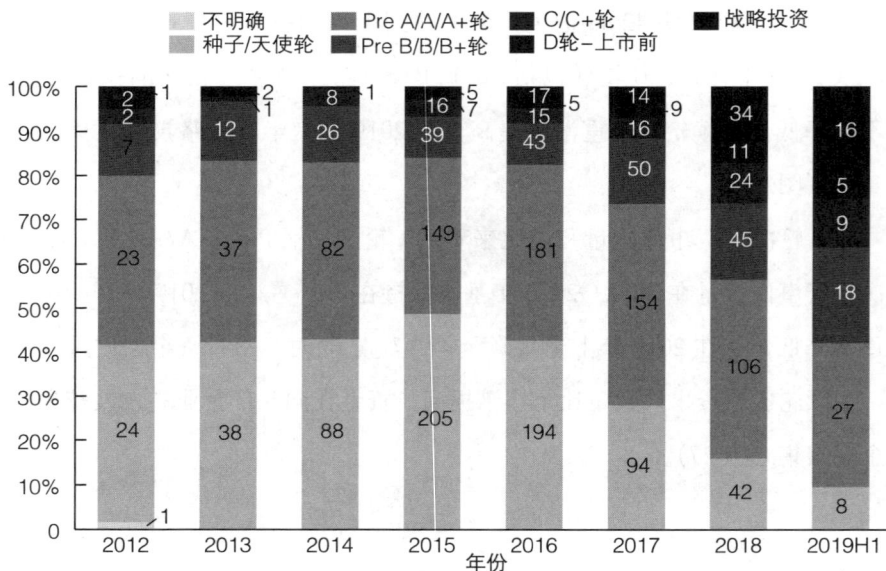

图例：不明确　Pre A/A/A+轮　C/C+轮　战略投资
种子/天使轮　Pre B/B/B+轮　D轮－上市前

图 27　2012—2019 年上半年中国云计算行业各轮次投资事件数量

资料来源：亿欧智库企业数据库。

从企业获投次数来看，企业数量随获投轮次增多而逐步减少。在纳入统计的 1072 家企业中，获投 1 次的企业超过半数，占据 56.81%。获投 5 ～ 7 次的企业数量上相对较多，总占比 3.64%。其中，获投 7 次企业有 6 家，分别为同盾科技、慧算账、白山云科技、销售易、金山云和纷享销客；获投 6 次企业有 8 家，分别为法大大、星环科技、太美医疗、EasyStack、环信、SEE 小电铺、广升 FOTA 和小满科技（图 28）。

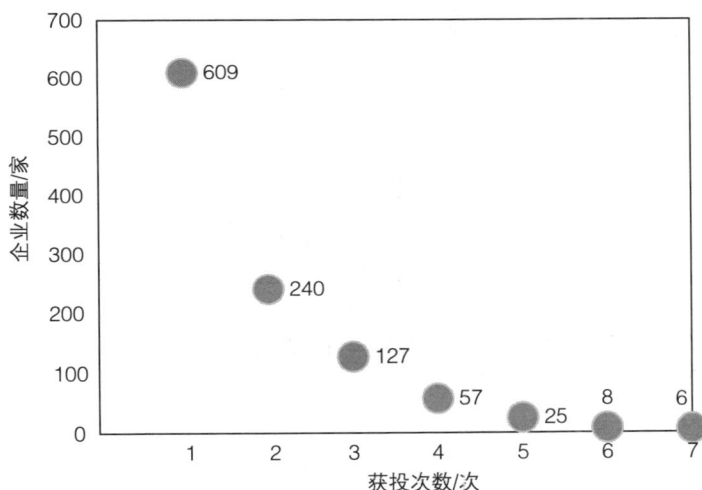

图 28　2012—2019 年上半年中国云计算行业获投次数及企业数量
资料来源：亿欧智库企业数据库。

从投资事件地域分布来看，北京、上海、广东、浙江是云计算投资的主要聚集地，分别发生投资事件 726 起、409 起、280 起、220 起，合计占到投资事件总数的 85.47%。江苏、四川、福建、湖北、天津、陕西、湖南拥有 10 起及以上投资，其他省市投资事件均未达到 10 起。在总体地域上，投资事件更多集中在东南沿海地区和中部地区。

从中国云计算行业投资退出方式看，投资事件方面，并购方式在 2015 年达到 17 起事件的高峰，而后在经历 2018 年 11 起事件的小高峰后再次呈现出下降趋势；IPO/新三板上市方式在 2016 年达到 69 起事件高峰，整体呈现先升后降趋势。投资金额方面，两种方式均在 2016 年左右和 2018 年出现了一定突破，尤其是 IPO/新三板上市方式的投资金额在 2018 年提升至 289.49 亿元，较 2016 年 122.67 亿元的高值增长了 135.99%（图 29、图 30）。

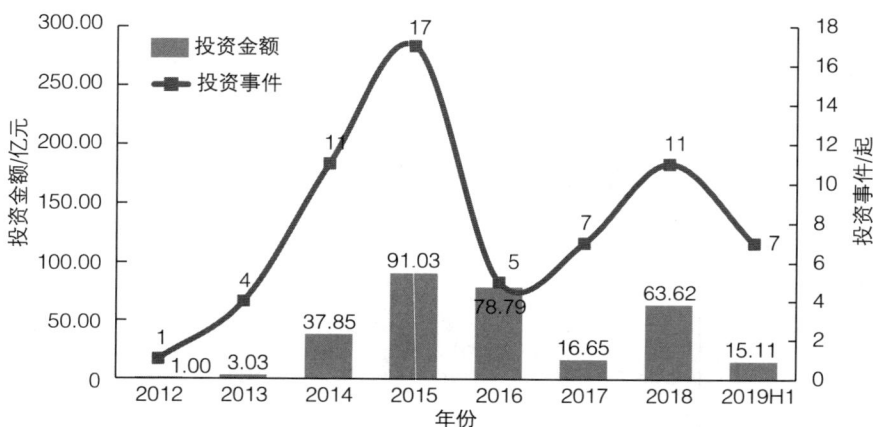

图 29　2012—2019 年上半年中国云计算行业并购方式投资退出金额和事件数量
资料来源：亿欧智库企业数据库。

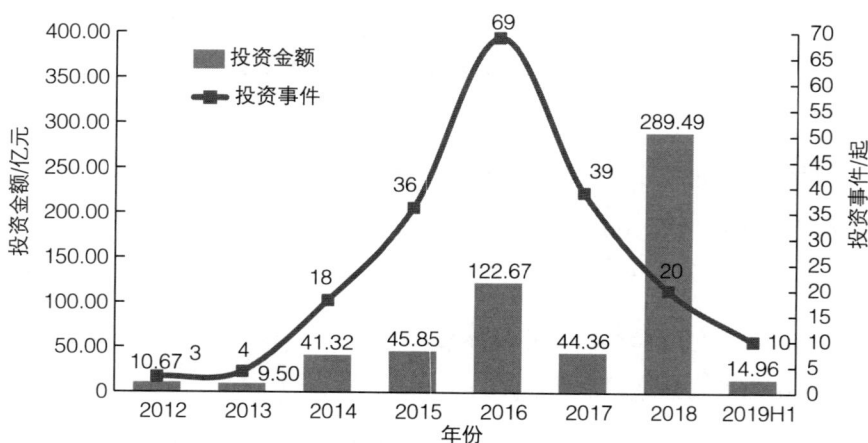

图 30　2012—2019 年上半年中国云计算行业 IPO/新三板上市方式投资退出金额和事件数量
资料来源：亿欧智库企业数据库。

5. 集成电路

从中国集成电路行业 2012—2019 年上半年投资事件数量来看，2012—2018 年投资事件数量持续攀升，并在 2018 年达到峰值，投资事件为 126 起，同比 2017 年增长 44.83%。2019 年上半年投资事件为 39 起，仅达到 2018 年全年的 30.95%，预计 2019 年投资事件数量将有所回落。

从投资总额来看，2014 年投资金额首次突破 100 亿元，达到 109.25 亿元，而后于 2015 年开始回落并在 2016 年降至 27.37 亿元，此后迅速回升，于 2018 年达到 369.66 亿元的高值。2019 年上半年投资金额为 31.72 亿元，呈现出较大回落（图 31）。

总体来看，2012—2018 年中国集成电路行业投资情况呈现出较好的发展态势，并在 2018 年达到高峰。2019 年或受到全球半导体市场下滑和中美贸易摩擦影响，集成电路行业投融资将有所减退。

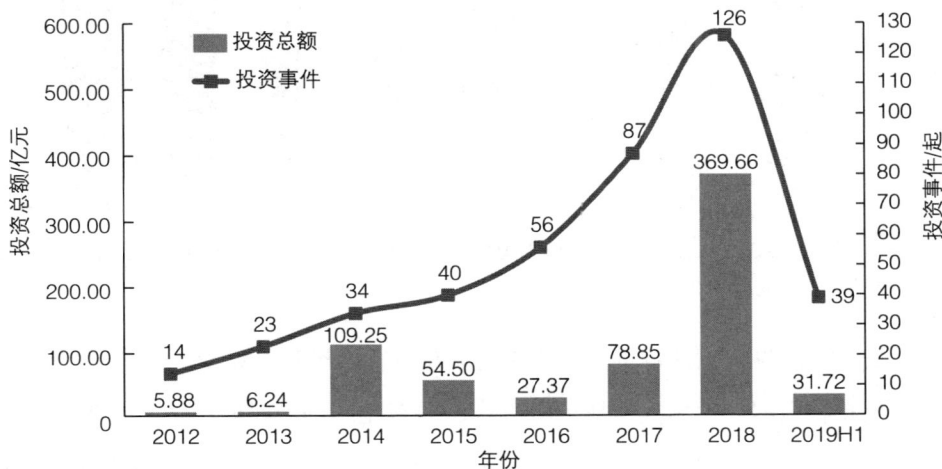

图 31 2012—2019 年上半年中国集成电路行业投资总额和投资事件数量
资料来源：亿欧智库企业数据库。

从中国集成电路行业 2012—2019 年上半年各轮次投资金额和占比来看，

2012 年和 2013 年 A 轮（包括 Pre A/A/A+ 轮）到 C 轮（包括 C/C+ 轮）的投资金额占据了较大比重，2014 年由于紫光集团一起不确定轮次的 91.70 亿元融资，占据投资总额 83.93% 的份额，其他轮次投资金额比例出现了较大压缩，不过从各轮次投资金额来看，较上两年有了极大突破。2015—2019 年上半年，后续轮次投资占据较大比重，尤其是战略投资比重加大，在 2015 年和 2018 年均达到了 80% 左右，资金向头部企业聚集（图 32）。

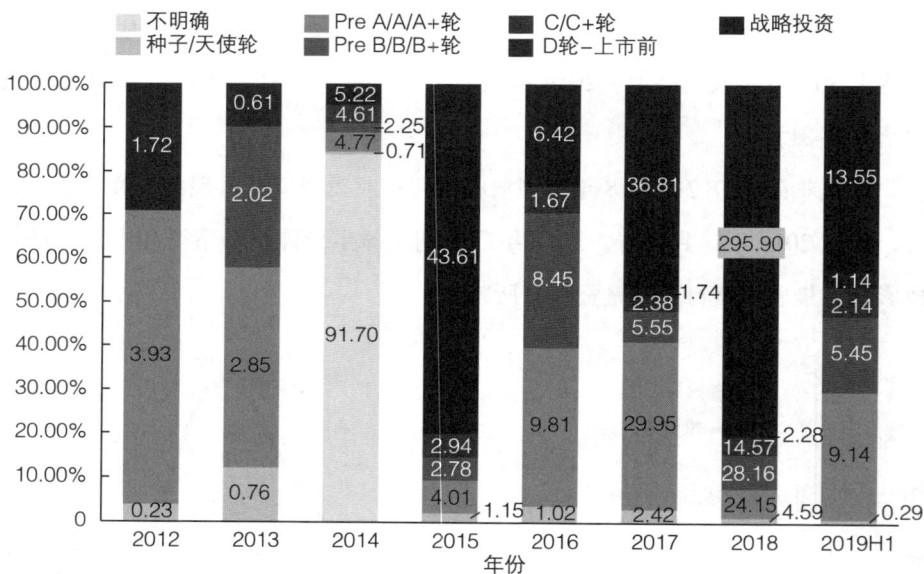

图 32　2012—2019 年上半年中国集成电路行业各轮次投资金额（亿元）
资料来源：亿欧智库企业数据库。

从各轮次投资事件数量和占比来看，A 轮（包括 Pre A/A/A+ 轮）及以前的早期投资占据较大比重，每年均达到 60% 以上。随着时间推移，到 2018 年和 2019 年上半年，B 轮（包括 Pre B/B/B+ 轮）及之后轮次的投资事件数量逐渐占据更大比重。这反映出集成电路行业正在走向成熟，投资更多趋向后期轮次和头部公司，战略投资的重要性逐渐提升（图 33）。

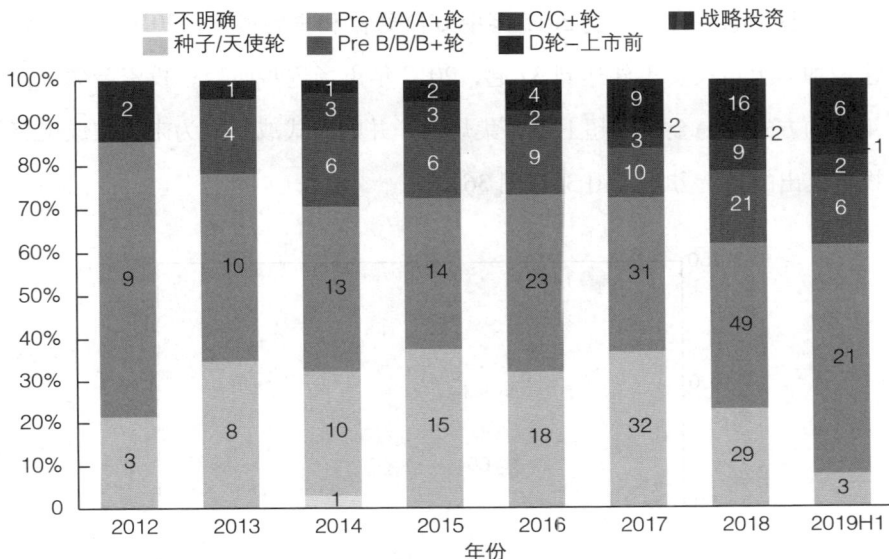

图 33　2012—2019 年上半年中国集成电路行业各轮次投资事件数量
资料来源：亿欧智库企业数据库。

　　从企业获投次数来看，企业数量随获投轮次增多而逐步减少。在纳入统计的 250 家企业中，获投 1 次的企业超过半数，占据 56.80%。获投 2 次和获投 3 次的企业分别为 66 家和 29 家，占据 38.00%。获投 4 ～ 6 次的企业较少，仅为总体企业数量的 5.20%，这些企业投资轮次偏向中后期，多在行业内发展较为成熟（图 34）。

　　从投资事件地域分布来看，上海投资事件最多，共有 100 起，其次为北京、江苏、广东，均有超过 50 起投资。此外，除浙江、陕西、安徽外，其他省市投资事件皆不到 10 起，而西北部地区在 2012—2019 年上半年基本没有投资事件发生。总体而言，集成电路行业投资更多集中在东南沿海地区和中部地区，这些地区集成电路行业和相关企业发展更为成熟。

　　从中国集成电路行业投资退出方式看，IPO/ 新三板上市是 2017 年及以前集成电路业务企业优先选择的退出方式，但自 2018 年开始，并购逐渐成为主导方式。投资事件方面，受 2015 年中 IPO 暂停和重启影响，2016 年上市企业迅速增加，上市投资事件达到 32 起，2017 年市场逐步回稳。投资金额方面，各年并购方式交易金额远超上市募集规模。并购方式或将成为未来集成电路行业投资退出的首选方式（图 35、图 36）。

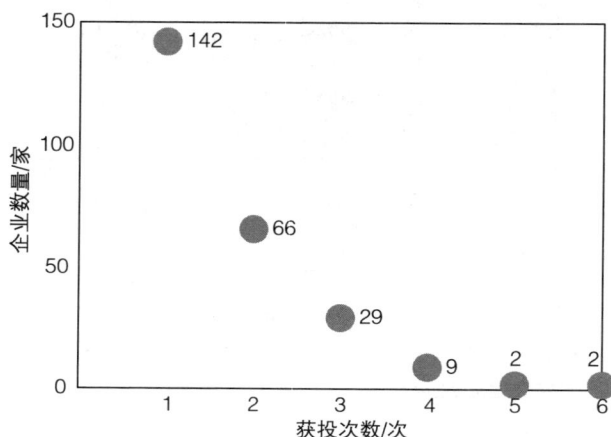

图 34　2012—2019 年上半年中国集成电路行业获投次数及企业数量
资料来源：亿欧智库企业数据库。

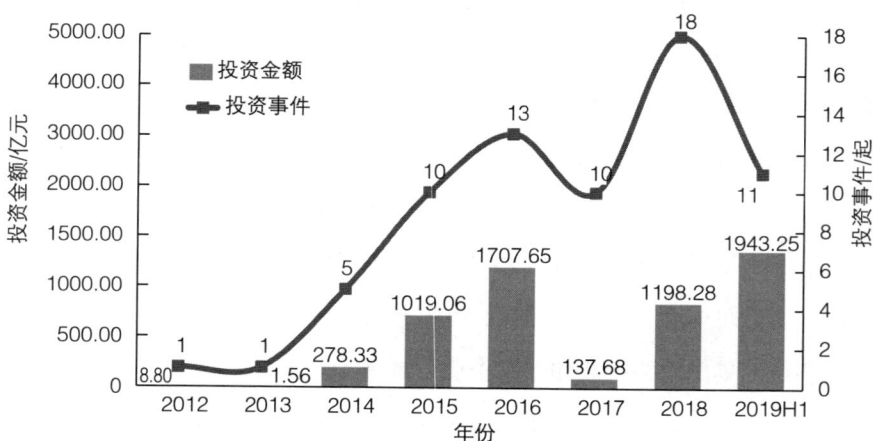

图 35　2012—2019 年上半年中国集成电路行业并购方式投资退出金额和事件数量
资料来源：亿欧智库企业数据库。

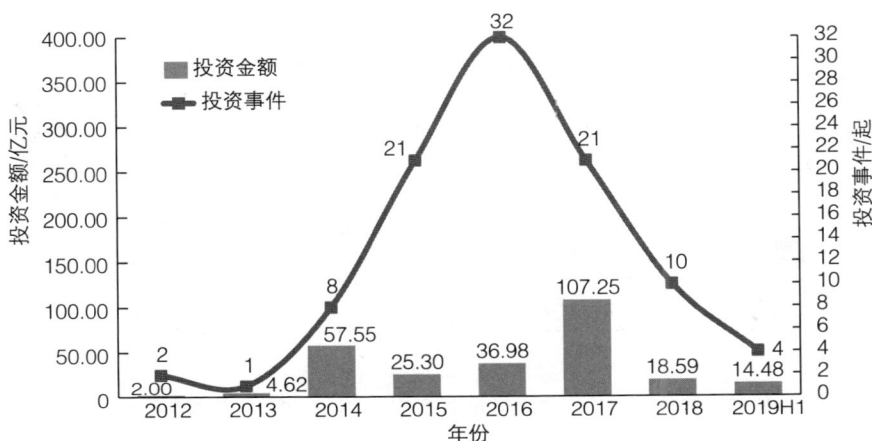

图36 2012—2019 年上半年中国集成电路行业 IPO/ 新三板上市方式投资退出金额和事件数量
资料来源：亿欧智库企业数据库。

6. 5G

近年来，5G 一直处于商业建设部署阶段，直到 2019 年 6 月 6 日，工业和信息化部正式向中国电信、中国移动、中国联通、中国广电发放 5G 商用牌照，5G 才正式迈入商用落地阶段。当前，5G 相关业务企业多为原有建设2G/3G/4G 移动通信和通信设备的企业，在数量上仅有几十家，且中兴通讯、东方明珠、大唐电信等已经上市的龙头企业及尚未获投的企业占据绝大部分比重。因此，本次纳入统计的 5G 投融资事件较少，不过预计未来 5G 相关产业将迎来快速发展。

从中国 5G 行业 2012—2019 年上半年各轮次投资事件数量来看，除 2013年无投资事件外，2012—2018 年每年均有 1 ～ 4 起投资事件发生，而 2019 年上半年投资事件突破至 8 起，预计未来将迎来更大的突破和增长。投资轮次方面，各轮次皆有布局，2018 年起战略投资开始占据更大份额（图 37）。

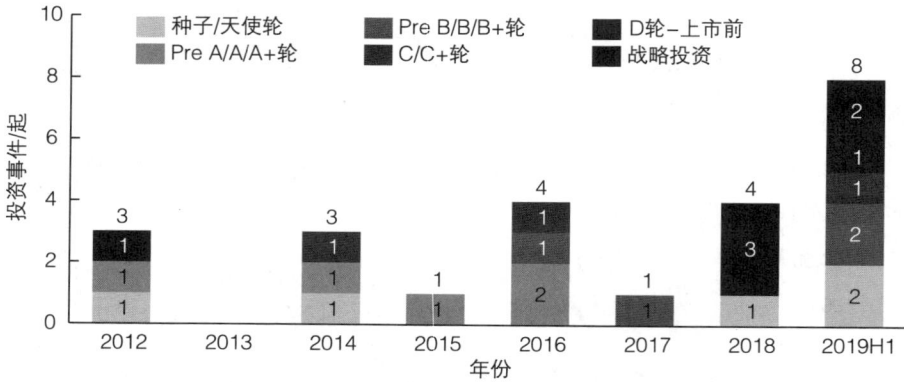

图 37 2012—2019 年上半年中国 5G 行业各轮次投资事件数量
资料来源：亿欧智库企业数据库。

从企业获投次数来看，在纳入统计的 11 家企业中，获投 1 次企业有 7 家，分别为云智软通、迈矽科、大连优迅、安其威微电子、中富通、百林通信和红山科技；获投 2 次企业有 2 家，为剑桥科技和龙电电气；获投 5 次企业有 1 家，为慧智微电子；获投 8 次企业有 1 家，为佰才邦（图 38）。

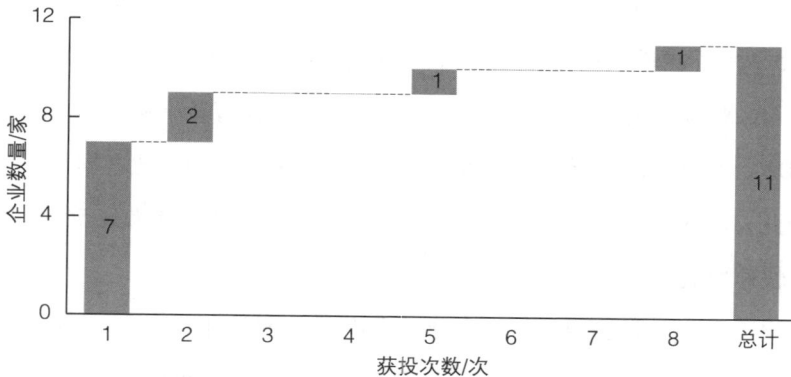

图 38 2012—2019 年上半年中国 5G 行业获投次数及企业数量
资料来源：亿欧智库企业数据库。

从投资事件地域分布来看，北京投资事件最多，共有 10 起；其次是广东和上海分别有 7 起和 4 起投资事件发生。此外，江苏、辽宁和福建各有 1 起投资事件。北上广依然是投资事件主要聚集地（图39）。

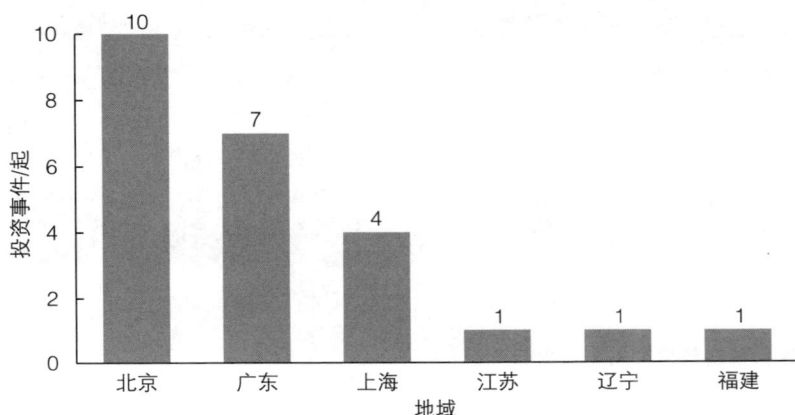

图 39　2012—2019 年上半年中国 5G 行业投资事件地域分布
资料来源：亿欧智库企业数据库。

编者注：

1. 美元基金投资金额处理方式

因数据统计需要，亿欧智库对美元基金投资金额进行了汇率换算，具体采用投资事件发生日期所在月份的最后一天的美元兑人民币汇率（收盘价格）进行换算。例如，某美元基金投资事件发生于 2017 年 6 月，则按照 2017 年 6 月 30 日美元兑人民币汇率（收盘价格）1 ：6.7809 进行换算。

2. 未透露金额处理方式

针对部分投资事件未透露投资金额的情况，亿欧智库对各投资阶段的已知投资金额进行加权平均计算，得出各轮次的加权平均值，然后为未透露金额的投资事件进行赋值。例如，人工智能行业种子 / 天使轮的投资金额加权平均值为 890 万元（表 1）。

表 1　各轮次投资金额加权平均值　　　　单位：万元

	人工智能	金融科技	大数据	云计算	集成电路	5G
种子 / 天使轮	890	741.61	718.33	655.05	962.91	793.58
Pre A 轮	1600	1547.92	1531.30	1394.94	1797.15	1574.26

续表

	人工智能	金融科技	大数据	云计算	集成电路	5G
A/A+轮	6100	4625.48	5679.16	3392.95	5390.09	5037.54
Pre B/B/B+轮	17 000	12 862.21	17 715.89	9285.69	6509.11	12 674.58
C 轮 — IPO 前	34 000	48 778.55	48 830.83	33 584.64	11 420.09	35 322.82
战略投资	34 000	51 587.74	34 337.49	43 636.49	52 222.15	43 156.78

资料来源：亿欧智库企业数据库。

院士篇

发展自主可控软硬件
推进网络强国建设

倪光南 | 中国工程院院士、中国科学院计算技术研究所研究员

一、我国网信业面临的形势分析

美国奉行单边主义，2019 年中美贸易战不断升级，美国在对 2000 亿美元中国输美商品加征关税的基础上，进而开始限制华为等企业从美国进口核心零部件和相关技术。2018 年，"中兴事件"的惨痛教训再一次敲响警钟。但不同于中兴，为了规避风险，满足全球客户的需求，华为早在芯片、专利授权、技术储备等方面有了巨大的投入。多年前，公司做出极限生存的假设，预计有一天，所有美国的先进芯片和技术将不可获得，而华为仍将持续为客户服务。为了这一假设，华为海思努力为公司的生存打造"备胎"，实现科技自主，也就是自主可控。今天，华为员工多年打造的备胎，一夜之间全部转"正"，挽狂澜于既倒，确保了公司大部分产品的连续供应。虽然美国全面限制会对华为的生产经营产生一定的冲击，但是所造成的影响远没有对中兴公司那样大。

现在这场贸易战还在继续发展，并已经远远超出了贸易的范畴。例如，谷歌已停止与华为部分合作，禁止华为使用其主导的开源软件（完整版安卓系统）；多个行业标准制定组织将华为拒之门外；甚至学术组织 IEEE 也将禁止华为有关人员再担任审稿人和编辑。显然，所有这些制裁都是企图使中国与高技术脱钩，阻断中国掌握先进技术的途径。面对美国的制裁和打压，中国唯一的出路是不妥协，走自主创新之路。我们必须认识到，中美贸易战可能还要持续很长时间，我们不能有任何幻想，而应直面现实，克服一切困难，拥有自己的核心技术，否则终将受制于人。

其次，网络安全已经被提到关系国家安全的重要战略地位。习近平总书记指出，没有网络安全就没有国家安全，没有信息化就没有现代化。他强调，网络安全和信息化是事关国家安全和国家发展、事关广大人民群众工作生活的重大战略问题，要从国际国内大势出发，总体布局，统筹各方，创新发展，努力把我国建设成为网络强国。习总书记的网络安全观博大精深，是我们从事网信工作的指导方针。在中美贸易战的新形势下，我们更要认清形势，努力实现关键核心技术自主可控，把创新主动权、发展主动权牢牢掌握在自己手中。从近年来国家有关部门发布的《网络产品和服务安全审查办法（征求意见稿）》《网络安全审查办法（征求意见稿）》等规定看到，产品和服务是否满足"自主可控"的要求已成为审查的重中之重。自主可控是实现网络安全的前提，是一个必要条件，但并不是充分条件。换言之，采用自主可控的技术不等于实现了网络安全，但没有采用自主可控的技术一定不安全。在操作层面上，为了保障网络安全，首先要做到自主可控，尤其是关键核心技术能否自主可控，往往具有一票否决的地位。

过去 30 多年，我国发展主要靠引进上次工业革命的成果。基本是利用国外技术，早期是二手技术，后期是同步技术。而到现在这个阶段，不仅从别人那里拿到关键核心技术不可能，就是想拿到一般的高技术也是很难的，今天在引进高新技术上不能抱任何幻想。过去有人说造不如买、买不如租，这个逻辑要倒过来。

华为和中兴在美国制裁面前截然不同的表现，凸显了自主可控的必要性。在今天的国际形势下，如果核心技术不能自主可控，那么人家会随时卡你脖子。应当向华为学习，坚持自主可控，不怕打压，科技自主，才能抵御外国的制裁。实践反复告诉我们，关键核心技术是要不来、买不来、讨不来的。只有把关键核心技术掌握在自己手中，才能从根本上保障国家经济安全、国防安全和其他安全。

二、我国网信领域总态势和长短板

习总书记指出，网络信息技术是全球研发投入最集中、创新最活跃、应用最广泛、辐射带动作用最大的技术创新领域，是全球技术创新的竞争高地。

当今世界，网信领域的特点是技术更新快，发展速度快，人才作用大，在这方面中国有后发优势。根据多方面的统计和资料显示，我国网信领域的整体技术和产业水平已居世界第二位，仅次于美国（表1）。在对形势的估计上，我们要尊重客观现实，既不要夜郎自大，也不要妄自菲薄。目前，我们的发展还是严重受制于美国。

表1　中国企业在全球 ICT 企业前 10 位中占据 3 席

排名	公司	市值/亿美元	交易所	总部	CEO
1	微软	9061.57	纳斯达克	雷德蒙德	纳德拉
2	苹果	9013.89	纳斯达克	加州	库克
3	亚马逊	8685.45	纳斯达克	西雅图	贝佐斯
4	谷歌	8055.48	纳斯达克	加州	皮猜
5	Facebook	4809.01	纳斯达克	加州	扎克伯克
6	阿里巴巴	4714.51	纽交所	香港 & 杭州	陆兆禧
7	腾讯	4330.40	纽交所 & 港交所	北京	马化腾
8	三星电子	2562.90	伦敦交易所	韩国大邱	李健熙
9	思科	2539.08	纳斯达克	旧金山	罗卓克
10	英特尔	2414.89	纳斯达克	加州	奥特立尼
11	甲骨文	1835.81	纳斯达克	加州	赫德/卡茨
12	IBM	1255.79	纳斯达克	纽约	罗睿兰

注：目前，在全球前 10 家市值最大的 ICT 企业中，美国 6 家，中国 3 家（华为、阿里巴巴、腾讯），华为未上市，但估值可接近苹果，韩国也有 1 家（三星电子）。

我国网信领域的短板主要在基础软件和芯片两个方面。其中，基础软件的短板主要在 OS（包括移动 OS 和桌面 OS）及大型工业软件，芯片的短板主要在 EDA（电子设计自动化）设计工具，材料、装备，以及制造等方面。在补齐短板方面，我们还要下很大的功夫、花费较长的时间。

我国网信领域的长板主要是互联网应用和新一代信息技术，前者涉及电商、移动支付、社交等，后者涉及人工智能、大数据、5G、物联网、云计算等。尽管把"互联网应用"和"新一代信息技术"说成长板，但这并不是说，我国在这些方面已超过了发达国家。而是说在这些方面，我们与发达国家的差距较小，也较容易赶上他们。在上述长板方面，中国的优势是有世界最丰富的科技人力资源、最大的市场、世界第二大经济体实力，国家的优惠政策及中国的举国体制等（图1）。

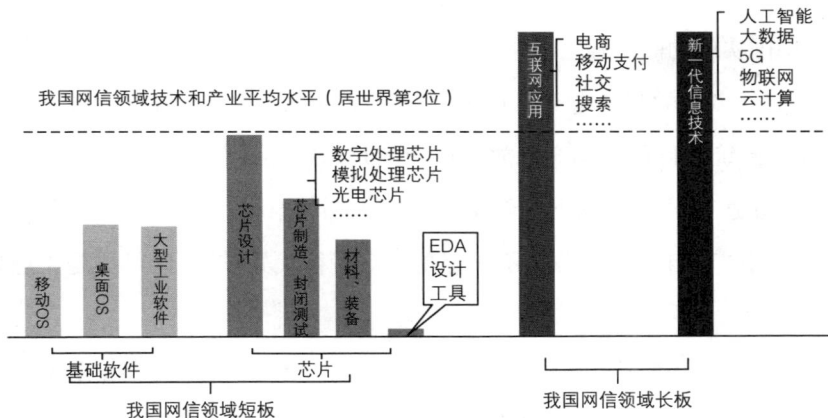

图1　中国网信领域的长短板

相比发达国家而言，中国在网信领域虽然整体仍是跟跑，但有些方面已出现了跟跑、并跑、领跑并存的局面，我们要继续努力，争取出现更多的并跑、领跑。

当前形势对中国发展核心技术而言，机遇和挑战并存。一方面，通过"引进"获得核心技术已不可能；另一方面，自主创新的核心技术也更易进入市场，获得发展壮大的机会。

三、尽快突破网信核心技术，加快推进国产自主可控替代计划

要尽快突破网信核心技术，必须"加快推进国产自主可控替代计划、构建安全可控的信息技术体系"。这是因为，在网信领域，一项技术能否存活，往往不取决于性价比而取决于是否有相应的技术体系和生态系统的支撑。新研发出来的国产软硬件必须具备对原先市场垄断者的替代能力，才能在市场中取得一席之地，如果不能替代就根本进不了市场。我们可以看到，今后一个相当长的时期里，网信领域的国产软硬件对原先市场垄断者的替代将是一个新常态，这是由中国实施的网络强国战略和自主创新指导思想所决定的。

经过 10 多年的艰苦奋斗、自主创新，我国的北斗卫星导航系统正在逐步替代 GPS 系统。目前，GPS 开放给用户的是米级的定位精度，而北斗通过创新技术，能达到分米级以上的精度。中国未来的自动驾驶应用将主要依托北斗，这表明国产自主可控替代不一定是"落后替代先进"，而可能是先进替代落后。

当前，桌面计算机技术体系的竞争格局是：国产 "1+3" 架构对 Wintel 架构。"1+3" 架构即国产 Linux 操作系统 + 3 种国产 CPU（申威／飞腾／龙芯）；Wintel 架构即 Windows 操作系统 + Intel 架构 CPU。目前，提供国产 Linux 操作系统的是多家规模很小的中国公司，他们各自为战，很难与微软这样的跨国公司抗衡，因此，亟须加强资源整合。经过这些年的努力，国产桌面计算机技术体系已经从"不可用"发展到"可用"，并正向"好用"阶段发展。今后，我们要继续发扬两弹一星和载人航天精神，加大自主创新力度，争取首先在政府办公这类比较简单的应用方面实现国产自主可控替代，然后再推进到其他领域。

高端数据库服务器包括高端服务器和企业级交易型数据库，是数据中心的核心部件，历来被发达国家的"IOE"系统所垄断，即由 IBM 或 Intel 服务器 +

Oracle 数据库 + EMC 存储构成的解决方案。近年来，我国金融等行业的数据中心已主要转为由 Intel X86 服务器 +Oracle 数据库所构成。业界曾提出"去IOE"，但过去不能实施。最近，国产 CPU（如飞腾、鲲鹏等）集群 + 航天天域分布式数据库的整体性能已可超过 IBM 小型机、Intel 最新 8 路服务器的最高性能，为实施这一替代创造了条件。

上面的替代案例中包含了软件和硬件两个方面的替代，也可以举出纯软件替代的例子，例如，博科 ERP 对 SAP ERP 的替代（ERP 即企业管理软件）。众所周知，世界上的大企业几乎都采用 SAP 的 ERP。我国博科公司通过多年研发，推出了一个"无代码、图形语言开发平台"（Yigo 平台）。这样，业务人员只需在屏幕上通过交互，定义模型，再定义界面元素和数据关系，就能自动生成一个新模块而无须编程，既快捷又不会产生 Bug。基于这一平台，博科几百名软件人员仅用 2 年时间，就基本上移植了 SAP ERP 的全部功能。2018 年 6 月，中国电子学会主持的鉴定会肯定了博科的创新技术达到了国际先进水平，它已在一些大型企业中推广应用，效果很好。

另外一个案例是国产工控实时操作系统 SylixOS 对 VxWorks 的替代。迄今为止，在工控领域，美国风河公司的 VxWorks 是应用最广泛的实时操作系统。针对网络安全的需求，翼辉公司推出了自主研发的实时操作系统 SylixOS。经过权威机构的测试，它的代码 90% 是自己研发的，还有 10% 是合规的开源代码，满足自主可控的要求。现在，SylixOS 正在一些领域推广应用，显示出替代 VxWorks 的能力。

综上所述，今天在网信领域，国产自主可控核心技术和软硬件已经逐步具备了替代进口的能力，今后实施国产自主可控替代将成为网信领域的新常态。

为此，需要特别重视培育安全可控的技术体系及其生态系统，在加大研发力度的同时必须重视市场化引导，以市场带动研发，将举国体制和市场竞争两个方面的优势结合起来。从市场来说，自主可控替代的路径是从小到大，先易后难。例如，第一步是政府市场，第二步是重要行业，第三步是一般市场。经过这些年的努力，目前国产软硬件大多已达到"可用"，并正向"好用"发展，可以将政府市场作为国产自主可控替代的突破点，通过协同攻关，取得突破，然后以点带面，整体推进，最终实现在整个市场上的全面替代。

四、中国发展软件业的有利条件

这里我们要着重分析中国的软件业。一方面，这是因为软件业在网信领域有重要地位；另一方面，这是因为中国有发展软件业的有利条件。

图 2 表明，中国软件业销售额增长非常快，从 2000 年的 560 亿元发展到 2018 年的 63 061 亿元，18 年增长 112 倍。现在即使体量已经很大，但是增速仍然可以达到 GDP 增速的 2 倍。

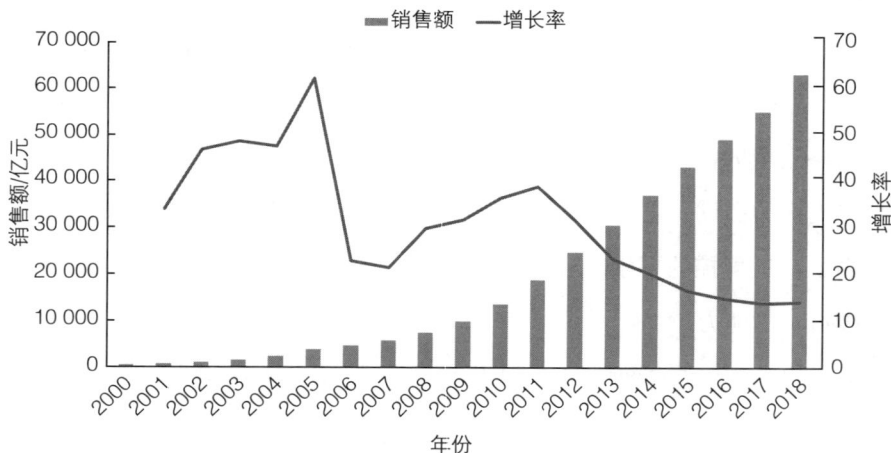

图 2　中国软件和信息服务业的发展情况

人们常说"软件定义世界"，这反映了软件技术无处不在，软件人才无所不能。确实，软件对传统产业的赋能作用越来越大。例如，宝马 7 系列汽车内置的软件超过 2 亿行代码，波音 787 客机中的软件代码超过 10 亿行。这说明在传统产品中，软件价值所占的比重越来越高。我国早就将软件产业作为基础性、战略性产业，这个定位很正确。今天，软件技术已渗透到其他许多行业之中，我们在一些调研中发现，软件人才在网信领域的高技术企业中，比重往往超过七成。在这个意义上，许多企业把自己称为软件企业应该是有道理的。

中国发展软件的最大优势是拥有世界上最大的人才资源。人们说，人才是第一资源，而对于软件而言，人才不仅是第一资源，有时几乎是唯一资源。从存量的角度看，2016 年中国软件从业人员已达 855.7 万人，仅次于美国。从增量的角度看，2017 年全国在校大学生人数为 2695.8 万人，应届大学毕业生 795 万人，其中，软件人才占的比重相当大，这意味着，不久以后，中国的软件从业人员可能会超过其他国家。

这里我们比较一下软件的开发效率，因为可用数据不多，只能进行粗略的估算。例如，微软 Vista 操作系统是一个 5000 万行源代码的特大型软件，这样大的软件很难开发，成本很高，折算其开发成本是每 100 美元开发出约 2 行源代码。中国的例子我们举出 2000—2009 年，国家 863 计划所支持的一个"永中 Office"项目。这是当时永中科技有限公司开发的一个 500 万行源代码的大型软件，国家一共支持了约 1.5 亿元。这个软件的规模比 Vista 小，开发也容易些，折算其开发成本是每 100 美元开发出约 22 行源代码。另外，有数据表明，美国的一般软件如按同样方法折算，每 100 美元能开发出约 16 行源代码。目前，我们没有中国一般软件的类似数据，如按同样方法折算，估计每 100 美元应该能开发出较多的源代码。总之，从软件开发的效率看，中国软件业是比较好的（图 3）。

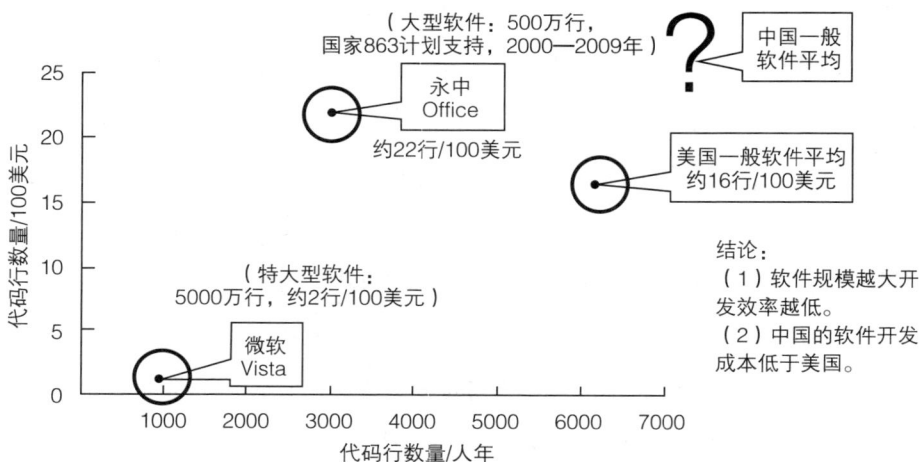

（大型软件：500万行，国家863计划支持，2000—2009年）

中国一般软件平均 ？

永中 Office

约22行/100美元

美国一般软件平均 约16行/100美元

（特大型软件：5000万行，约2行/100美元）

微软 Vista

结论：
（1）软件规模越大开发效率越低。
（2）中国的软件开发成本低于美国。

代码行数数量/100美元

代码行数量/人年

图3　软件开发效率（性价比）比较

归纳起来，我们认为，中国软件业的规模已经居世界第 2 位，中国软件业主要是内销，这也表明我们有巨大的内销市场。中国软件业布局比较全面（短板为基础软件和工业软件）。龙头企业有华为、阿里巴巴、腾讯等，居世界第 2 位。软件从业人员数量在世界上仅次于美国，工资水平中等。人才的创新性似乎不错，例如，访问一些跨国公司在中国的研发机构高管，他们对中国员工的创新能力还是较满意的。而且，中国人才的勤奋度显然位居世界第一。此外，中国软件业在工作规范性、团队合作精神、英语水平和担任跨国公司高管数量等方面与印度相比，还有差距。这说明我们的软件业还有提升的空间（表 2）。

表 2　中国软件业概况

项目	评价
产业规模（2018 年为 63061 亿元）（基本上反映了中国软件内需市场的规模）	好（居世界第 2 位）
产业布局比较全面（短板为基础软件和工业软件）	较好
龙头企业规模和数量	较好（华为、BAT 等）
从业人员数量（2016 年为 855.7 万人）	好（居世界第 2 位，约占世界 10%）

续表

项目	评价
IT 员工平均薪酬（2017 年为 13.03 万元）	中等
人才创新性（软件著作权、开源贡献量、双创数量、APP 制作量、研发效率、大赛数量等）	较好
人才勤奋度	好
工作规范性（CMM/CMMI 推广程度等）	较差
团队合作精神	较差
英语水平	较差
担任跨国企业高管数量	较少

五、开源软件

今天，开源软件已成为软件业的主流。据 Gartner 预测，到 2015 年，85% 的商业软件会使用开源软件，到 2016 年，95% 的主流 IT 企业或组织将直接或间接在其关键业务系统中使用开源软件。

虽然在今后相当长的时期里，开源软件和专有软件将会长期并存，但当前随着云计算、大数据等新一代信息技术的兴起，开源软件的发展甚至更快，主要的网络信息服务提供商，其服务基本上都基于开源软件平台。不过因为它们只提供服务而不销售软件，根据规则，它们并不需要向客户开放源代码。

开源软件有利于实行"引进消化吸收再创新"，例如，国产操作系统大多都是基于开源软件发展起来的。随着我国企业的成长，他们与开源软件、开源社区的关系也在不断发展。例如，华为认为它走过的道路是：应用者→参与者→贡献者→……华为对开源软件的贡献和话语权正在不断增加。

作为全球最大的代码开源社区，最近 Github 更改了用户协议，新协议显示，其服务器及用户上传的信息要接受美国法律监督，包括美国的出口管制法律。这说明，必要时 Github 可以禁止向华为提供一切代码资源。这一动向引起了我国开源界的关注，为此需要研究相应的对策。

今后，我们应加大对开源软件的投入，包括投入开源基金会，或成立某些中国方面主导的开源基金会，以增大我们在开源基金会、开源社区和制订开源许可证方面的话语权。另外，即使开源基金会和开源许可证本身不涉及出口管制，但处在某些国家的代码托管平台可能会使开源项目代码的上传下载受到出口管制。上述 Github 禁止向华为提供一切代码资源的事件就是一个例证。为此，可考虑在中国设立一些开源项目的代码托管平台，并研究多个代码托管平台如何能同步和协调工作，以规避出口管制之类的风险。

总之，发展开源软件是实行开放创新的需要，符合世界各国人民的共同利益。某些国家对开源软件强加出口管制之类的制裁，违背了开源软件的初衷，是不得人心的。

六、开源芯片

近来，美国加州大学伯克利分校推出的 RISC-V 芯片采用的是开源的方式，可以免费使用，但是在芯片领域，开源芯片是不是能像开源软件取得那么大成功呢？这还需要看今后的发展情况。

（一）RISC-V 开源芯片

RISC-V 是一个基于精简指令集（RISC）原则的开源指令集架构（ISA），"V"表示第五代 RISC。最初 20 世纪 80 年代的 RISC 指令集仅用于计算机架构教学，但是在开源计算机系统市场需求不断迫切的背景下，2010 年，由美国加州大学伯克利分校计算机科学中心的 Krste Asanovic 教授和 David Patterson 教授等团队共同发明了完全开放源代码的 RISC-V 指令集，并在 2014 年发布了第一版用户手册。

RISC-V 极具颠覆性的特点就是它是一个开源芯片模式，包括指令集架构的开发模式和商业模式。它允许全球任何公司、研究机构或个人在 BSD 许可证（Berkeley Software Distribution license）下，都可以自由免费地使用指令集进行 CPU 设计、开发并添加自有指令集进行拓展。同时，BSD 许可证是一个广泛使用且标准十分宽松的开源软件协议，在该协议下用户基于 RISC-V 指令集架构制作的处理器，可以自主选择公开自由发行、商业销售、更换其他许可协议或完全闭源在内部使用。

（二）RISC-V 的优势和对比

目前，全球的 CPU 市场基本上被两种架构所垄断，即 X86 架构 CPU 和 ARM 架构 CPU。前者主要是美国 Intel 和 AMD 两家公司所拥有的，在桌面和服务器市场占据垄断地位。迄今为止，世界上还没有其他公司能用这种架构使自己发展起来。后者是 ARM 公司所拥有，在移动和嵌入式领域占据垄断地位，它具有较全面的技术和产品覆盖范围，历史悠久且生态成熟。但是，它高昂的授权费使得企业在开发 CPU 时需要承担很高的成本，高度复杂和烦琐的指令集也使得具体的应用实现需要大量的技术人员和时间。因此，开源简洁的 RISC-V 指令集架构便呼之欲出。表 3 和表 4 是 RISC-V 与目前世界上主流芯片 ARM 和 X86 的对比。

表 3　指令集手册对比

ISA	页数 / 页	单词 / 个	阅读时间 / 小时
RISC-V	236	76 702	6
ARM-32	2736	895 032	79
X86-32	2198	2 186 259	182

表 4　指令集架构及 CPU 对比

	x86 或 ARM 架构	RISC-V
指令数	指令数繁多，且不同分支不兼容	基本指令少于 40 条
模块化	不支持	支持
扩展性	不支持	支持
硬件实现	复杂程度高，技术门槛严格	硬件设计与编译实现十分简单
商业运作	X86 封闭，ARM 架构授权昂贵	完全开源和免费
生态环境	成熟	起步
应用市场	服务器、PC 桌面（X86）、移动和嵌入式（ARM）	从物联网切入，可覆盖从微控制器到超级计算机的全计算领域
应用特点	在应用市场居垄断地位	高性能（面积、功耗和性能的比值低）普适性（可自由扩展和裁剪）可控性（开源提供的差异化和定制化）
应用风险	不可控、缺乏应用弹性、成本较高	生态不足、碎片化、专利问题

具体而言，RISC-V 主要拥有 4 个优势。

1. 设计优势

完全开源免费，免除授权费用和知识产权风险，这是 RISC-V 存在的主要意义。传统的芯片设计有时需要上亿元研发费用、投入上百人的团队和花费大量时间，使得中小型科技企业不可能承担芯片研发，只能被迫使用市场上已有产品，既造成了芯片市场的绝对垄断，又丧失了发展的主动权。而开源芯片设计可以将芯片设计门槛大大降低，甚至 3 ～ 5 人的小团队在 3 ～ 4 个月内，只需几万元便能研制出一款有市场竞争力的芯片，十分适应于中小企业创业，市场前景广阔。能够有效促进芯片产业的繁荣。

2. 技术优势

RISC-V 指令集在最初设计时其研发团队就明确表示要追求简约，丢弃历史包袱。目前，成型的技术代码集小、支持模块化，性能十分优越，能够满足从微控制器到超级计算机等各种复杂程度的处理器需求，支持从 FPGA、ASIC 乃至未来器件等多种实现方式。同时能够高效地实现各种微结构，支持大量定制与加速功能，并可与现有软件及编程语言良好适配。

3. 前景广阔

随着人工智能和物联网、5G、大数据等新一代信息技术的发展，这些场景下对于 CPU 需求日益碎片化，嵌入式应用前景广阔，低功耗、低成本和定制化需求越来越大，这使得 RISC-V 的精简、低功耗、模块化和可扩展的优势与数字经济未来发展方向十分契合。

4. 管理优势

最初的 RISC-V 指令集出现在 20 世纪 50 年代，因而大多数专利早已过期，在商业化和开源使用方面不会存在大的专利壁垒和成本问题；另外，RISC-V 由 2005 年成立的基金会管理，这是一个非营利的中立机构和开放社区，主要负责日常维护 RSIC-V 指令集标准手册与架构文档，参与 RISC-V 相关规范的制定和软硬件生态系统的发展。基金会采取会员制管理，目前共有上百家会员单位，阿里巴巴、华为都是其中的白金会员，这种开放式的管理模式能够有效地促进 RISC-V 社区的交流和创新，形成生态系统从而降低研发成本，打破芯片市场的垄断。

（三）中国的 RISC-V 策略

2018 年 9 月 20 日，由国内外 RISC-V 领域重点企业、研究机构和行业协会在上海共同发起成立了中国 RISC-V 产业联盟（China RISC-V Industry Consortium，CRVIC）。上海芯原控股公司担任联盟首任理事长。11 月 8 日，在乌镇的第五届世界互联网大会上，"中国开放指令生态（RISC-V）联盟"宣告成立，旨在召集从事 RISC-V 指令集、架构、芯片、软件、整机应用等产业链各环节企事业单位及相关社会团体，自愿组成一个全国性、综合性、联合性、非营利性的社团组织。

开源芯片模式对于我国打破芯片市场垄断、实现芯片自主可控和创新具有重要意义。因此，在国家发展战略性新兴产业方针的指引下，我国应当依托丰富的科技人力资源和巨大的市场，加大芯片自主创新力度，营造其完善的生态系统，实现自主可控的开源芯片，推动中国在开源芯片技术、规则、社区和产业全面发展，为人工智能、物联网、5G 等新一代信息技术、数字经济和网络强国建设提供强大支撑。

具体而言，第一，要为开源社区提供经过流片验证的高质量 RISC-V 开源核及 SoC 芯片设计方案。第二，逐步构建一套基于开源工具链、开源 IP、开源工艺库的 SoC 芯片设计流程，为企业提供商业版工具与 IP 之外的开源方案。第三，迭代优化开源工具，提高设计验证效率，为大批科研机构、中小企业提供定制芯片服务，降低芯片开发门槛。第四，鼓励企业、研究机构和协会加入开源社区，利用开放式的会员模式，提高我国在开源芯片技术规则制定领域的话语权和影响力。

未来世界上 CPU 架构是否会出现新的格局呢？新的开源架构是不是可以通过包括中国在内的一些国家，通过结合新一代信息技术的发展，成为一种普遍使用的新的 CPU 架构呢？这还有待于实践的验证。

发展大数据需要大数据试验场

邬江兴 | 中国工程院院士、复旦大学大数据试验场研究院

朱扬勇 | 复旦大学大数据试验场研究院

全球范围内，运用大数据提升科学与工程领域的创新速度和水平、推动经济发展、完善社会治理和民生服务、提升政府服务和监管能力正成为趋势，未来国家的竞争力很大程度上取决于整体数据能力及自主的大数据核心技术。为贯彻"实施国家大数据战略"和"国家创新发展战略"的部署，在国务院发布的《促进大数据发展行动纲要》的指导下，建议政府加快建设大数据试验场重大基础设施。

一、需求和意义

2017年12月8日，习近平总书记在中共中央政治局第二次集体学习时强调，大数据发展日新月异，我们应该审时度势、精心谋划、超前布局、力争主动，深入了解大数据发展现状和趋势及其对经济社会发展的影响，分析我国大数据发展取得的成绩和存在的问题，推动实施国家大数据战略，加快完善数字基础设施。

（一）数据驱动创新是新的创新模式

习近平强调，我们要瞄准世界科技前沿，集中优势资源突破大数据核心技术，加快构建自主可控的大数据产业链、价值链和生态系统。形成数据驱动型创新体系和发展模式。

当前，数据驱动的创新模式正渗透到科学研究、技术创新和产业发展等方面，推动着以数据资源为关键要素的数字经济蓬勃发展。产业数字化、数字产业化均围绕着数据这个关键要素开展。人工智能、大数据、下一代信息技术、金融科技等均是数据驱动的技术创新，智能制造、自动驾驶、互联网金融、区块链、电子商务、共享单车等均是数据驱动的新的业态和产业。在鼓励各领域创新的同时，掌握数据驱动创新方法、建设服务数据驱动创新的重大科研基础设施更为关键，事关国家科技产业创新能力的建设，事关国家创新体系的建设，事关国家创新驱动发展战略的实施。

（二）数据驱动创新需要大数据试验场

掌握数据驱动创新方法面临"如何把握数据发展规律"和"如何掌握大数据核心技术"两大挑战。

把握数据发展规律，需要领先开展数据科学研究。数据科学是现代基础性科学，是认识宇宙、认识物质、认识生命和认识社会的基础，所有的科学已经进入数据驱动的科研范式即第四范式，第四范式的科学研究需要基于多元数据资源的大规模试验。领先的数据科学研究包括：全球数据发展变化规律、数据内在属性和特性、数据管理运用理论和方法、相关学科第四范式研究方法等。

掌握大数据核心技术。体系化的大数据核心技术包括：大数据存储、计算、网络等核心装备；大数据资源管理、数据挖掘、深度学习等大数据核心技术；精准分析技术、个性化技术、类脑智能、群组挖掘等大数据应用技术（图1）。

"把握数据发展规律"和"掌握大数据核心技术"需要大规模多类型的试验和试验数据、各种大数据的场景构建能力、非科学计算类的超高通量处理能力、高带宽海量数据存储管控能力、算法有效性研究和试验平台及各种辅助支撑工具，还需要专业技术人员的支持能力。这些条件构成大数据试验场。

《促进大数据发展行动纲要》明确提出，"推进我国大数据发展和应用，加快建设数据强国"，并在任务布局上优先规划大数据基础设施建设。因此，建设大数据试验场事关国家大数据战略，事关国家创新发展，意义重大。

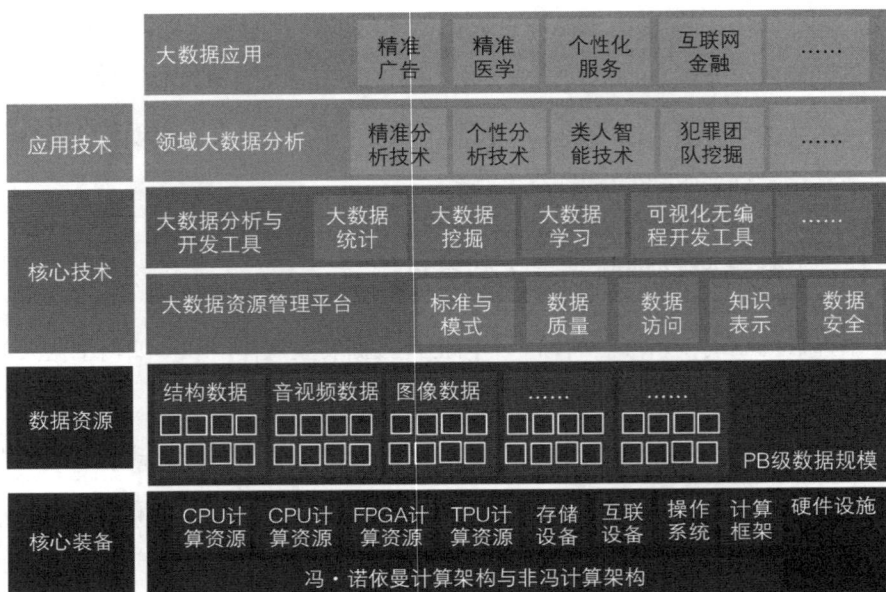

图1　大数据体系化的核心技术

二、为什么需要大数据试验场

大数据首先是以一个技术挑战形式出现的，即"大数据是当前技术所不能处理的数据集"。如果当前技术不能处理，那么这个数据集在哪里？这是一个悖论现象。实际情况是，随着数据规模的快速增长，数据技术跟不上了，但研究新技术又需要在大规模数据集上进行。这样需要数据增长和技术进步迭代发展、交替前行。此外，数据驱动的创新必然会需要大规模的数据试验，这需要大规模数据、数据场景构建、数据试验评测的要素。下面我们进行具体分析。

（一）大数据科学技术研究严重依赖数据资源

2015年，我们对2008—2014年国际顶级数据库领域会议上发表的论文进行统计分析发现，高校和科研院所发表数据领域论文尤其是大数据论文数量呈现出逐年递减的趋势（图2），相应的是互联网公司或者其所属研究机构的论文数量呈上升趋势。大数据的一些关键论文几乎都来自 Google、Facebook 等公司的科学家，并且越来越多的大学科学家选择和数据公司合作的方式开展大数据研究。这表明由于缺乏大数据资源和数据平台，高校和科研院所难以形成领先的研究。

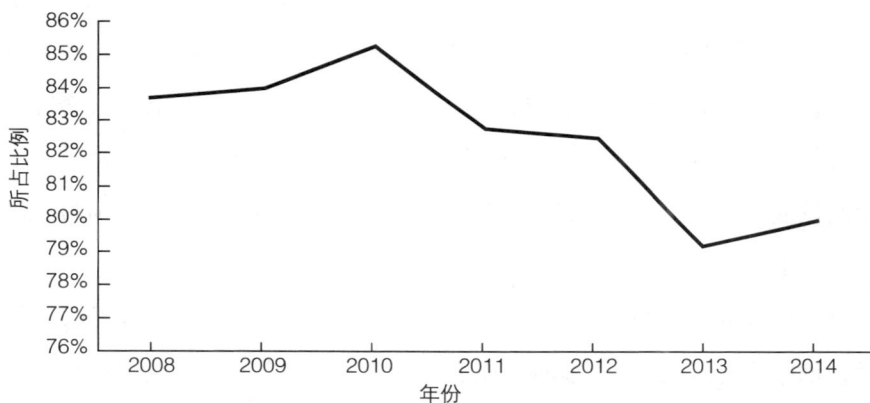

图2　高校和科研院所发表论文比例

（二）大数据应用面临四大门槛

2016 年，我们调查了上海大数据联盟部分成员单位、山东省农业大数据部分联盟单位、2016 第三届科学数据大会部分参会者、CCF 会员、MSE 学员、来自互联网的用户等 5000 多位受访者。调查结果如下：70.8% 的数据研究机构没有 1 PB 数据资源，绝大多数单位都存在严重的数据不足问题，规模和类型都不足；90% 以上的大数据应用建立在国外基础开源软件和通用服务器环境中，也不掌握数据挖掘等应用技术；74.9% 的单位数据分析团队少于 50 人，人才短缺问题严重；另外，建立 1 PB 规模的大数据分析应用初始投资可能就将超过 1 亿元，90% 以上的单位表示无力承担这样高的费用。

因此，数据、技术、人才和资金已经成为企业推进大数据的四大门槛。事实上，这四大门槛中的数据门槛和资金门槛对于大学和科研院所同样存在，甚至对于大数据应用类的大学和科研院所也面临四大门槛。

（三）数据驱动创新需要大规模数据试验

科学研究已经进入第四范式，所谓数据驱动型科学研究，最典型的是生物信息学。自从 DNA 测序以来，生命科学家就开始在 DNA 数据上开展生命科学研究，发展出一个数据计算或数据分析类的学科——生物信息学。将生命科学"湿的"科学试验变成一个生物信息学"干的"数据试验，大大推进了生命科学的发展。当前，数据规模和数据分析能力很大程度上决定了生命科学研究成果的产出。

更广为人知的实例是黑洞照片。2019 年 4 月 10 日 21 时，黑洞照片公之于世。该照片的形成表明数据驱动的科学研究需要数据试验。为了研究黑洞，天文学家动用了分布在全球的 8 个毫米 / 亚毫米波射电望远镜，组成了一个所谓的"事件视界望远镜"（Event Horizon Telescope，EHT），连续进行了数天的联合观测，收集到足够数据后，经过 2 年的数据试验分析才整理拼接出这张黑洞照片。期间，相同的信号到达不同望远镜间的时刻差（时延）随着时间的变化快慢（时延率）、不同望远镜的位置数据和信号的强度数据等的一致化、整体化需要经过大量数据试验才能对该天体的射电辐射强度和位置进行分析，事实上，形成照片的整个过程就是一个大数据试验过程。另外值得一提的是，因为数据量庞大不能通过互联网而采用硬盘寄送数据，这是大规模数据对技术的挑战。

在技术创新方面，人工智能深度学习是当前的热门技术。从阿尔法狗到阿尔法零、从人脸识别到波士顿动力机器人，大规模高质量的训练数据集是前提，循环反复的试验训练是手段，这就是大规模数据试验。每个人脸识别系统都凝结着数十万张高质量标签的人脸照片数据。可以这么说，没有大规模数据试验就没有当前的人工智能应用。

当前，智慧城市、城市大脑、无人驾驶等热门技术和应用都需要经过大规模数据试验后才可以实际部署到城市中，否则，一旦故障发生将是灾难性的。

三、什么是大数据试验场

我们于 2014 年提出大数据试验场这一概念。

（一）大数据试验场的定义

大数据试验场是面向数据科学研究、大数据技术开发而设计的重大科学基础设施，具备大规模试验数据生成、大数据场景构建、大数据存储计算等能力，支撑数据科学探索试验、大数据技术试验与验证、数据人才培养，将成为构建整体数据能力及开发自主的大数据核心技术的重大基础设施。我国原创，国际无先例。

大规模数据试验需要：①大规模、多类型的试验数据；②各种大数据场景构建能力；③基础计算能力、数据存储管控能力；④数据试验平台和各种试验工具；⑤技术人员支持能力。

与天文望远镜、正负电子碰撞机、引力波检测、受控核聚变装置等学科指向性很强的重大基础研究设施不同，大数据试验场几乎涉及所有领域基于大数据的理论与技术创新。因此，大数据试验场本质上就是用于数据科学理论与共性技术创新的重大基础设施。

在大数据试验场，数据类型和规模增长、数据处理技术进步、数据应用发展交替前行、理论与技术迭代发展，具体为：利用大数据试验场环境建立理论模型发现数据对象间的关联关系，运用大数据场景研究探索基于大数据处理的新一代计算、存储、传输技术，运用大数据资源场景开发或验证目标领域大数据应用算法等。其衍生效应包括但不限于：由大数据研究与应用需要推动的新一代信息技术和产业创新、其他相关领域的科技工程创新与产业产品的升级换代、创新现代社会管理和决策模式、支撑数字经济方方面面发展等。

（二）大数据试验场提供的数据试验类型

大数据试验场旨在提供广泛的数据试验服务。我们将从试验方法的角度刻画大数据试验场。具体而言，第一期建设将主要考虑支持 4 种类型的试验，即探索类试验、证明／求解类试验、模拟类试验（含假设分析类试验和重现类试验两种变化的类型）和体系架构类试验（图 3）。

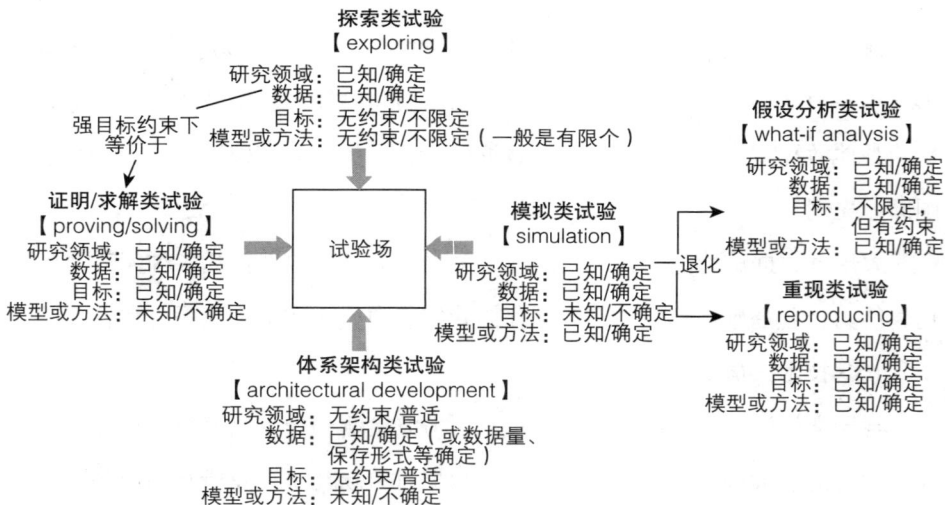

图 3　大数据试验场所支持的 4 种类型的试验

（1）探索类试验

例如，科学探索、科技创新尝试等。此类试验主要是在确定的领域中，在已知／确定的数据里通过各种方法尝试，试图找到新发现、新规律。

其特征是研究领域是确定的（一般是单一领域），研究的数据也是确定的，但能从数据中得到什么新发现，用什么方法得到新发现是无约束的（或者说事先并不知道用什么方法和模型处理数据是有效的，也不强烈地期望得到特定的结果），需要在大数据试验场中，利用各类数据方法、算法进行尝试，并观察是否得到新发现、新规律。

与毫无目的的尝试不同，试验者会不断观察试验的进展，对试验方法或中间结果有倾向性地选择，以期望得到收敛性的结果（但结果是什么，事先无法清晰描述）。某些时候开展此类试验能够为假设分析类试验提供主攻方向。

（2）证明／求解类试验

例如，各类工程创新试验、产业创新试验。此类试验主要是在确定的领域中，在已知／确定的数据里进行各种方法的尝试，试图证明或证伪已有的假设（即预设目标），或求解能达到预期目标的方法／算法等。

其特征是研究领域是确定的（一般是单一领域），研究的数据也是确定的，但在试验过程中可以增加其他已知的数据，有预期的目标（如期望某个科学假设、规律在给定条件下成立或不成立），但并不知道严格的证明方法（即无法通过严格的理论推导方法或可信的计算方法得到结论），需要在大数据试验场中，利用各类数据方法、算法进行试验，证明或证伪预期的目标。

有关科学领域研究的证明／求解类试验可以看作探索类试验中，期望的目标是明确的，即等价于强目标约束的探索类试验。但工程创新、产业创新等领域的求解类试验不能等价于这种强目标约束的探索类试验，因此，证明／求解类试验还是作为单独的一类试验。

（3）模拟类试验

例如，政府治理创新试验、民生创新试验、产品应用试验等。此类试验是在确定的领域中，通过将已知／确定的数据按一定规则输入到已知的算法、方法或模型中，用数据模拟的方式探索模型可能演变形成的结果（目标）。

其特征是研究领域是确定的（一般是单一领域），研究的数据也是确定的，研究方法、模型或流程等也是已知／确定的，但在该方法、模型或流程下，随着数据的输入，会得到什么样的结果无法事先得知，一般而言，也无法通过数据抽样，在小规模数据上试验得到结果然后再将结果放样到全体数据上，需要在大数据试验场中，使用数据对方法、模型或流程等进行仿真模拟运行，观察方法、模型或流程等运行表现出的规律、结果。

在此类试验中，存在两种退化。

①当目标退化成"不确定但有约束"时，该类试验退化成假设分析类试验（What-if Analysis）。这里所谓的"有约束"是指目标并不是完全随机变化或不确定，会与模型或方法及输入参数的变化存在某种关系，但这种关系可能无法用解析的方法（如确定的公式或函数关系）表达。例如，产品质量影响因素分析等。假设分析类试验能让研究者在过于复杂的模型下分析单个（或若干个）变量变化时对模型结果的影响（这种影响往往很难通过理论推导或公式计算得出）。

②当目标退化成"确定"时，该类试验退化为重现类试验（Reproducing）。例如，对历史事件的研究、股票市场的交易回放、技能培训中的试验训练（可视为一类特殊的重现试验）等。重现类问题能让研究者放大（或放慢）数据中的某个维度（如时间）的尺度，从而能更好地从中观察到细微的变化规律。

（4）体系架构类试验

例如，大数据技术研究与试验，主要是对大数据、试验场自身的创新研究。此类试验面向广泛的领域、多样的目标，研究处理已知／确定的数据所适用的新架构、新技术。

其特征是研究的成果要求能够应用于广泛的领域，适用于为各种研究目标提供架构和技术支持，具有一定的通用性。被处理的数据是确定的（为某类数据处理专门研究高效优化的体系架构），或者数据类型是已知的、数据量是已知的（或假设已知的）、数据格式是已知的，真正应用时的数据取值（内容）可以不同，采用什么样的方法是未知的，亦即需要研究的是数据处理的新方法、新技术。某些特定场景下，研究领域和目标可以退化成单一领域、单一目标（如大数据一体机，用于监控预警癫痫、心肌梗死等疾病的可穿戴式大数据设备等）。

（三）大数据试验场的用途

大数据试验场的具体用途包括以下方面。

①支撑科学研究，为重大科学理论和方法的探索提供基于大数据试验的环境。

②支撑技术创新，在大数据处理算法、处理模型、处理结构等核心技术方面形成突破。

③支撑产业创新，形成相关产业链研发与转化过程的技术服务供给，降低产业技术门槛。

④支撑创新创业，以资源汇集和专业科技服务为抓手，引导和支持各类创新创业活动。

大数据试验场提供的大数据创新服务有以下两个方面。

①为数字经济各领域基于大数据创新提供一个公共服务平台，大幅降低大数据技术转化和工程应用门槛。表现为成果转化之公益性功能平台的作用。支撑大数据应用创新。

②大数据试验场构建的各类大数据场景，将为大数据理论研究和技术创新提供基础支撑环境，以应对持续快速增长的数据量带来的存储、计算和传送等当今信息技术无法回避的重大挑战问题。为此，大数据试验场必然会逐步演化成为先进数据科学理论和创新性信息处理技术武装起来的新型计算环境。其终

极功能就是为数据理论探索和技术创新的可持续发展提供不可或缺的基础设施。支撑大数据核心技术的持续创新。

（四）大数据试验场的服务模式

大数据试验基础设施提供科学探索服务、数据资源服务、新技术新算法试验服务、测试认证服务、成果转化服务、人才培养服务等，主要服务模式有以下4种（图4）。

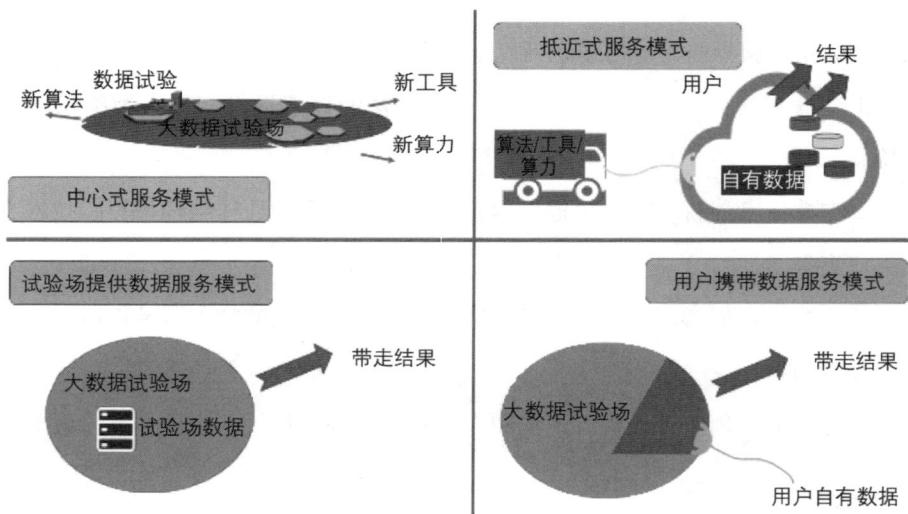

图4　大数据试验场的服务模式

①中心式服务模式：一个完整的大数据试验场环境，提供全方位数据科学探索、大数据核心技术研发和验证服务。

②抵近式服务模式：为数据资源拥有机构提供算法和算力服务，以集装箱形态抵近用户场所。

③试验场提供数据服务模式：用户提供算法，在试验场环境进行验证，将优化的算法带回。

④用户携带数据服务模式：用户提供数据，在试验场环境分析数据，将分析结果带回。

四、大数据试验场的体系结构与工作原理

大数据试验场的体系结构如图 5 所示。

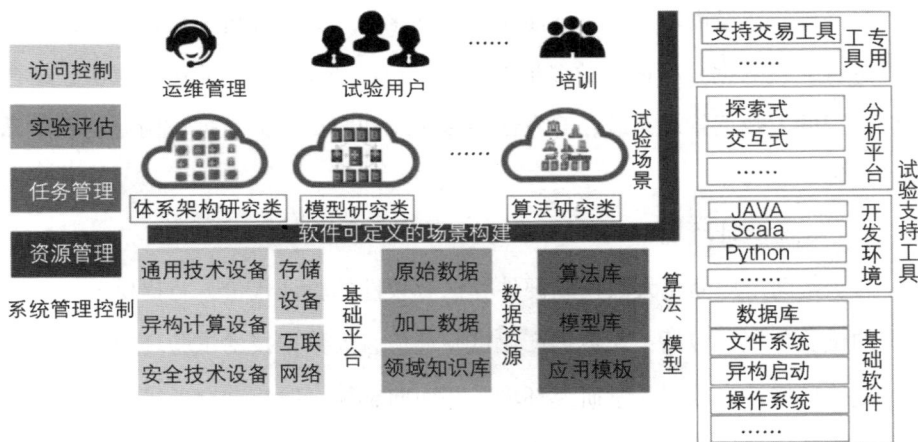

图 5　大数据试验场的体系结构

大数据试验场由大规模数据系统、大规模存储系统、大数据计算资源、大批量系统工具、试验验证环境和保障系统构成。

（1）大规模数据系统

以各种方式收集、加工海量多个领域的数据，除了原始数据以外，还提供不同语义层次的加工数据、领域内或跨领域数据集之间的关联数据，以及相关领域的知识库。

（2）大规模存储系统

实现大规模（如 100 PB）数据存储能力，实现对流式数据、大图数据及文本、音视频等非结构化数据的管理和存储。

（3）大数据计算资源

构建面向 I/O 密集型和计算与 I/O 共同密集型等各种不同类型应用的需求，基于拟态计算和领域专用软硬件协同计算等超高通量处理技术，实现计算资源的动态可配置。

（4）大批量系统工具

围绕试验建设需求，开发智能化、人本化的大数据分析平台；支撑上千人共同进行 P 级数据分析试验的多租户试验平台；开发面向不同语义层次、结合领域知识的大数据管理系统；开发面向多来源和归属的大数据访问控制和隐私保护系统。

（5）试验验证环境

为了帮助用户简化大数据软硬件算法有效性的验证代价，将提供若干不同类型的试验环境，包括：大数据产业试验环境、大数据技术试验环境、大数据装备试验环境、大数据科学研究环境，并面向金融、医疗、交通等行业建立领域应用模板。在试验环境和应用模板中将提供面向特定试验目标的试验基础数据、算法、模型和评测标准。

（6）保障系统

机房、电力、后勤等保障试验场运行设施供应。

大数据试验场技术进步和数据增长迭代发展、交替前行示意如图 6 所示。

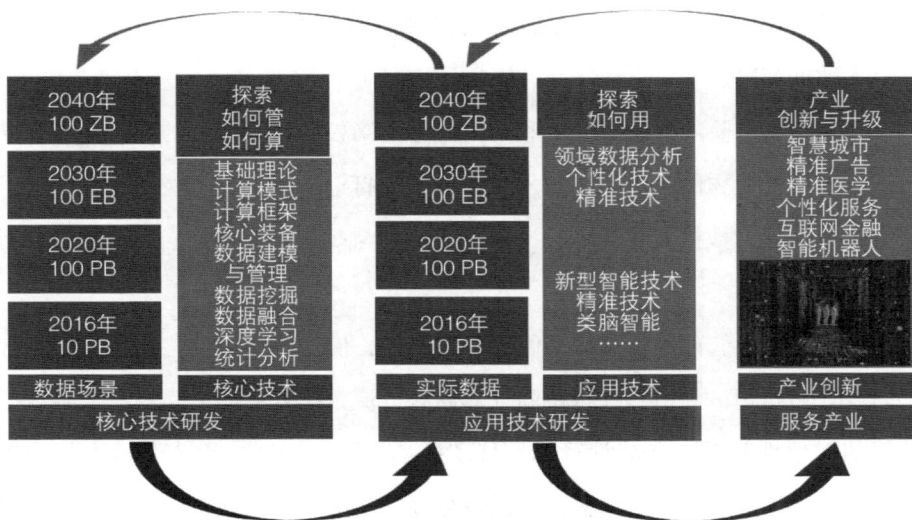

图6　技术进步和数据增长迭代发展、交替前行示意

五、总结与展望

大数据试验场可有效解决大数据发展所面临的基础条件问题。

①大数据试验场的样本数据及其生成的试验数据资源可以有效解决数据门槛问题。大数据试验场将构建一个公共的数据储备社区与环境，可用于政府部门及国有大型企事业单位的部分业务数据的备份与储备。按照数据开放与信息共享的原则，国有及全民共有的数据是全社会的共有资源，应该在政府监管下进行有效的管理和共享。同时，大数据试验场还可以通过专业技术搜集、整理Web上的公共数据资源，采用商业模式获取、购买大量数据资源等用于科学研究、试验开发、大众创新等工作。

②大数据试验场缓解了大数据带来的技术挑战（技术门槛），大数据试验场将建设先进的软硬件大数据分析处理平台，并前瞻性地运用大数据技术搭建

新型大数据试验平台，研究大数据计算框架、分析平台和应用工具，试验验证新型大数据产品。

③大数据试验场建设将充分利用上海本地高校与科研院所的人才优势，同时汇集国内外优秀的科学家与技术专才，努力打造一支大数据技术专家队伍。同时大力开展大数据人才培养，提供专业培训与教育，为社会培养大数据分析应用专业人才。

未来，大数据计算的挑战可能会愈演愈烈，例如，数据网络传输问题、数据同步计算问题、分布式并行协同计算问题、流数据计算能力问题、复杂数据计算的时效性问题。自从计算机、移动通信、互联网时代以来，每次技术进步所生产的计算机或终端以亿万计。每台终端几乎每天都在不停地生产数据信息。如果想将这些数据集中起来处理和分析，则现有技术不能及。这就是大数据问题产生的根源。随着数字化设备大规模、持续性生产和使用，大数据问题会愈演愈烈，很难从根本上得到解决。因此，摩尔定律无法应对大数据计算的挑战，大数据计算将是一个"计算黑洞"，再多的计算资源都将被无情吞噬。我们需要一个数据增长与技术进步迭代发展、交替前行的基础条件，这就是大数据试验场。

中国智慧互联投资
发展报告（2019）

对电子信息制造技术产业
技术创新发展的思考

张维岩 ｜ 中国工程物理研究院研究员、中国科学院院士

赵　强 ｜ 中国工程物理研究院研究员

黄桂学 ｜ 中国工程物理研究院研究员

当前，以信息技术为代表的新一轮科技革命方兴未艾，正深刻影响着产业变革。信息电子技术产业作为群体性技术突破的新引擎，面临着共性基础核心技术供给不足、原始创新能力不强、军民融合发展难以突破及创新链、产业链和金融链融合不够等问题。本文分析了电子信息制造技术产业发展态势，阐述了对高新技术创新链和产业链的理解和认识，从电子信息制造产业技术创新发展角度，提出了亟须加强高端制造共性技术基础能力建设、发挥军工科研院所在信息产业升级中的科技支撑作用及探索颠覆性技术创新体制机制 3 个方面的建议。

一、电子信息制造技术产业发展态势

当今世界，以信息技术为代表的新一轮科技革命方兴未艾，技术发展日新月异，将在科技创新的高度、深度、广度上进入一个全新的时代，将深刻影响产业变革。信息技术作为群体性技术突破的新引擎，以数字化、网络化、智能化为主要特征，日益成为基础性产品内核技术、平台型基础共用技术和体系性基础使能技术，不断促进量子信息、虚拟现实、人工智能、移动互联网络、大数据、云计算、物联网等各领域新兴技术的跨界融合创新，在科技发展、技术进步、产业升级等方面将发挥至关重要的核心赋能作用，引发多领域技术的群体性突破和颠覆性变革，成为推动社会生产新变革、创造人类生活新空间的重要力量。信息技术作为众多颠覆性技术的集聚地，将孕育出变革式应用，不断创造新需求、新产品、新业态和新市场，为经济社会发展提供全新驱动力，推动经济格局和产业形态深刻调整，支撑新兴产业集群创新发展。信息电子产业由于具有重要的政治、军事和经济价值，成为世界发达国家"制信息权"的重要利器和强化其经济、社会和军事优势的重要手段。

经过数十年发展，我国已建立了门类齐全、规模庞大、有一定技术基础和较强国际竞争力的电子信息制造技术产业。特别是改革开放以来，我国电子信息制造技术产业一直保持着两位数的年均增长，到 2017 年我国信息电子行业规模已突破 18 万亿元，其产品制造业规模已居全球第一，我国正站在向科技强国、制造强国、网络强国迈进的历史转折点上。在取得成绩的背后，我国电子信息制造技术产业也存在很多隐忧。从国际产业价值链分工看，我国仍处于全球价值链的中低端，亟须向价值链高端挺进。企业"大而不强"的状况普遍存在，国内电子信息制造企业很多核心技术、装备、原材料、关键零部件还要大量依赖进口。电子信息制造技术产业要实现高质量和可持续发展，面临着企业竞争力尤其是价值创造能力欠缺、产业共性关键核心技术供给不足、原始创新能力不强、产业链与创新链和资金链融合不够、军民融合发展难以突破等突出问题。

2018 年，我国电子信息制造业不断夯实核心领域基础，如华为研发出麒麟 980 智能芯片，京东方首条柔性屏生产线实现量产，同时电池隔膜材料、微电机系统传感器、石墨烯等基础产品也打破国外垄断，解决了一批"卡脖子"问题，取得了显著的技术进步。2019 年，美国将我国中兴、华为、航天集团、电子科技集团、国防科大、江南计算所、曙光公司等多个信息电子领域的领军企业和科研院所列入了"实体名单"，对其使用的进口关键核心技术和先进零部件产品进行封锁，试图切断我国电子信息制造技术产业国际分工合作的产业链和创新链，阻止向产业价值链高端的跃迁。这些都凸显了我国电子信息制造产业摆脱被美国"卡脖子"困境的战略紧迫性和必要性。

按照国家创新驱动发展战略要求和电子信息制造技术产业的发展规划，在未来一段时间我国的信息化进程将持续加速，信息电子技术与产业将取得重大发展。到 2030 年，电子信息制造业将进入全球价值链中高端，总体上扭转以跟踪发展为主的局面，产出一批对世界科技发展和人类文明进步有重要影响的原创成果。为此，亟须突破电子信息制造业核心技术缺失等短板和瓶颈问题，建立自主可控的信息技术发展体系，实现整体科技实力的跨越式发展和群体式跃迁。要解决这些短板和瓶颈问题，必须认识和遵循高新技术创新和产业发展规律，发挥新时期举国体制优势，加强顶层设计和统筹规划，创新体制机制，整合创新要素，变革发展模式，为产业发展打造良好创新生态。

二、对高新技术创新链和产业链的理解和认识

目前，我国研发投入已达到世界第2位，到2020年全社会研发投入将达到2.5万亿元。与巨大的研发投入相比产出效率不高，科技创新存在以下突出问题：科技投入碎片化；成果转化机制不灵活，科技对产业的贡献率较低；协同创新模式较为单一，缺乏能够长久合作的机制；国家层面的创新支撑服务体系尚不完善，各类创新平台对于技术创新的支撑服务作用尚不明显等。

按照高新技术产业发展的规律，产业链一般分为3个阶段：第一阶段是"从0到1"，是指原始创新，是从无到有的科技创新，需要国家科研经费、企业科研经费和种子基金、天使基金投入，支持大学、科研院所等开展研究。第二阶段是"从1到100"，是指技术转化创新，是技术创新转化为生产技术专利的创新，包括小批量试制（从1到5）和中批量试制（从5到100），是从原理样机、演示样机、原型样机到工程样机，目的是形成有形产品的生产过程，主要由政府、企业、风险基金、投资资本等投资，由各种创新中心、工程中心、孵化基地、加速器和企业等来完成。第三阶段是"从100到1 000 000"，是在第二阶段基础上形成大规模的生产能力，这是由大型企业和产业资本来完成的。

中国已是制造大国、世界工厂，第3阶段大规模商业化生产是我们的优势，也是大型企业和产业资本最感兴趣和擅长投资的领域，在此不作讨论。在这里重点探讨前两个阶段，即"从0到1"，和"从1到100"，我们理解这两

个阶段对应高新技术产业创新链（表1）。从中可以看出，高新技术产业创新链大致分为科学探索、概念验证、原理验证、性能验证和应用推广5个阶段，分别对应各阶段的主要任务、技术成熟度（TRL）、目标、工作性质、实施主体和投资主体。

表1　高新技术产业创新链

阶段划分	主要任务	技术成熟度（TRL）	目标	工作性质	实施主体	投资主体
科学探索阶段	探索性研究和原创性基础研究	前技术阶段		基础研究	大学、基础研究机构	政府
概念验证阶段	技术原理被发现和阐述	1级	概念证明	应用基础研究（可行性研究）	大学、国家实验室、基础研究机构等	政府、国投资本、企业等
	技术概念和用途被阐明	2级			科研院所、企业、国家实验室、创新中心等	
	分析验证概念的关键功能和特性	3级				
原理验证阶段	在实验室环境中验证部件和试验台	4级	原理样机	应用研究（技术开发和验证）	企业、创新中心、工程中心、孵化器、加速器、科研院所等	政府、企业、风险基金、投资资本等
	在模拟环境中验证部件和试验台	5级	演示样机			
	模拟环境下的系统演示	6级	原型样机	应用验证、示范（工程技术开发）		
性能验证阶段	真实环境下的系统演示	7级	工程样机		企业、工程中心、孵化器、加速器等	企业、投资资本、产业资本
	定型试验	8级	实际产品	工程化（小试、中试）		
	运行与评估	9级				
应用推广阶段	大规模商业化应用	后技术阶段		产业化	企业、产业资本	企业、产业资本

习近平总书记提出："围绕产业链部署创新链、围绕创新链完善资金链。"

经过多年的探索与实践，我国在组织推进实施高技术创新链、产业链及其融合方面积累了很多经验，但也存在不少问题，主要表现为在高技术创新链、产业链和金融链及其相互融合中还存在一些"堵点"和"痛点"，例如，基础研究和原始创新供给不足、共性核心基础技术缺乏、科技成果不能有效转化为生产力、各创新主体缺乏统筹协调、投资资本缺位、缺乏颠覆性创新生态等问题。需要进一步制定完善相关高新技术产业发展战略规划，加强顶层设计和统筹布局，政府、企业、大学、国家实验室、科研院所、创新中心、孵化器、加速器、基金和投资资本等各自担当好自己的角色，通过体制机制创新，整合人才、技术、资金等创新资源，形成良性的流动，形成高新技术产业创新发展的良好生态。

当前，我国电子信息制造产业面临难得的发展机遇，也存在着严峻的困难和挑战。我们认为还存在缺乏高端制造业共性基础核心能力支撑、没有充分发挥军工科研院所在产业升级中的科技支撑作用和缺乏颠覆性创新的生态环境和有效机制等短板问题，需要遵循高新技术产业发展规律和市场规律，发挥举国体制优势，抓住机遇、创新发展，统筹谋划、精准施策，尽快弥补短板，为产业发展创造良好的环境，力争在第四次科技革命和产业变革中抢得先机。

三、亟须加强高端制造共性技术基础能力建设

（一）高端制造技术是信息产业发展的主要短板

虽然我国电子信息制造产业成为世界第一的制造大国，并在人工智能、大数据、云计算、移动互联网、物联网等领域取得世界瞩目的进展。但从电子信息制造业结构深层次看，那些规模较大、竞争力较强的领域主要是应用层的集

成创新和大规模产品制造，而高端制造技术作为信息电子产业的核心基础，仍然受制于人、依赖进口。主要表现在两个方面：一是缺乏产业发展所需的基础核心器件和产品，包括高端基础元件、高端特殊材料、高精尖装备和仪器仪表、高端 IC 芯片、系统软件、核心工具软件等长期依赖进口。二是缺乏产业共性基础核心技术与产品发展支撑体系，包括共性基础核心技术研发、高端计量测试仪器、高精尖测试分析试验诊断等高端研发平台、高性能计算中心和公共技术服务体系等，存在研发投入碎片化、各自为战等现象，产学研协同创新体系尚未建立，没有形成行业发展共性基础核心支撑能力。

高端制造技术和产品突破难，难在：一是现代高新技术产品在从概念变成产品前，需要进行多工况条件下的研究和验证。其设计和制造要求中很多已逐步逼近物理极限、加工极限，需要大量高精尖的研发平台和配套的工艺技术支撑，其技术密集、知识密集、资本密集的特点让一般企业望而生畏。二是基于科学机制的高技术研发，需要对多物理、多尺度、全过程科学规律的认识，需要搞清楚研究对象及行为在微观上"是什么""为什么""会发生什么"等机制问题，因此，对测试、分析、实验、诊断等提出越来越高的要求，也越来越依赖基于高性能计算平台的仿真设计与验证，仅靠粗放的"堆投资、堆人力"在短期内难以见到成效。三是此类核心能力发展挑战高、风险大、对高端研发平台依赖重、成长周期长、直接效益难显现，如果没有国家支持、产业资本扶持及形成集聚效应，难以形成体系化能力。四是国家没有形成有效的政策与资源扶持企业长期坚持相关核心技术与产品研发，并使相关企业优先使用国产技术和产品替代进口。

（二）弥补高端制造技术创新发展短板的对策建议

俗话说"基础不牢，地动山摇"。解决高端制造技术基础不牢的问题首先要发挥好各种企业的创新主体作用，他们是最有活力的创新力量，通过市场

"无形的手"可以有效配置资源，解决企业发展中所需要的供应链问题。但从目前情况看，高新技术研发和产业化需要大规模的资金投入和协同开发，突破技术的成本、难度和风险越来越大，创新越来越困难，导致企业愈发不愿或者无法承担转型升级的成本。因此，需要从国家层面加强顶层设计，统筹规划，系统布局，发挥好政府"有形的手"的补充作用，协调组织好各种创新资源，共同解决基础不牢的问题。

腾讯研究院2017年研究报告显示，美国面向全产业全层次投资，投资领域遍及基础层、技术层和应用层，而我国接受投融资的企业主要集中在应用层，主要投资的是比较成熟的"短、平、快"项目，对基础层和技术层存在较大风险的项目呈现风险厌恶偏好，投资严重不足，使得在产业共性基础核心技术发展及其支撑能力建设方面资金严重不足，导致出现恶性循环现象。

为加强产业基础层和技术层能力建设，提出下列两个方面的建议。

1. 协同建立高端制造共性基础技术支撑体系

我国电子信息制造技术产业发展的一个"痛点"是缺乏高端制造共性基础核心技术支撑体系，需要遵循产业集聚和共享的理念，构建能够对产业发展和创新提供支持的共享体系，特别是产业的高端制造基础设施和公共平台。建议国家科技、工业管理部门和地方政府针对高端制造共性基础核心技术和产品研制发展需求，进行系统规划、统筹协调和政策引导，依托已有基础的高新产业区，联合工业界、金融界、大学和科研院所等各类创新主体，探索建立共建共享的新模式和新机制，共享高端设施、平台、设备、仪器、数据库和高端人才团队等，尽快构建高端制造共性基础核心技术服务平台，形成标准化体系，支撑电子信息产业高质量发展。

2. 加大高端制造共性技术和产品开发资金投入

我国高端制造技术产业发展的另一个"痛点"是在共性基础核心技术和产品开发中缺乏足够的资金支持。建议充分发挥政府的引导作用，针对高端制造产业发展存在的资金短缺问题，制定相应的政策进行引导，使产业资本和金融资本将投资标的物重心前移，鼓励资本方担当促进高质量发展的社会责任和进行整体长远布局，补齐基础核心技术和通用技术短板。其中，财政投资和政府资本应发挥"四两拨千斤"的引领和整合作用，带动相关金融资本、基金和企业积极参与，贯通产业的基础层、技术层和应用层，实现创新链、产业链和金融链深度融合发展。

实际上从国外经验看，投资企业研发高端制造高精尖基础器件和材料、共性基础核心技术服务等共性基础核心技术，虽然难度较大、周期较长，但可形成具有核心竞争力的产品和技术优势，通过为行业发展提供共性技术、产品和服务，可以获得长期稳定的投资回报。

四、军工科研院所应在信息产业升级中发挥重要作用

（一）军工科研院所是信息产业发展的战略科技资源

目前，在我国科技创新体系中，创新资源相对比较分散。企业作为创新主体是最活跃的创新力量，华为、格力等极少数企业一直致力于自主研发并掌握自己的核心技术，是成功的案例。但由于种种原因，大多数中国企业的科技创新能力具有局限性，在人才、技术、设备和资金等方面都不能满足自主创新和转型升级的需要。

中华人民共和国成立以来，通过几十年的发展，我国形成了比较完整的国

防科技工业体系，该体系主要由相关军工集团和中国工程物理研究院（简称"中物院"）等组成。这些单位在武器装备发展过程中，形成了一支学科门类齐全的、高水平的研究队伍，建立了完整的质量管理体系和完备的科学、技术和工程（ST&E）综合能力，研制完成了一系列大科学工程装置和先进的科研仪器设备，积累了丰富的科学研究和工程研制经验。新时期，按照国家创新驱动和军民融合发展战略的要求，这些单位除了继续完成好武器装备进一步发展的任务外，也必须为经济社会发展做出应有的贡献。这些单位是国家科技创新体系中宝贵的战略资源，在国家科技创新和新兴产业升级方面具有不可替代的作用。

以中物院为例，在长期的科研活动中，针对核及高新技术武器研发过程中的高精尖测试与诊断需求，形成了比较完备的研制体系，自主研发了一系列尖端测试、诊断技术与仪器设备，这是国家开展科学研究和提升自主创新能力的宝贵资源。"十二五"期间，相关研究所联合国内相关优势单位，牵头承担了八项国家重大科学仪器设备专项开发项目。经过几年的攻关，出色完成了"同时分幅／扫描超高速光电摄影系统""高精度离心机""高精度四级杆""高精度小型分子泵""短波长X射线无损应力分析仪"等一批高端科学仪器开发任务，性能达到世界一流水平，仪器可靠性等方面通过了严格的使用测试，达到产品要求。通过与产业化单位合作，相关仪器在航空、航天、兵器、科研、生产、计量等领域得到了使用和推广，产生了良好的经济效益和社会效益。这些成绩得到了科技部、仪器用户、同行专家的充分肯定，有些专家和领导认为中物院是一个有待深入挖掘的"宝藏"。

2012年，为满足国家某重大专项任务的迫切需求，中物院在科技部与工业和信息化部的大力支持下，在国家"高档数控机床与基础制造装备"科技重大专项中单独设立"强激光光学元件超精密制造关键装备研制"子专项（简称"904专项"），由中物院牵头组织、联合国内24家优势单位承担。在工业和信化部领导下，中物院作为该专项的责任主体，组建了两总系统，设立了管理办公室，遵循"需求牵引、工艺先导、大力协同、集成创新"的总体思路，组织构建了工艺与装备全过程联合攻关的新模式。专项坚持用户牵引和责任单位主导，组织协调相关单位打通了加工全流程工艺链，建立了具有完全自主知识产权的大口径、多种材料、多面型光学镜面超精密、批量化、低缺陷的制造工艺链，完成了17台套关键设备的研制及关键工艺突破，实现了典型光学元件的全指标集成验证，圆满完成了研发任务。904专项组织模式的核心是应用导向和用户主导下的协同创新，是新时期发挥举国体制优势、面向重大应用的科技项目组织模式的一种积极探索，通过全链条布局和一体化设计，由用户或业主单位牵头组织实施，完成从项目需求分析到应用示范的闭环实施，能够整合利用科技界资源提升科技创新能力，完成重大科技项目的集成研发与应用创新。

毫无疑问，中国电子科技集团等各大军工集团公司相关科研院所在电子信息制造技术与产业领域，具有丰富的经验、先进的研发能力和大量的核心技术，是该领域创新发展的重要战略创新资源，需要企业与他们联合深度开展产业技术研发，促进产业转型升级。

（二）军工科研院所能在信息产业升级中发挥助推作用

1. 开展信息产业重大应用科技项目集成创新研发

电子信息制造技术是目前最具创新引领性、交叉融合性和前沿性的科学技术领域，需要按照产业技术发展规律和发展需求，将产品技术层层分解为若干重大技术方向和关键技术实施，通过集群发展，实现关键技术突破、系统集成验证和应用示范，为产业创新发展提供技术支撑。

建议借鉴中物院在重大科学设备仪器开发专项和904专项的实施经验及其他军工集团的先进经验，瞄准产业重大高端技术需求，选择产业发展急需的重大科技项目，以军工科研院所为责任主体，实施依托产学研用密切结合的技术联盟，明确全线协同的各级指标和功能，落实示范验证场景和配套资源，建立完整的技术创新链，包括关键技术开发与验证、技术标准研发、试验系统研制、技术试验与应用示范等，构建自主可控的产业链，包括器件、软件与单元产品、整机产品、系统产品等，为产业发展提供强有力的支撑。

2. 开展信息产业高端制造共性关键基础技术攻关

从美国发展经验来看，20世纪实施了ManTech计划，由国防需求牵引、依靠传统国防工业系统研制商开展制造技术创新应用。实施的"制造美国"计划则注重军民通用性制造技术创新，以军民融合的方式解决民用和国防双重需求的制造和设计挑战，承担共同的风险和利益。我国高端工业制造创新也应加强整体统筹设计，需要从管理体制、运行模式、技术领域等方面进行优化，推动国防工业制造能力更紧密地融入国家制造创新体系，逐步建立起一个军民融合、互补衔接、可持续的创新生态系统。

以电子信息制造产业必需的高端制造与测试分析技术项目为例，从最终产品、研制模式和运行机制看，军工产业和民用产业似乎有巨大不同，实际上高端基础部件和测试诊断分析能力是所有高端制造的技术基础。基于这种"底层共基"特点，可以将高精尖的共性基础核心技术能力作为公约数来布局发展。建议军工科研院所联合国内优势企业等，通过"双塔共基"发展新模式（图1），激活各类创新要素（技术、设备、设施、平台、人才、成果等），整合跨专业、跨单位、跨地区的存量创新资源，创建公共技术服务体系和基础核心技术创新大平台，致力于共性关键技术攻关和商业化推广，以形成辐射全国的制造创新生态系统，提升制造业的创新能力和竞争力。

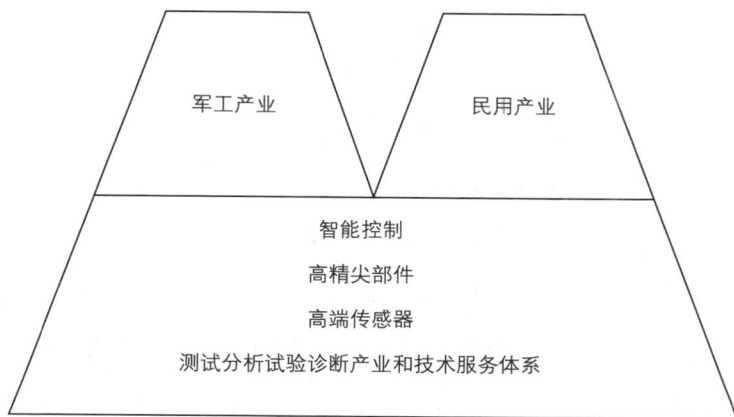

图 1   "双塔共基"发展新模式

五、颠覆性技术创新需要体制机制创新保障

（一）颠覆性技术创新的特点及意义

科技创新一般可分为 4 种或称为 4 个阶段：第 1 种是"效率式创新"，以提高管理和生产效率为目的；第 2 种是"开发式创新"，通过引进消化再吸收创新或集成创新来实现整合型技术发展；第 3 种是"高新技术式创新"，即把现有的科学知识变成可实现的技术突破；第 4 种是"颠覆性技术创新"，它是在基础研究新成果与新技术结合的基础上推动产业创新变革，需要从基础研究做起，实现全链条贯穿。前 3 种均属于渐进式创新，而只有第 4 种才是真正意义上的颠覆性创新，才能成为领跑者。颠覆性技术创新要求极高，需要进行全方位的突破。首先需要思想理念的突破，要求以产生新思想、新概念、新理论和新方法为荣，不能言必称希腊、贤必举欧美。其次需要科学手段上的突破，大科学工程、大科学仪器将成为颠覆性技术创新的手段。最后需要评价机制上的突破，传统的评价模式很难产生颠覆性技术创新，因为常常是"真理掌握在

少数人手里"。

颠覆性技术是一种另辟蹊径、对已有传统或主流技术途径产生整体或根本性替代效果的技术，可能是全新技术，也可能是现有技术的跨学科、跨领域应用。颠覆性技术模式表现为新技术的发明、应用，以至超越并取代现有主流技术。一旦某个行业出现颠覆性技术，本行业现有产品可能在短时间内被完全取代。例如，20 世纪 90 年代出现的数码相机产业，只用了短短二十几年，就基本取代了拥有百年历史的胶卷相机产业；而随着手机拍照功能的日益强大，卡片式数码相机市场又被极大压缩。20 世纪末，DVD 机取代了录像机，而网络与视频传播相关技术的发展又导致 DVD 机行业陷入绝境。

一个国家的创新能力特别是颠覆性创新能力，与这个国家的教育和创新环境有着密切的关系，其中美国的经验值得借鉴。早在 1958 年美国就组建了国防部国防预先研究计划局（DARPA），积极探寻和发展颠覆性技术。DARPA致力于用较小的投入，组织实施高风险的战略前沿的"改变游戏规则"项目，以保持美国在全球的技术优势。DARPA 培育和推动了互联网、隐身技术、全球卫星定位系统（GPS）、激光、无人系统等重大颠覆性技术发展，并为美国增强军事实力提供了技术基础，成为美国经济社会发展的助推器。

华为在 5G 技术和产业上的成功，对于我们理解颠覆性技术发展规律具有很大的启示作用。当初华为看到土耳其艾利坎教授的一篇不成熟的"极化码"（polar codes）理论论文，认定其具有极大的理论和产业创新价值。华为从 2009年开始研究 5G 解决方案，在 2010 年接受了艾利坎的极化码理论。一方面在国际上大力推广；另一方面投入数十亿美元大力研发。2016 年，国际标准化组织开始对 5G 编码技术进行投票，华为支持的极化码成为标准。华为无线部门研究主管文通表示："从工程学角度来看，极化码不是成熟的技术，因此对我们来说风险很高，但它也能带来高回报。那时，我们只知道极化码在理论上是可能的，但我们也不能确定。" 经过长达 8 年的钻研，目前华为已经被视为

5G 开发的领导者。

华为的成功表明发展颠覆性技术可能获得巨大收益，同时也可看到发展颠覆性技术需要巨大的投资、长期坚持不懈的攻关、甘冒巨大的风险，但更重要的是显示了机构和技术领导人对颠覆性技术前瞻性判断的极端重要性。

（二）颠覆性技术创新需要探索新体制机制

电子信息技术领域是最活跃的颠覆性技术发展领域，创新不再是单项技术产生颠覆性效果，而是多项技术深度融合和互联互通，最终产生颠覆性效果。发展颠覆性创新不仅需要具体理论怎么提出来、具体技术怎么干出来，更重要的是需要有人在前期能判断分析什么能发展起来（包括方向、成熟度、潜力、时机、边界、资源等）、资源如何整合起来及技术创新与产品和市场的协调与平衡，才能跨越颠覆性创新成果转化的"死亡之谷"。

颠覆性创新需要运行机制创新来保障，为此提出 3 点建议。

1. 探索建立颠覆性技术非共识评价机制

建议改进现有评价机制，探索建立非共识评价机制。一是改进对颠覆性技术及研发项目的立项评价准则，重要的是找亮点，突出价值发现和创新潜力，不以论证中的局部不足否定整体；二是改进颠覆性技术成果的评价机制，应区分基础科学研究、渐进式创新和颠覆性技术创新的不同评价准则，不以技术不成熟而否定发展；三是要尊重少数专家意见，不以多数意见或高权重意见进行简单否定。

2. 探索构建颠覆性技术成果管理新机制

建议创建一种由"产学研用金"联合组建的专利技术共享联盟或公司，对知识产权进行集合式管理。一是对专利发明人提供成果转移转化的畅通渠道，使其获取应得的收益；二是对成果承接方提供知识产权的共享应用机制，使其有渠道识"真金"，解决创新信息不对称问题；三是有利于颠覆性技术推进中相关知识产权群的集合授权协调，解决难以配套或相互制约问题；四是对政府投资形成的专利成果，要求相关单位在限定时限内进行转移转化，如果超期即将相关专利交由该专利公司负责推广转化，避免长期成为"僵尸"成果。通过这些集合管理机制解决颠覆性技术初现时"养在深闺人未识"问题，产品化发展时因知识产权群的相互牵扯而"锣齐鼓不齐"问题，为推进颠覆性技术转化和成长提供新的成果管理机制。

3. 探索实践颠覆性创新项目经理人负责制

建议在国家层面加强顶层设计、体系策划，突破现有政策框架，创新体制机制，由政府联合各类创新主体成立专业颠覆性技术创新机构，组建项目经理人队伍具体负责组织进行颠覆性技术项目创新。在这种创新特区中，项目经理人是实施颠覆性技术创新的责任主体和成败的关键，他们通常具有创新思维、全局视野和专业技术背景，是懂市场、擅管理的优秀复合型人才。为此，需要通过制定选拔、任用、评价、流动及利益分配方面激励政策，充分信任和激活项目经理人的创新创造活力，激励他们心无旁骛地开展项目遴选、组织实施等全链条创新，向高风险、高难度、看似不可能实现的目标发起挑战。同时，需要在国家层面建立配套制度，解决这部分人的职业发展通道问题，解除他们的后顾之忧，使这批宝贵的人才在学界、政界、企业界、金融界等领域进行角色转换与流动发展。

中国智慧互联投资
发展报告（2019）

脑科学与人工智能

戴琼海｜清华大学脑与认识科学研究院院长

脑科学与人工智能两个领域都已经经历了长时间的发展，其中也发生过多次的结合，产生了一些颇具影响力的成果。然而，在最近几年中，脑科学与人工智能之间的交流与合作就没那么频繁了。事实上，对脑更好地理解对构建人工智能系统有重要意义。与脑科学前沿成果的结合必然能为未来我国人工智能行业的发展带来不竭的动力，是我国占领人工智能战略制高点的关键所在。

一、脑科学与人工智能——过去

脑科学。脑科学是当今世界上一门迅速发展的学科。不仅如此，脑科学逐渐成为国家的重要科技发展领域，成为世界各国重点关注的研究领域。

国际上针对脑科学的研究计划和战略部署在过去几十年间不断出现。1996年，"脑科学时代"计划由日本提出，其中的关键项目包括大脑的认知功能及其信息处理。重点研究人类认知活动，如感知、注意力、记忆力、运动、语言等。"国际人类前沿科学计划"是一个跨国合作的研究计划，被视为是与美国战略防御计划和欧洲尤里卡计划鼎足而立的三项重要计划之一，脑科学是这个计划的重点内容。21世纪初，"提高人类素质的聚合技术"由美国国家科学基金会和商务部提出并联合资助，将脑科学视为最重要的发展领域。法国将神经科学与脑科学研究作为生命科学领域十大主题之一。根据2010年法国神经科学、脑科学、神经病学和精神病学研究所发布的战略报告，该研究所神经科学研究的两个主题包括脑科学研究，这两个主题是：大脑系统，感觉，识别知识和行为；神经发育，表观遗传学，神经可塑性和神经修复。德国神经科学研究计划目前专注于德国联邦教育与研究部（BMBF）开展的国家伯恩斯坦计算神经科学研究网络项目，该项目包括脑认知动态过程和自适应认知领域的研究及负责时空认知领域的研究。

人工智能。1948 年，著名计算机科学家阿兰·图灵在其论文《计算机器与智能》中描述了"可以思考的机器"，被视为人工智能的雏形，并提出"图灵测试"，作为通用人工智能最高水平的测试原理。在之后的 1956 年，人工智能概念正式被提出，并逐渐成为世界各国学者研究的热点领域。人工智能也被称作机器智能，核心是研究使机器具有类似人类的智能，其研究领域包括推理、知识表达、机器感知、机器学习等。随着计算机技术的发展与普及，人工智能技术具备了良好的研究基础和发展机遇。回顾人工智能 60 年的发展历程，可以总结为以下几个主要发展阶段。

萌芽期（1956 年）：马尔文·明斯基、约翰·麦卡锡、香农、罗切斯特等学者在达特茅斯学院召开了一次关于人工智能的研讨会，史称"达特茅斯会议"，正式确立了人工智能的概念与发展目标。

第一次发展期（1956—1974 年）：达特茅斯会议之后，研究者们在推理、自然语言处理、机器翻译等领域取得了一定的成果，加上政府对于人工智能的极大期望，研究者们对人工智能发展表达出相当乐观的情绪，认为具有完全智能的机器将在 20 年内出现。典型的理论和技术成就有搜索式推理、自然语言、微世界等。

第一次瓶颈期（1974—1980 年）：随着莱特希尔报告的出现、机器翻译项目的全面失败，人工智能开始受到广泛质疑和批评。政府对人工智能的资助大幅削减，人工智能进入第一次寒冬期。这一阶段人工智能所面临的主要问题集中在计算机运算能力不足、计算复杂性较高、常识与推理实现难度较大等。

第二次发展期（1980—1987 年）：具备逻辑规则推演和在特定领域回答解决问题的专家系统开始盛行，多个专家系统的商用及盈利让人们又一次看到了人工智能的巨大潜力。同时，以日本"第五代计算机计划"为代表的政府重大计划和丰富的资助促进了人工智能的又一次飞速发展，人工智能也迎来了第二次黄金时期。

第二次瓶颈期（1987—1993 年）：专家系统等技术由于自身的缺陷领域再次陷入瓶颈，抽象推理不再被继续关注，基于符号处理的智能模型遭到反对，20 世纪 60 年代的控制论开始复兴，同时商业机构对于人工智能的追捧程度下降。人工智能进入第二次寒冬期。

第三次发展期（1993—2010 年）：世纪之交，计算性能快速提升、互联网大规模普及，助力人工智能技术完成了当初的一些设计目标，同时在产业领域得到了极大的应用发展。"智能代理"新范式被广泛接受，复杂的数学工具受到关注，类脑研究开始进行。"深蓝"等一系列人工智能的出现也让人们再次感受到人工智能的无限可能。

爆发期（2010 年至今）：物联网、云计算、大数据等新一代信息技术引发信息环境和数据基础变革，海量图像语音文本等多模态数据不断出现，运算速度进一步加快且成本大幅降低，推动人工智能向 2.0 阶段爆发式增长。

脑科学与人工智能。脑科学与人工智能在发展历史上有过多次结合，不少成果成为人工智能领域发展的重要突破，典型的例子包括人工神经网络、深度学习、强化学习等。

在最近几年，深度学习方法引发了人工智能领域革命性的发展。事实上，这些人工智能方法本身就是脑科学（神经科学）的直接启发。在 20 世纪 40 年代，神经计算的研究者们就开始构建人工神经网络来实现逻辑运算。在那之后不久，很多研究者提出利用监督信息来增量式地更新人工神经网络中的神经元，或者用更高效的方式来对自然场景中的统计信息进行编码。这些研究开启了人工神经网络研究的大门，并且为后来深度学习的研究打下了基础。

在这些开创性工作之后不久，用于训练多层网络的反向传播算法出现。在神经网络研究初期，研究者们主要利用人工神经网络考虑搭建逻辑处理系统。然而，另外一些研究者们认为这种基于符号表示的方法对于解决实际问题来说太不灵活。与此同时，关于人类大脑工作模式的进一步研究显示大脑应该是以另一种形式在工作，并强调了人类的认知和行为是依靠动态的、并行的神经处理单元来实现的，并且通过以最小化误差或最大化收益为目标的参数调整过程，即学习过程，来进行交互，进而提升自己。这也就是反向传播算法的重要科学基础。

到了深度学习时代，深度卷积神经网络运用的很多技术也与脑科学密切相关，典型的例子包括非线性转换、分裂归一化、最大池化（pooling）等技术。这些技术几乎都是受到 Hubel 和 Wiesel 研究成果的启发，他们通过对哺乳动物视觉皮层单细胞的记录，揭示了视觉输入是如何在 V1 区域的简单和复杂细胞中被滤波和池化的。同时，深度卷积神经网络的多层架构也使用了哺乳动物皮层系统的层次结构，这些思想也是受到早起视觉处理系统中的神经网络结构研究的影响。深度学习时代的另一代表——深度信念网络，也是基于人类大脑对语言的理解机制的研究。此外，深度学习中的一个重要组成部分——正则化——的发展也受到脑科学研究的启发。在人脑神经系统中，神经元会按照泊松分布随机选择一定的神经元参与每次信号的处理，这一机制启发了深度学习中随机 Dropout 技术。

二、脑科学与人工智能——现在

早期的人工智能发展与脑科学有密切的联系。但是随着人工智能本身的发展，它与脑科学之间的关系从表面上看似乎更弱了，因为人工智能本身的技术占据了主流。但是，如果我们越过现象看本质，不难发现最近人工智能发展的很多重要技术，背后都有脑科学的痕迹。以下的例子就可以说明。

注意力机制。在深度卷积神经网络研究的初期，大多数模型都直接去处理整个输入数据，并且给予输入数据每个部分相同的权重（如图像的每一个像素）。然而，人类视觉处理系统的工作模式却不是这样的。视觉注意力不是并行地、平等地处理所有输入，而是在某些位置和对象之间进行转换，依次将处理资源和特征表示坐标集中在一系列区域上。神经计算模型方面的研究显示，通过对某些信息赋予不同的优先级进行处理，可以对生物的行为带来好处。通过引入注意力机制，神经网络可以忽略一个场景中不相关的对象和区域，集中处理关键的区域和对象，从而在对象分类、检测很多有挑战的任务上取得更好的性能。与此同时，通过引入注意力机制，可以让模型不用将过多的计算和存储资源放在不重要的区域上，从而使模型能够处理更大、更复杂的输入。总结来说，通过借鉴生物视觉系统的注意力机制，深度卷积神经网络的准确性、效率等各方面都得到了显著的提升。在很多具体应用上的结果也证明注意力机制的引入是非常有益的，如图像描述生成、机器翻译、推理任务。此外，在一些生成模型中，如在图像合成等任务中也取得了很好的效果。

工作记忆。人类智能的一个重要特征是在一块活跃区域内维护和操纵信息的能力非常强，称为工作记忆，具体存在于前额皮层和相互连接的区域内。传统的认知理论认为这一功能主要依赖于一个中央控制器与另一个领域专有的记忆缓冲区之间的交互。人工智能的研究者们受到这一原理的启发，构建出能够显式地跨时间维护信息的模型。在历史上，这一尝试最初通过引入循环神经网络来建模动态的、序列的行为，这也是受到脑科学研究的直接影响。后来，研究者们进一步提出长短期记忆模型，长短期记忆模型允许将信息门控成固定活动状态并保持到需要适当的输出，达到了十分优秀的效果。但是在传统的长短期记忆模型中，控制和记忆存储模块是紧密耦合在一起的，这也与前面提到的人类工作记忆的模式不同。这一脑科学的模式最近也启发人工智能研究者们提出更加复杂的模型，让控制和存储由不同的模块来实现。一个代表性的工作是微分神经计算模型，它用一个神经网络来作为一个控制器，并且从一个外部记忆矩阵中读写数据。这一架构使之能够达到更好的性能，并且可以执行更复杂的、现有的长短期记忆模型无法完成的复杂推理任务，如在类图结构中找到最短路径、解决汉诺塔问题等。

连续学习。智能体一般都具有在很长一段时间内记住很多不同任务的能力。因此，无论是生物智能体还是人工智能体，都需要有连续学习的能力，即在不忘记如何处理以往任务的同时，学习处理新的任务。生物智能体一般来说都能很好地解决这一问题，然而神经网络等人工智能模型在这方面的表现就没那么出色了。在脑科学领域，随着成像技术的发展，研究者们可以发现连续学习的一些机制。有证据表明，生物体在学习新任务的时候，有保护先前任务的知识免受干扰的专门机制。例如，会降低突触的不稳定性，即让它们更加不可塑，于是在学习新任务的过程中，它们之前学习到的信息仍然可以得到保存。这些脑科学领域的发现启发了人工智能算法在连续学习领域的发展。一个代表性的工作是弹性权重整合，该方法在学习的时候会降低一些网络权重的学习速率，如果这些网络权重在以前的任务中有非常大的作用。通过这一方法，新任务的知识可以被神经网络获取，而老任务的知识也得到保留，从而可以在不增加网络复杂度的情况下学习多个任务。

目前，中国已经把脑科学上升为国家战略。中国在《国家中长期科学和技术发展规划纲要（2006—2020 年）》中，把"脑科学与认知"列入基础研究 8 个科学前沿问题之一。科技部、教育部、中国科学院和国家自然科学基金委员会于 2017 年 5 月联合印发的《"十三五"国家基础研究专项规划》提出，围绕脑与认知、脑机智能和脑的健康 3 个核心问题，形成"一体两翼"的布局，并搭建相关关键技术平台。以脑认知原理（认识脑）为主体，主要涉及脑功能神经环路和脑网络的认识；发展类脑计算理论，研发类脑智能系统（模仿脑）。基于对脑认知功能的网络结构，研究具有更高智能的机器和信息处理技术；促进智力发展、防治脑疾病和创伤（保护脑），对重大脑疾病进行病理上的研究，争取做到对疾病的早期干预和诊断。

习近平总书记在 2016 年全国科技创新大会及两院院士大会上指出："脑连接图谱研究是认知脑功能并进而探索意识本质的科学前沿，这方面探索不仅有重要科学意义，而且对脑疾病防治，智能技术发展也具有引导作用。"在十八届五中全会上，习近平总书记指出："从更长远的战略需求出发，我们要坚持有所为有所不为，在航空发动机、量子通信、智能制造和机器人、深空深海探测、重点新材料、脑科学、健康保障等领域再部署一批体现国家战略意图的重大科技项目。"

与此同时，中国逐渐兴起系统性的技术预见活动，规划神经科学发展战略路线图。例如，国家自然科学基金委员会和中国科学院学部历时 2 年多联合开展研究的重要成果《未来 10 年中国学科发展战略：脑与认知科学》（2012 年出版），以 10 年为尺度，全面总结了近年来脑与认知科学的研究现状和研究动态，并且对神经科学学科的整体布局进行了思考，提出了一些建设性的意见和方针政策，为我国今后神经科学的发展指明了方向。

人工智能也是我国重点关注的关键领域。党中央、国务院部署人工智能技术、产业、应用协调发展。2015 年 5 月 19 日，国务院印发《中国制造 2025》，部署全面推进实施制造强国战略，"智能制造"被定位为中国制造的主攻方向。2015 年 7 月 4 日，国务院印发《关于积极推进"互联网＋"行动的指导意见》，除再次强调大力发展智能制造外，专门对加快"互联网＋人工智能"发展做出部署，包括培育发展人工智能新兴产业，推进重点领域智能产品创新，鼓励企业依托互联网平台提供人工智能公共创新服务等。2016 年 7 月 28 日，国务院印发《"十三五"国家科技创新规划》，在"新一代信息技术"中提出重点发展大数据驱动的类人智能技术方法，突破关键技术，研制相关设备、工具和平台，支撑智能产业发展，并对智能机器人等典型应用做了部署。

2016 年 9 月 12 日，国务院办公厅印发《消费品标准和质量提升规划（2016—2020 年）》，要求健全智能消费品标准，人工智能技术产品化、专利化、标准化。2016 年 12 月 19 日，国务院印发《"十三五"国家战略性新兴产业发展规划》，要求培育人工智能产业生态，促进人工智能在经济社会重点领域推广应用，打造国际领先的技术体系。2017 年 1 月 15 日，中共中央办公厅、国务院办公厅印发《关于促进移动互联网健康有序发展的意见》，其中提到要坚定不移实施创新驱动发展战略，实现核心技术系统性突破，加紧人工智能等新兴移动互联网关键技术布局，尽快实现部分前沿技术、颠覆性技术在全球率先取得突破。2017 年 7 月 8 日，国务院印发《新一代人工智能发展规划》，为抢抓人工智能发展的重大战略机遇，构筑我国人工智能发展的先发优势，加快建设创新型国家和世界科技强国进行了战略布局。人工智能正式成为国家战略。

中央各部委分领域推进人工智能重点任务。工业和信息化部、发展改革委、财政部聚焦智能工业型机器人和服务型机器人的发展。2016 年 4 月，工业和信息化部、发展改革委、财政部联合发布《机器人产业发展规划（2016—2020 年）》，对工业机器人、服务机器人领域智能化发展做出部署。发展改革委、科技部、工业和信息化部和中央网信办将建设人工智能资源库。2016 年 5 月 18 日，发展改革委、科技部、工业和信息化部和中央网信办联合印发《"互联网＋"人工智能三年行动实施方案》，将智能家居、智能可穿戴设备、智能机器人列为未来 3 年人工智能产业的发展重点与具体扶持项目。发展改革委将人工智能纳入"互联网＋"建设专项。2016 年 8 月 26 日，《国家发展改革委办公厅关于请组织申报"互联网＋"领域创新能力建设专项的通知》出台，将人工智能技术纳入专项建设内容，部署建设深度学习技术及应用国家工程实验室、类脑智能技术及应用国家工程实验室、虚拟现实／增强现实技术及应用国家工程实验室。

三、脑科学与人工智能——未来

人工智能本身发展虽然很快，但是要想达到人类水平的智能，仍然有很多工作要做。而脑科学必然会成为推动人工智能发展的重要力量。随着脑成像等相关技术的快速发展，可以对神经环路中发生的计算的特征有更加精确的了解，而这也会为人工智能的发展带来很多启发。人工智能未来的发展，脑科学是基础和关键。通过对脑科学的研究，包括认知机制、神经运作机制等，可以为人工智能提供支撑和指导，设计新一代人工智能算法。将脑科学与人工智能紧密结合，是我国未来发展人工智能、抢占人工智能战略高地的关键所在。

中国脑计划。2013年开始，世界各国纷纷推出脑科学研究计划。2013年，美国推出 BRAIN Initiative；同年，欧盟推出人类大脑计划；2014年，日本推出 Brain/MINS 脑研究计划。这些国家的脑研究计划都与人工智能的发展有着密切联系，他们也希望通过在脑科学领域取得重大突破，从而助推人工智能的发展。中国也推出"一体两翼"脑计划，以"脑科学与类脑研究"为核心的中国脑计划也作为重大科技项目被列入国家"十三五"规划。中国脑计划以脑认知为基础，研究脑对外界环境的感官认知，即探究人类对外界环境的感知，如人的注意力、学习、记忆及决策制定等。同时，研究脑疾病的保护。而更为重要的是，在脑认知的基础上，探究人工智能新方法，通过对类人脑神经网络模型、类脑计算处理及存储设备技术的研究，助力开发新一代人工智能机器人。

南北脑中心。在中国脑计划的规划下，中国成立了一南一北两个脑中心，致力于脑科学及人工智能相关领域的发展。其中，北京脑科学与类脑研究中心于2018年3月成立，由北京市政府与中国科学院、军事科学院、北京大学、清华大学、北京师范大学、中国医学科学院、中国中医科学院等单位联合共建，瞄准世界脑科学与类脑研究前沿和国家在脑科学与类脑研究领域的战略急需，围绕脑认知原理解析、类脑计算与脑机智能等多个方向进行研究。上海脑科学与类脑研究中心于 2018 年 5 月成立，立足世界脑科学与类脑研究前沿，聚焦国家在脑科学与类脑研究领域的战略需求，加快推动我国在该领域的重大突破和跨越，是助力我国脑科学与人工智能发展的重要研究机构。

脑科学与人工智能研究。在南北脑中心之外，我国已经逐渐建成了一批致力于脑科学与人工智能研究的科研机构。中国科学院脑科学与智能技术卓越创新中心是 2014 年我国首批成立的卓越创新中心之一，以脑认知功能的神经基础、类脑智能计算模型为核心科学问题，通过脑科学与智能技术的交叉融合，取得重大创新成果；研发脑研究新技术，针对国家重大需求，开展脑疾病机制研究与早期诊断和干预手段研发等有应用前景的前沿工作；利用我国交叉学科的专长、脑疾病样本的丰富资源和非人灵长类动物模型的优势，在脑科学前沿领域，取得国际领先的成果；研究并借鉴脑信息处理机制，通过类脑器件、芯片和类脑机器人等系统的突破，实现类脑智能软硬件系统，引领我国智能产业的发展，增强国际竞争力。清华大学脑与智能实验室成立于 2017 年，充分发挥清华大学在理工科、生命科学、计算机、人工智能等领域的优势，汇聚世界顶尖的脑科学家与人工智能科学家，建设一系列核心实验平台，开发新型的脑活动测量和调控技术，运用工程技术手段探索脑科学中复杂的前沿科学问题，开发类脑技术，推动通用人工智能系统的发展。清华大学类脑计算研究中心成立于 2014 年 9 月，是一个进行全方位类脑智能研究的团队，涉及基础理论、类脑芯片、软件、系统和应用等多个层面；融合了脑科学、电子、微电子、计算机、自动化、材料及精密仪器等学科，拟建设成一个具备多学科深度交叉融合能力的研究中心，从不同层面进行全方位的立体创新，发展以脑认知与信息科学为基础的类脑智能计算新范式，研究类脑计算系统新架构、新硬件、新软件和新算法，开发类脑智能技术及应用产品，推动类脑计算系统的发展。

　　未来发展。人工智能已经经历数十年的发展，在其发展历程中，与脑科学有多次结合，并且产生了不错的结果。未来，人工智能的发展将更加依赖于脑科学。通过对脑更加精细的观测，对脑认知机理、神经运作模式更准确地把握，可以为人工智能技术提供参考与指导，从而促进我国在新一代人工智能理论与方法层面取得更大的突破，占据国际领先地位，并推动计算机视觉、智能无人系统、虚拟现实等技术的跨越式发展。近年来，在中国脑计划的规划下，南北脑中心成立，清华大学、中科院等国内知名高校和科研院所也纷纷建立研究机构，围绕脑科学与人工智能开展研究。在脑科学与人工智能研究上的巨大投入必将会取得丰硕成果，让我国能够占领人工智能战略制高点。

产业篇

中国智慧互联投资
发展报告（2019）

汽车智能化变革：
向车载超级计算机迈进

李星宇 | 地平线市场拓展与战略规划副总裁、自动驾驶行业资深专家

一、引言

从 PC 到手机，再到机器人，每一代智能设备相比前代，都是 10 倍体量的增长。智能汽车作为移动自主机器的第一形态，是机器人时代当之无愧的杀手级应用，更是技术旗舰，将催生无数移动机器人。正如蒸汽机开启了工业革命时代，手机行业引领了整个移动设备时代一样，智能汽车最终将带来比自身市场大得多的商业价值。

只有把视野放在机器人时代宏大的叙事背景下，我们才能看到这场变革之于这个时代的全部意义。看到趋势并不难，难的是自我革命，谁能更坚决地拥抱这一趋势，谁就能赢得百年汽车行业巨变时代的竞争。

在汽车行业向出行服务和智能化转型的大趋势下，新的智能功能和服务需求几乎每个月都需要更新，一系列重大事件表明软件定义汽车已经成为业界共识，传统的分布式汽车电子电气构架（E/EA）越来越难以为继。为了适应行业智能化重塑的大趋势，提升开发效率，一场深刻的构架变革正在酝酿，汽车行业正在沿着当年 PC 和手机行业走过的路迈向智能时代，这背后将折射出怎样的行业变局、技术挑战与应对措施？本文将进行深入探讨。

二、OEM 变革，应对智能化重塑挑战

日前，戴姆勒集团正式决定重组，旗下业务将被拆分为梅赛德斯—奔驰公司、戴姆勒卡车公司，以及新成立的戴姆勒移动出行公司三大组织构架，重组后的集团将裁员 1 万人，同时，49 岁的康林松出任新 CEO，领导新公司迈向新能源和智能时代。

2019 年年初，戴姆勒和宝马联合宣布，将共同投资 10 亿欧元，成立 5

家出行合资公司，巨大的行业挑战与变革紧迫性，让曾经的百年对手走到了一起。

合作不止于此，双方宣布将组建自动驾驶开放联盟，并且创建一个可扩展平台推动自动驾驶标准化，建设生态。其核心原因有几点：自动驾驶技术的挑战极高，研发投入达上百亿美元，即使是宝马和戴姆勒这样的"豪门"都难以独自承担，通过合作分享各自的技术优势和经验，降低自动驾驶技术研发成本是理性选择。在此之前，大众和福特已经在电动汽车领域共享 EMB 平台，以降低开发成本，随着这一趋势深入发展，很可能会出现类似 PC 行业的 Wintel 平台，进而形成一个面向智能汽车的生态系统。

在过去几年里，宝马通过旗下的投资基金 iVentures 投资了 Summon、Moovit、Scoop 等多家出行公司，以及 HERE（高精地图）、Nauto（自动驾驶）、Graphcore（芯片公司）等多家自动驾驶相关科技公司。

2019 年 5 月，通用旗下的自动驾驶初创公司 Cruise 获得普信领投、软银、本田跟投的 11.5 亿美元股权投资，投后估值达 190 亿美元。2018 年年底，通用还任命了 CEO Dan Ammann 为之前收购而来的自动驾驶公司 Cruise 的 CEO。

继宝马与戴姆勒联盟，通用和本田联盟之后，大众和福特正式结盟，竞争已经从单个公司上升为联盟间的竞争（图 1）。

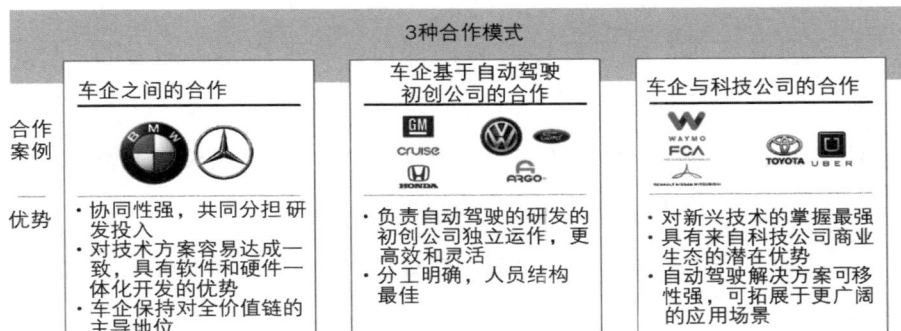

图 1　自动驾驶联盟的 3 种合作模式

资料来源：地平线。

资本和资源正持续向自动驾驶头部公司聚集。面向移动出行的自动驾驶研发投入以 10 亿美元起步，结盟从本质上讲，是为有限的资源投入争取更大的回报确定性。在 2017 年，10 亿美元的估值差不多是进入一线阵营的门槛，而 2019 年，这个门槛已经提升至 100 亿美元，而自动驾驶面向出行服务的特点，又决定了在一个单一市场中，如美国市场，它是一个赢者通吃的行业，排在后面的玩家很难切下一块属于自己的蛋糕来。如果沿着这个趋势向前推演，将有越来越多的玩家因为进入不了头部阵营，而放弃单打独斗，选择加入某个联盟，或者选择向细分场景挺进，如港口、矿区、干线物流或者"最后一公里"。

虽然终局是自动驾驶商业化，但其实现周期长达 10 年甚至更多，即使有再多的金主支持，也不可能无限烧钱，如何在这个过程中自我造血，持续产生商业化回报？在开发自动驾驶技术的过程中沿路下蛋，产出智能化阶段性成果并应用于量产车型的智能化，是一个较为现实的做法。可以说，汽车智能化是一个比自动驾驶更为广义的目标，也是一个更具可落地性的趋势。

目前，大众汽车展示了其首款基于自有操作系统 vw. os 的车型 ID. 3，将具备 L3 自动驾驶能力，可以在高速公路和城市拥堵路段进行自动驾驶。

更早之前，奥迪宣布计划在 2019 年至 2023 年间投资 140 亿欧元（约合 159 亿美元）开发电动汽车、无人驾驶汽车及智能化技术，而整个大众汽车集团在该领域未来 5 年的投资将达到 500 亿美元。

大众同时宣布，组建自己的软件部门：数字汽车与服务部（Digital Car&Service），"在不远的将来，汽车将成为一个软件产品，大众也将会成为一家软件驱动公司"，大众 CEO 迪思在今年的达沃斯世界经济论坛上表示。

而本次结盟再一次显示，德国巨人的转型步伐是坚定的。

此外，丰田和软银建立了一个规模相对较小的合资公司 Monet，并将获得其他 5 家日本车厂的注资。

总结下来，国际巨头的应对措施可以总结为以下 4 点。

换血：裁员加换帅，除了戴姆勒，还有大众、通用。目标是通过组织架构变革，将研发从以机械为主转向以软件为主。

结盟：宝马在谈及与戴姆勒的结盟时表示，双方将分享各自的技术优势和经验，降低自动驾驶技术研发成本，推动标准化，扩大联盟，建设软件和应用生态。大众与福特结盟后，则将在新车型、自动驾驶、电动车等领域展开深入合作。

投资：在体制外驱动创新，这一点，可能是主机厂在极具破坏性的创新趋势面前，所能做的最重要的举措。车企巨大的资金量和投资能力使得其有能力通过投资初创公司快速获得创新能力，并且保持这些公司的独立高效运作，宝马和通用近几年的投资数量都在 15 家以上。

重组：关停工厂，成立软件开发团队，新建出行业务，更加坚决地从汽车制造商向软件公司和移动出行服务商转变。

面对数字化重塑的浪潮，IBM 认为，需要以客户体验为本，持续业务创新，以效率和客户为中心，建立快速的组织和数字化运营模式。

对于 OEM 来说，这是一次彻底的颠覆，将带来 4 个方面的巨大变化。

组织变革：从面向功能的组织转向平台型的开发组织，对组织构架产生空前冲击，几乎需要重构整个研发组织体系，简单说，就是由纵变横。

人才变革：从以机械和硬件人才为主转向以软件人才为主，研发流程从当前的基于汽车产品的 V 模式转化为基于软件产品的迭代模式。

合作变革：改变现有的整车厂和供应商之间的合作模式，从塔状（Tier）供应链走向环状合作。这就要求车企俯下身来，更加平等地对待合作伙伴，学会配合。

核心技术：智能化时代的车企三大核心技术将被重新定义：计算平台、操作系统和应用软件。Tesla 的核心技术布局是芯片和软件，可谓切中要害。

这是一次汽车行业的能级跃迁，对于车企的挑战是巨大的，但企业必须迎接变革，当年德国从马车时代转向汽车时代的时候，只有一家马车公司活了下来，颠覆性的变革时代，幸存者从来都是极少数。

三、技术大趋势：软件驱动，智能汽车成为 4 个轮子上的超级计算机

今天，E/E 构架设计面临四大挑战：功能安全、实时性、带宽瓶颈、算力黑洞。①在功能复杂度持续提升的情况下满足功能安全的要求，这里的功能安全是广义的，不仅包括 ISO26262，还包括 SOTIF 和 RSS。②复杂系统构架下实时性的保证。③爆炸式增长的传感数据造成的带宽瓶颈。④支持持续的软件升级所需要的指数级算力增长。

为此，智能汽车 E/E 构架正从分布式走向集中式，其终极形态将是超级中央计算机，其中包括 4 个关键趋势：计算集中化、软硬件解耦、平台标准化及功能定制化（图 2）。

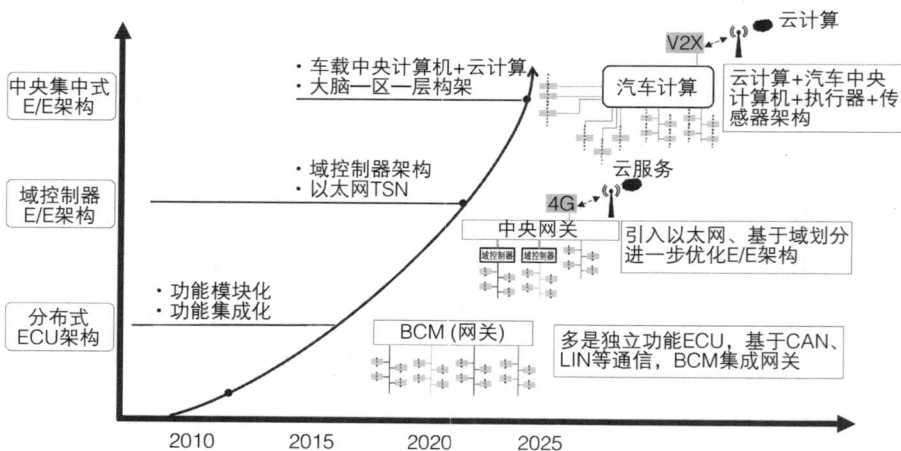

图 2　智能汽车电子电气构架发展趋势

资料来源：地平线。

下面我们将进一步论述这几个趋势。

（1）计算集中化（computing centralization）

服务导向的系统构架（SOA）将成为主流，为软件提供高性能实时计算平

台。在这样一个大的理念下，计算集中化将催生真正的汽车大脑：超级中央计算机。目前各个玩家对这个概念的叫法五花八门，包括车载计算平台、主机（host）及服务器（server）等，但本质都一样。

为了满足 ASIL-D 功能安全的要求，一台汽车通常需要有两台相同的主机互为备份，目前领先的 Tier1，如安波福、大陆等都使用这样的理念。

伴随着计算集中化，产生了一个新的概念：区控制（zone control），与目前流行的域控制器概念不同的是，区控制模块没有高级功能决策权，而是完成执行器、传感器、诊断及传统 I/O 的连接汇总，类似于 PC 中的南北桥。

拿军事打个比方，域概念就像是按照职能（电源域、底盘域、娱乐域、安全域）划分海陆空三军，并且有独立的作战权，但彼此不能共享资源；而区概念则是按照战区进行组织划分，与中央计算机形成了联合作战司令部 + 战区的概念，协同性和执行效率将得到质的飞跃。

在这样的构架下，决策通常都是由中央计算机发出，但是也有例外，如 AEB 紧急制动的功能，是最重要的 ADAS 功能。一旦前向智能传感器发现前方有障碍而且即将发生碰撞，可以不经中央计算机决策指令，直接启动执行机构进行刹车，或者在两台中央计算机都出现故障的时候接管刹车执行器，从而提供更高的安全冗余。

如果我们对照人的决策机制，会发现有高度类似的情况：假如我们在野外突然碰到一只老虎，身体的第一反应是僵住不动，这个决策并不是来自大脑的高级理性系统（即皮质），而是来自非常原始的大脑边缘系统（哺乳动物都有），它在紧急情况下会切断大脑对躯干的控制，自动接管以保证能够在瞬间完成必需的生存反应。手碰到烫的东西立马缩回去也是一样的决策机制，这样的例子不胜枚举。

在未来，OEM 交付的汽车将不是一个功能固化的产品，而是一个持续进化的机器人，在汽车整个生命周期内，硬件平台需要持续支持软件迭代升级，

　　这意味着，我们必须打造一个开放的、工具链完善的、拥有强大算力保障的计算平台，提供高达 1000 TOPS 的算力，为各种软件功能提供充足的算力储备。

　　目前，业界还没有一款处理器可以满足如此高的算力需求，并且不同的处理器也有不同的性能维度，从实践角度看，需要一个非常灵活、有弹性的主机构架来应对。这里面有 3 个要求：可扩展、可配置、模块化。一台典型的主机使用 PCI-e 作为主干局域网（backbone），提供很多卡槽，可以连接各种加速器（搭载 GPU、FPGA、视觉 ASIC 等芯片的板卡）、安全 MCU 及通用 SoC（图 3）。是否似曾相识？没错，这个构架跟当年的 PC 几乎一模一样！

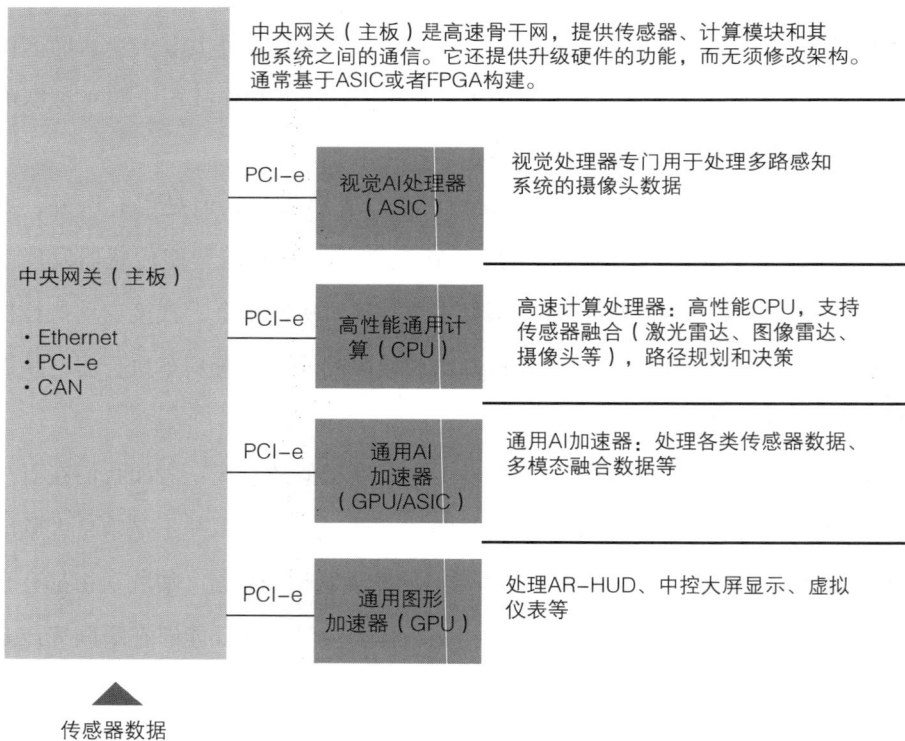

图 3　车载中央计算机计算构架

资料来源：地平线。

但是，车载中央计算平台对功能安全和实时性要求毫不妥协，在工程实现上，挑战比传统 PC/ 服务器构架要大得多，不能简单照抄。

（2）软硬件解耦

SOA 构架还将产生硬件抽象层（HAL）的概念，硬件不再被某个功能独享，而是被抽象成软件 / 服务可以共享的资源。例如，一颗前视摄像头过去可能只为 AEB/ACC 服务，但现在，任何功能都能调用这颗摄像头。

HAL 可以看作支撑软硬件解耦的资源池。例如，随着 SOA 构架的发展，一个独立的感知层将会出现，将各个传感器抽象为可被各种应用（无论是人机交互还是 ADAS/ 自动驾驶）调用的资源。而且将原始数据（如摄像头的每一帧图像）转化为语义信息的工作，相当程度上在区（zone）上就可以完成，从而减少对骨干网 I/O 带宽的需求，降低对中央计算机的算力需求，并提升数据处理的实时性。

总体来讲，就是在区上做感知智能，在中央计算机上做认知智能。

今天，功能安全是智能汽车面临的最大挑战之一，如果按照分布式的构架，为每个功能增加独立的安全冗余硬件，简直就是一场成本灾难，并且设计验证也很难收敛，但基于 SOA 和 HAL 的新设计构架，可以将所有的硬件资源与应用打通，构架师将有更多的安全路由选择，并且可以扩大安全冗余的资源纵深，充分复用各种硬件资源，为功能安全以经济成本实现开辟一条新的道路。

在供应链管理方面，因为每种资源都有很多独立供应商，OEM 将有更多的选择，而不像选择域控制器供应商那样打包购买。这种构架可以让 OEM 在跟领先的 Tier1 的博弈中重新赢得主动权。

（3）平台标准化

未来，OEM 可能只会开发一个电动汽车平台，覆盖低端车型、中端和高端车型。传统的内燃机受限于机械结构，需要有很多平台，但是 EV 不一样，底盘设计没有太多限制，所以沿用一个统一的 E/E 构架成为可能。主机厂将打造自己的硬件平台，并满足 3 个原则：通用性、标准化及互操作性。

更重要的原因来自商业考虑：钱！开发这样的智能平台可能需要编写超过3 亿行代码，比 Windows 操作系统要高一个数量级，而开发并维护多个平台在经济上不可行。

大众和福特已经在电动汽车领域共享 EMB 平台，以降低开发成本，随着这一趋势深入发展，很可能会出现类似 PC 行业的 Wintel 平台，进而形成一个面向智能汽车的生态系统，这一通用平台将被大多数 OEM 采用。类似的故事同样曾在手机行业上演，从功能机时代向智能机时代转变的过程中，先后涌现了塞班和安卓这样的通用平台。

（4）功能定制化

智能化是未来品牌差异化的核心要素，主要是通过增加软件功能来实现。软件的后部署将是大势所趋，这意味着，多数软件功能将是在汽车出厂之后交付的，软件迭代 OTA 将是新常态。这一趋势对于出行服务运营商来说尤其重要，各种不同的场景服务需求都需要通过现有车队的大量升级来满足。

来自麦肯锡的分析显示，在未来的车内和后端发展中，分层式架构会成为主流趋势（图 4）。软件在 D 级车（或大型乘用车）的整车价值中占 10% 左右，预计将以每年 11% 的速度增长，到 2030 年将占整车内容的 30%。

总体来看，这场构架变革是全面性的，还包括主干通信网络的重构、信息安全系统、虚拟开发验证环境等非常大的话题，这里就不一一讨论了。几乎可以肯定的是，智能汽车是 IT 史上软硬件开发量最大的单一产品。

未来的分层式车内及后端架构

■ 现存层　　■ 改进层　　■ 新建层

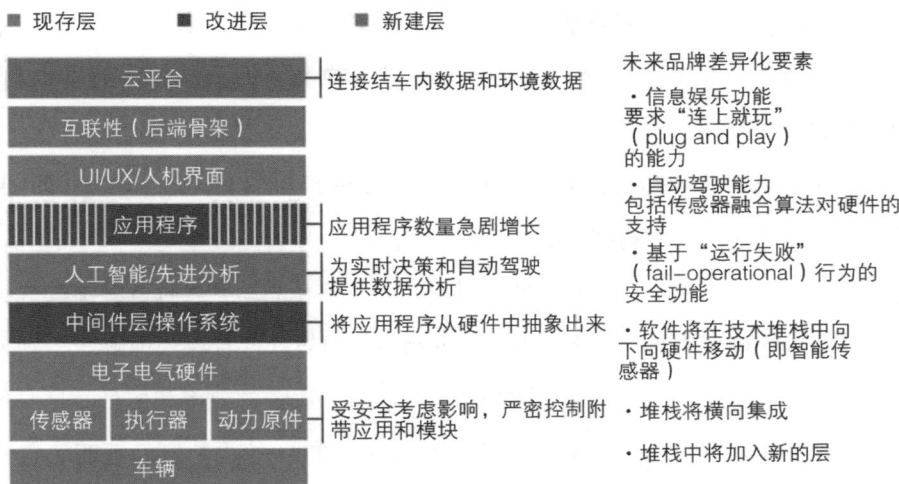

云平台	── 连接结车内数据和环境数据
互联性（后端骨架）	
UI/UX/人机界面	
应用程序	── 应用程序数量急剧增长
人工智能/先进分析	── 为实时决策和自动驾驶提供数据分析
中间件层/操作系统	── 将应用程序从硬件中抽象出来
电子电气硬件	
传感器　执行器　动力原件	── 受安全考虑影响，严密控制附带应用和模块
车辆	

未来品牌差异化要素

· 信息娱乐功能要求"连上就玩"（plug and play）的能力

· 自动驾驶能力包括传感器融合算法对硬件的支持

· 基于"运行失败"（fail-operational）行为的安全功能

· 软件将在技术堆栈中向下向硬件移动（即智能传感器）

· 堆栈将横向集成

· 堆栈中将加入新的层

图4　麦肯锡：《软件和整车电子构架正重新定义汽车行业》

资料来源：麦肯锡咨询。

四、AI 计算是技术挑战的巅峰

从技术角度看，最大的挑战来自 AI 计算。

在过去的数年里，我们看到自动驾驶的等级每提高一级，算力差不多要提升一个数量级。如果要实现全自动驾驶，我们需要 1000 TOPS 量级的算力，而人脑的算力大概也是一千个 TOPS，所以自动驾驶如果想达到人类的水平，首先要在算力方面达到人类的水平。

这个等级的算力需要 AI 芯片突破成本、功耗和性能的瓶颈，就必须将处理器构架的创新与算法和工具链相结合，软硬协同进行设计。脱离算法和工具链，单纯谈芯片的绝对算力是没有实际意义的。

当前业界存在一个很大的误区，往往会把绝对算力当作衡量 AI 芯片的主要指标，但我们真正需要的是有效算力，需要从 4 个维度来衡量：算力的有效利用率、每瓦的有效算力、每美元的有效算力、算力转化为 AI 结果的效能（目标数量和帧率等）。

本质上讲，芯片和构架是手段和载体，软件是目的和灵魂。软硬件一起做，可以让手段和目的高度统一。

只有硬件俯下身来去适配软件的时候，才能够使晶体管发挥的效能大幅增加。处理器构架的创新是一个非常高的壁垒，需要对软件有深刻理解。

这样的整体解决方案决定了数据转化为决策 / 服务的效率和质量，是时代真正呼唤的硬科技。谷歌是这个理念的实践者，TPU 的成功已经证明了这一点，在国内，初创公司地平线基于这样的理念，推出了极高效能的征程 AI 芯片，并即将推出第二代征程芯片。

可以说，未来的智能汽车就是一部移动的超级计算机兼数据中心，而边缘的人工智能处理器是智能汽车竞争的主战场，更是技术制高点。

边云协同计算是另一个大趋势，车载中央计算机、MEC（多接入边缘计算）及基于 5G 的云计算组成的协同式计算方案，将避免车端算力需求的无限增长。

五、应对措施与行业实践

预测未来的最好方法就是去创造它，特斯拉、安波福、GM 及宝马等已经开始实践，接下来会分析几个领先者的设计理念和路线图。

（一）安波福

安波福将自己的中央计算平台的构架称为智能汽车构架（smart vehicle

architecture^{TM}，SVA），汽车将成为一个整体计算平台，能够执行复杂的软件功能，就像在服务器上运行那样。这可以让 OEM 独立于硬件来开发软件功能，并且在不升级硬件的情况下升级软件和安全功能（图 5）。

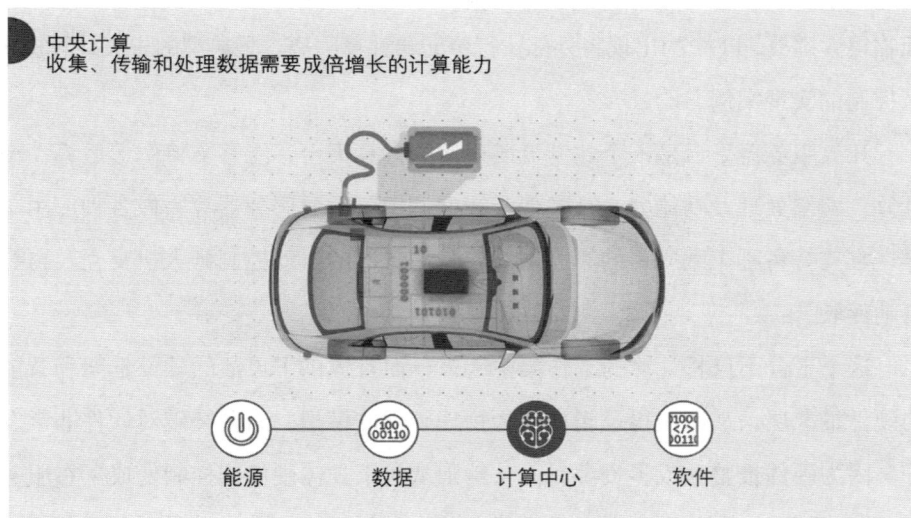

图 5　安波福的中央计算构架定义

资料来源：Aptiv 官网。

如何实现这个构架？安波福提出了 2 个关键概念：供电数据中心（power data center，PDC）及开放服务器平台（open server platform，OSP）。

供电数据中心（PDC）的理念非常类似于笔记本电脑的基座，一个典型的笔记本电脑的基座有 USB、HDMI、SATA、电源插口等一系列接口，可以连接我们可能用到的各种外部设备，基座作为桥梁将外设与笔记本电脑连接起来。

在智能汽车上，PDC 将负责连接各种传感器、分布式音响系统及各种控制器 / 执行器，为此，PDC 将需要有 ethernet、CAN 及 LVDS 等总线接口。

PDC 的另外一个关键作用是为自动驾驶系统提供可靠的备份电源（可以在电源出现故障时，数毫秒内切换到备份电源），同时，它还起到了网关及各种控制器集成整合的作用（PDC 有一个强大的处理器来实现这些功能），从而实现区域控制，简化了中央计算机所要完成的工作。

今天，主流的构架是以功能划分的逻辑域，但是，逻辑域的功能高度分散在不同的物理控制器中，结果使构架非常复杂，在整合、测试及可扩展性方面面临很大挑战。PDC 的出现将外部执行单元与计算隔离，是典型的中央计算机 + 区控制的实现案例。

开放服务器平台是一个非常灵活通用的计算平台，能够支持图形运算、AI 计算、网络处理及功能安全。类似于我们调用云端的服务器算力做各种应用一样，它支持各种车载应用的算力需求，从后备厢的自动控制到人机交互，再到自动驾驶。

这个平台不仅将计算的工作集中起来，而且提供了灵活的软件框架和智能的硬件抽象层，从而使得逻辑域成为物理硬件的模拟。这种突破对软件非常友好，因为硬件被整合成了资源，而软件则从对于具体硬件的控制变成了在服务器上调用资源。软硬件解耦为未来的车载应用创新解锁了几乎是不受限制的想象空间，就好像 iPhone 开启的应用程序市场模式一样，未来，各种新的车载功能将可能来自第三方公司，而非车厂，但车厂依然有功能验证、功能发布和认证流程，确保安全性和兼容性。

根据安波福的规划，这种转变是分阶段进行的。2022 年将会推出一个混合构架，把 PDC 整合到传统的车载 E/E 构架中。到 2025 年，将实现全开放服务器平台的构架，我们将会看到一个基于服务器构架的计算平台，该平台将整合 PDC、安全冗余设计、一个标准的软件开发框架，对于安全应用或非安全应用都保持一致。

安波福认为 OEM 客户从传统的 E/E 构架到这一新构架的过渡将会是渐进式的，但终局不会有悬念，那就是开放服务器平台。

（二）特斯拉的实践

在汽车行业变革的各个趋势中，自动驾驶无疑是最具颠覆性的因素，它将重塑产业格局，推动共享出行成为主流趋势。而特斯拉则是最激进的实践者。

近日，特斯拉发布了完全自动驾驶 Hardware 3.0 硬件，并宣布推出其首款自动驾驶芯片 FSD。此前，自动驾驶芯片作为智能化的核心器件，其市场基本被英伟达和 Mobileye 两大巨头垄断，在与其的合作博弈中处于极大劣势。

特斯拉自研芯片成功，成为汽车行业唯一一家拥有了自己芯片的公司，打破了这一博弈平衡，改写了游戏规则，重新定义了智能汽车时代车企的核心竞争力。从技术角度看，FSD 的成功推出足以令其领先同行至少 3 年，可以说是特斯拉最重要的技术创新。

苹果在智能手机方面的成功表明，依靠供应链无法建立优势，拥有自研芯片、操作系统及应用软件才是王道，特斯拉无疑是苹果的好学生，马斯克把 IT 的基因编辑到特斯拉身上，通过自研自动驾驶芯片，配合数量最大的车队提供海量数据，其人工智能算法与应用软件的迭代速度将比竞争对手快得多。

然而，汽车品质评判的权威，美国《消费者报告》发布的 2019 年度汽车可靠性报告显示，特斯拉可靠性排名倒数第三；英国著名汽车杂志《What Car ?》发布的英国汽车可靠性调查更显示，特斯拉的 Model S 在 159 款车型中排名垫底。

一方面品质垫底，但另一方面，特斯拉已经成为智能汽车技术方面的引领者，无论是 OTA，还是车载中央计算机构架、电池管理，以及其激进的 Autopilot 辅助驾驶功能，无不是业界的标杆。

强烈的反差值得让人深思：特斯拉作为一个行业的颠覆者，在代表未来的智能化和新能源方面一骑绝尘，但它没有按照汽车行业老牌玩家的规则行事，如特斯拉并不考虑功能安全（ISO26262），而这一点在老牌车企看来是不可撼动的规则。其结果是，它在可靠性上表现极差，但却获得了远超传统玩家的创新效率。

在 Model 3 的 E/E 构架中，域控制器的概念被区控制替代，整个构架分为三大模块：第一个是自动驾驶（autopilot）及娱乐控制模块，相当于中央计算机，第二个是右车身控制器（BCM RH），第三个是左车身控制器（BCM LH）。

autopilot 与娱乐控制模块掌控了所有的摄像头和雷达传感器。在模块内部，autopilot 系统和娱乐系统这两大部分通过 CAN 和高速串行总线 FPD-Link 打通。这比起如今娱乐域和安全域老死不相往来的构架设计明显高了一个层次。实际上，FPD-Link 的存在表明，两者之间甚至可以传递视频数据。

自动驾驶及娱乐控制模块 autopilot & infotainment control module 虽然是一个模块，但是内部还是分了 2 个硬件平台和 2 个系统，最大的变化是将全车摄像头进行了集中接入和运算，通过 Drive PX2 计算平台集中整车所需的 AI 算力。2 个系统之间通过 CAN 和 LVDS 传送数据，摄像头图像可以由 autopilot 系统接入后通过 LVDS 传给娱乐系统。这一架构让基于车内和车外图像的 AI 应用开发和更新迭代变得可实现。例如，特斯拉想在 Model 3 上升级当下最热的 AR Navi 功能，也许只需要软件工程师动动手指头就搞定了。

右车身控制器集成了自动泊车、座椅控制、扭矩控制等功能；左车身控制器集成了内部灯光、转向柱控制等。2 个车身控制器也都和线控执行单元、转向控制、防抱死制动系统等执行器相连，可以直接操作车辆。在 Model 3 新的 E/E 架构中，电池管理和充电控制和 DCDC、车载充电机、PDU 都被集成为一个单一单元，缩减了整车的高压线束成本和装配成本。

通过 E/E 架构的集中化，特斯拉将汽车的软件开发内化，将汽车底层硬件标准化和抽象化，此举让特斯拉通过软件定义汽车和创新变得更容易。以 2019 年年初特斯拉发布的 Sentry（哨兵）模式和 Dog（狗狗）模式，推特用户乔希·阿奇利（Josh Atchley）问马斯克，他能否实现一种"宠物狗模式"功能，即播放音乐、打开空调、屏幕上显示着"我很好，我的主人会回来的"。对此，马斯克只是简单地回答："可以。"此外，另一位用户也建议将车内温度也显示在屏幕上，马斯克似乎很喜欢这个想法，他在推特上回复说："正是如此。"马斯克简单回复后就可以内部推动执行了，换在以前，特斯拉的工程师需要去找相关的供应商逐一问一遍是否愿意接受变更，供应商们或许迫于压力，同意更改，但是需要长达半年的变更周期和天价的设计更改费用，而这一切更改的预期和假设很可能是最理想化的，用户是否真正需要未可知。

特斯拉从 autopilot 1.0 到 2.5 的进化，都是沿着功能集中化、资源共享化的道路前进，而软件版本已经迭代到 V9，则体现了特斯拉软硬件解耦，通过软件定义汽车的实践。对于消费者来说，每一次 OTA 系统升级都会带来新的体验，就不会感觉到这辆车会过时，最近通过 OTA 升级发布的"哨兵模式"和"狗狗模式"非常生动地体现了这一点。特斯拉通过 OTA 升级直接将 Model 3 的刹车距离优化了 6 米的案例就是最好的例证。这在传统汽车开发流程中是无法想象的。

（三）宝马

宝马在 E/E 构架方面的变化清晰地折射出计算集中化的趋势（图 6）。

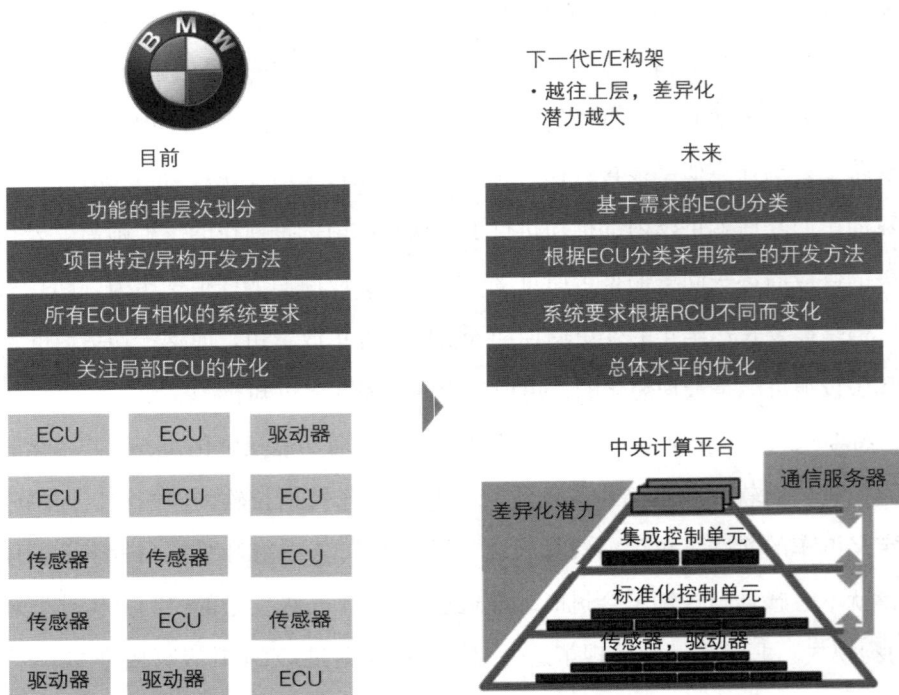

图 6 宝马规划的下一代 E/E 构架

（四）博世

博世的渐进式路线从域的集中化开始演进，终极目标一样是车载中央计算机，并且进一步扩展了与云端配合的分布式计算能力。大陆的发展路径也和博世非常类似。

六、IT 企业：汽车行业的破坏性创新者

克里斯藤森在其经典《创新者的窘境》中提到，破坏性创新往往都是行业

外的新玩家发起，从边缘市场切入，抓住边缘用户，使产品从小众变为主流，从而颠覆行业格局。

历史上，在钢铁、电脑、手机行业都曾上演过类似的故事，当年苹果切入手机行业的时候，推出的手机完全达不到诺基亚手机的抗摔标准，但依然凭借用户体验干掉了诺基亚。当智能化浪潮从 IT 行业延伸到汽车行业的时候，我们看到了相同的故事正在上演。

日前，华为宣布成立智能汽车解决方案事业部，强调自己不造车，而是定位世界级 Tier1 供应商，通过 ICT 技术为合作伙伴提供车联网相关解决方案。更早之前，华为发布了基于其昇腾芯片的车载计算平台 MDC600。

此前，华为心声社区发布了任正非内部讲话，"车联网、人工智能、边缘计算是我们未来的三大突破点。车联网可以成立商业组织，加大投入。面对智能汽车的连接、车载计算、自动驾驶等都是车联网的重要方向，要作为战略坚决投入，激光雷达等要聚焦在 ICT 核心技术相关的方向上"。

对于车载 E/E 构架来说，中央计算机构架是全新的，但对于 PC 和手机行业，无论是 SOA 还是 HAL，中央计算机构架都已经是非常成熟的概念。

从这个意义上讲，无论是苹果、英特尔、高通、三星还是华为，他们大举进军汽车行业的逻辑，绝非简单地复制，而是将自身的 IT 基因与汽车固有的基因进行新的编辑，进化出新物种，并引领计算行业从手机的 TOPS 时代走向 POPS（1000 TOPS）时代，在这一过程中，IT 企业有着先天的基因优势，这正是特斯拉能够颠覆行业的底气所在，也是华为高调进军汽车行业的底层逻辑。

七、协同进化，自动驾驶走向专业化分工

大众的一位负责人日前表示："我们对实现全自动驾驶的时间表非常怀疑。

我认为到目前为止我们看到的所有截止日期和时间点都被打破了。"

有人说，2019 年是自动驾驶从期望之巅滑向幻灭之谷的一年。Drive. ai、Roadstar 等曾经的明星公司折戟沉沙，也在印证着这个说法。但对于整个行业来说，这是在走向成熟之前必然要经历的阵痛，行业正在从不切实际的期望回归理性（图 7）。

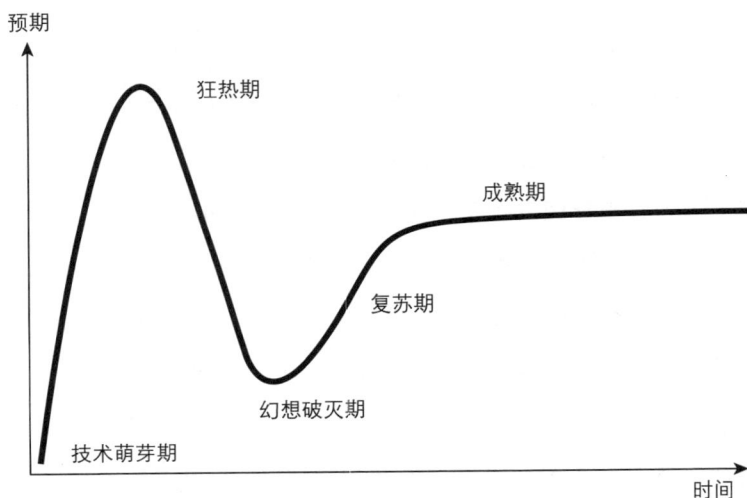

图 7　技术成熟度发展曲线

资料来源：Gartner。

技术的成熟总有阵痛期，分工协作才能从谷底爬出来，然而难免矫枉过正，很多人又对自动驾驶的前景变得过于悲观。

回顾自动驾驶的产业发展，一个有趣的趋势是：自动驾驶行业玩家大多是从一个共同的原点出发，搞自动驾驶改装车，在推进的过程中，重点开始持续分化，聚焦于各自最有优势的领域，产业分工越来越清晰，传感器、感知、仿真、高精地图、基于 V2X 的车路协同方案、整车集成等链条逐渐形成。其结果是，协同进化大大加速了自动驾驶技术的成熟周期。

本质上，这是由自动驾驶技术的高难度决定的，任何一个单一玩家都无法克服所有的挑战，联盟组局、聚焦单一技术等，都是自然的进化结果。

当前的三大自动驾驶联盟基本上聚集了全球最顶尖的车厂，传统造车经验的赋能，再结合初创公司（Argo. ai、Cruise 等）的进化速度和执行力，对目前的领头羊 Waymo 形成了巨大的压力。

Mobileye、英伟达、博世已经在各自的细分领域建立了强大的护城河，新兴的初创公司，如地平线、Pony.ai、Momenta 等也在寻找自己的定位。

自动驾驶的地域化特点决定了北美、欧洲、日本及中国市场的自动驾驶解决方案有高度的差异化。随着中国市场领先于国际的 5G 商业化大幕的拉开，基于 V2X 的车路协同的发展进一步强化了这种趋势。

在这场变革中，中国拥有全球最大、竞争最激烈的单一市场，更有对于新技术充满热情的消费者和强大的产业驱动力量，以及高度差异化的驾驶环境，即使对于已经在海外市场建立了一定优势的国际巨头来讲，都是一个极具挑战的市场，无论是老司机，还是新兴公司，只有面向中国的驾驶场景进行高度优化，提供极致性价比、开放灵活的开发平台及贴身支持，才能赢得这场竞争。

八、结语

从技术上总结，中央计算机—层—区的概念将建立起智能汽车的新构架。区是局部控制、感知与执行单元，层是按照职能划分的资源池，中央计算机是真正的决策大脑，面向应用／服务，调用各层资源，执行高级决策，由区控制单元执行决策或完成态势感知任务。

高度变化的需求、智能化的持续演进、车载硬件和软件系统复杂程度的提升对计算构架的可扩展性、易用性、系统可靠性提出了严峻的挑战，各大玩家殊途同归，即朝着中央计算机的构架和服务导向的开发理念前进。特斯拉、通用、宝马、安波福、博世、伟世通及地平线等正在引领这一潮流。

目标往往是清晰的，但通往目标的路径却大相径庭，无论是 IT 新贵，还是汽车行业老兵，大家都是基于自己的优势积累，从不同的坡，爬同一座山。在这个过程中，对于产品路线图、性能、安全性和成本的拿捏，各家都不尽相同，很难讲哪条路更好，所以无论是大陆和博世的渐进式域融合（domain fusion）路径，还是特斯拉和安波福更激进的实践，都是面向未来的探索，都值得尊重。

以下是本文 10 个关键结论。

①智能汽车 E/E 构架设计面临四大挑战：功能安全、实时性、带宽瓶颈、算力黑洞。

②智能汽车 E/E 构架四大趋势：计算集中化、软硬件解耦、平台标准化及功能定制化，商业化落地时间大约在 2025 年。

③智能汽车的新构架将基于中央计算机—层—区的概念构建。

④新的 E/E 构架将使 OEM 在与领先的 Tier1 的博弈中重新赢得主动权。

⑤ OEM 可能将只会拥有一个覆盖了所有车型的电动汽车（EV）平台。

⑥ AI 芯片是中央计算机的核心，需要越过安全、成本和性能的临界点。

⑦组织变革是车企在这场技术革命中面临的最大挑战。

⑧ IT 企业在这场变革的竞争中有先天的基因优势。

⑨智能汽车将是有史以来软硬件开发量最大的 IT 产品，将诞生新的 Wintel。

⑩智能汽车作为移动自主机器的第一形态，将撬动比自身市场大得多的商业价值。

中国智慧互联投资
发展报告（2019）

5G 时代中国射频
前端器件的发展机遇

舒　峰 | 北京红山信息技术研究院副总裁、明智大方副总经理

2019 年 6 月 6 日，工业和信息化部正式向中国电信、中国移动、中国联通、中国广电发放 5G 商用牌照。这意味着中国正式进入了 5G 商用元年。全球 5G 已进入商用部署的关键期（附表 1）。目前，中国的 5G 中频段系统设备、终端芯片、智能手机处于全球产业第一梯队，具备商用部署的条件。在中国 5G 网络的快速部署中，相关产业预计也将获得快速发展。

一、5G 网络的特点

5G，即第五代移动电话通信标准，是继 4G 之后的延伸。区别于 2G/3G/4G，5G 不仅是移动通信技术的顺序提升，还是多种无线接入技术演进集成后解决方案的总称。5G 技术旨在实现以下几大目标：① 1000 × 的容量提升；② 1000 亿 + 的连接支持；③ 10 Gb/s 的速度；④ 1 ms 以下的延迟。基于上述特性，国际电信联盟 ITU 在 2015 年定义了 5G 三大主要应用场景：增强型移动宽带（eMBB）、大规模物联网（mMTC）及低时延高可靠通信（uRLLC）。其中，eMBB 主要追求人与人的极致通信体验，对应于 3D/ 超高清视频等大流量移动宽带业务；mMTC 主要体现物与物的通信需求，应用于智慧城市、智能家居、可穿戴设备等以传感和数据采集为目标的场景；uRLLC 面向如自动驾驶、移动医疗等对时延和可靠性要求极高的应用。

为实现上述目标，5G 采用了 MIMO、NOMA 和密集组网等技术，基站工作在更高频点，网络进一步扁平化。

二、5G 基站的特点和演进方向

为了实现 5G 网络的性能目标，5G 的基站设备需要工作在更高的频点，占用更宽的带宽，如毫米波或者 Sub 6 GHz，由此带来基站覆盖半径的降低，同等的覆盖需要建设更多的基站；需要采用 MIMO 技术，基站的通道数从 4G 的 2/4/8 通道上升到 32/64/128/256 通道，由此带来基站成本的成倍增加及功耗的大幅增加，基站的重量也大大增加，导致铁塔的承重和工程施工成本都面临巨大的压力。如何降低设备成本、功耗和体积成为 5G 基站设计中的关键考量因素，采用新技术成为趋势，而这些新技术毫无疑问会带来新的投资机会。

基站功放：3G/4G 功放大量采用 LDMOS 功放管技术，5G 基站由于通道数多、频率高，为降低整机功耗并输出更大的功率，对功放的效率要求更高，GaN 功放管成为趋势。

基站天线：3G/4G 时代 RRU 和天线是分离的架构，5G 由于采用 MIMO 技术，通道数众多，RRU 和天线合一成为必然。在合一的情况下，天线的波束主要通过软件实现调节，传统天线所需要的移相器、电调单元等不再需要，天线结构变得简单。天线振子为了实现轻量化和低成本，从传统的压铸 / 钣金振子，演进到 PCB 振子，并进一步演进到塑料振子。

基站滤波器：3G/4G RRU 主要采用金属腔体滤波器，5G 基站由于通道数多，采用介质滤波器可以大大降低成本和重量，成为趋势。

提高器件集成度也是方向，如采用 4 通道的 ADC/DAC，集成多个射频元器件的 transceiver、LNA 和射频开关集成等。

4G 时代，国内供应商已经在天线、滤波器等无源部件上占据了主导地位，在环形器 / 隔离器、OCXO 上也占有较大的份额。5G 时代，国内供应商在介质滤波器、塑料振子、环形器 / 隔离器、OCXO 等领域应可继续占据主导地位。由于美国对国内设备商华为、中兴的打压，预计国内半导体厂家在 GaN

PA、射频开关、DVGA（数控衰减器）、LNA（低噪放）、时钟芯片、高频 PCB 等领域将获得广泛的机会。国内半导体公司以前由于技术 / 性能差距、批量生产质量管控能力弱、可持续稳定经营风险高等因素，很难进入国内设备厂家的主设备市场，但是在新的世界形势下，出于可持续发展和供应链安全的考虑，国内设备厂家会加大对国内半导体厂家开放市场的力度，并加强对国内半导体厂家在批量生产管控能力上的辅导。

三、国内 5G 网络建设规模和节奏的分析

5G 网络的建设规模受到两方面的约束，一方面由于 5G 工作在更高频点，无线信号传播损耗大，基站覆盖范围变小，要实现 4G 同等的覆盖范围，需要建设更多的基站，而移动视频业务渗透率的持续增长也会对网络容量提出更高的要求；另一方面，5G 基站的成本高于 4G 基站的 3～5 倍，而基站功耗的大幅增加也导致原有供电网络要做投入进行改造，使得建网成本面临巨大的挑战。而短期内在 5G 网络下，人的通信消费仍将是运营商经营收入的主要来源，以 M2M 通信为基础的 5G 典型应用场景短期内很难成为运营商营收的支柱，并且用户渗透率已经接近饱和，而单用户的 ARPU 值预计也不太可能大幅提升。在建网成本大幅提升而营收缺少支撑的情况下，网络的规划需要更加注重经济性和科学性。特别对于电信和联通，由于基站工作频点在 3.5 GHz，相比移动的 2.6 GHz，要实现同等覆盖需要建设的基站规模是移动的 1.5 倍以上，鉴于电信和联通的资金压力，联合建网或是值得选择的建网模式，考虑电信和联通的频点相邻，而 AAU 支持电信 + 联通 200 MHz 的工作带宽指日可待，采用联合建网的方式，可以使得两家运营商用比单独建网成本低得多的方式实现覆盖的大幅增加，能大大提高网络的竞争力。

　　由于 5G 网络下具备规模经济效益的新的商业应用场景仍处于探索之中，一种可能的网络部署策略是在部分城市进行 5G 连续覆盖以为新的商业应用场景提供孵化基础，而全国范围内 5G 规模性的建网则根据新商业应用场景的成熟情况逐步推进。而在人口密度稀少的偏远区域，采用低频 LTE 进行广覆盖仍将是很长一段时间内的选择。

　　基于以上分析及电信、联通联合建网的可能性，认为 5G 宏基站的建网规模和 4G 相当，同时建网周期相比 4G 会拉长。宏基站的建设规模预期和 4G 保持相当，在 400 万站左右。2019 年的建设规模在 15 万站左右，2020 年为 60 万站，2021 年为 80 万站，2022 年为 80 万站，2023 年为 80 万站点，2024 年为 50 万站，2025 年为 35 万站。

　　由于 5G 基站的覆盖范围弱于 4G 基站，可以预见的是在宏基站覆盖下，5G 网络的覆盖空洞或盲区会高于 4G 网络，不论是 PicoRRU 形式的室内分布覆盖解决方案，还是一体化微站的覆盖解决方案，预计都会比 4G 迎来更大的机会。相比宏基站主要依赖华为、中兴、爱立信、诺基亚，基于成本的考虑及边缘计算对部署和服务灵活性的要求，提供小基站解决方案的公司预计也将迎来更多的市场机会。针对小基站提供解决方案的国内半导体公司也将迎来更多的市场机会和空间。

四、5G 基站射频前端的机会

（一）5G 为射频前端产业提供更大的市场机会

　　无线射频是通信设备 / 移动终端的重要组成部分，主要由多个射频器件构成，通信质量的优劣由无线射频的性能直接决定。射频前端位于收发机与天线部分之间，按方向分为发射通路（主要有功放 PA、滤波器和天线开关等）和接收通路（主要有 LNA 低噪声放大器、滤波器、射频开关和天线开关等），按设备产品形态分为射频前端模组（包括高、中、低集成度模组）和分立器件（功放 PA、天线开关和滤波器等各独立器件）。4G 的未饱和渗透率将进一步增长射频器件单机价值量，5G 需求推动无线射频技术革新并带来新的增长机遇。一方面射频模块要处理的频段数量大幅增加；另一方面高频段信号处理起来也更难，系统对滤波器性能的要求也大幅提高，由此预计将为射频前端产业提供更大的市场空间。

随着国内公司在 5G 专利方面的话语权不断提升，同时依托于核心技术国产化大背景，无线侧的上游供应商有望在 5G 发展上迎来新机遇，在 5G 投资方面，天线射频侧的受裨益弹性较高，基站端天线、天线振子、滤波器、PCB、GaN、连接器等产业将获得利好。根据法国市场研究与战略咨询公司 Yole Development 报告显示，尤其是作为射频前端最大市场的滤波器预计将从 2017 年的 80 亿美元增长到 2023 年的 225 亿美元，几乎将增长 3 倍，CAGR（compound annual growth rate，年复合增长率）将达到 19%。

5G 基站无线射频侧机会。同步、时延、带宽等性能在 5G 时代得到全面提升，进一步推动天线射频侧技术进行大升级，整体看，大规模阵列天线及天线有源化促使无线射频侧整体价值大幅提升。

从基站无线侧来看，鉴于集成化和小型化的需求，RRU 及 BBU 物理层部分、天线集成为 AAU，通过连接器和光纤直接连接。另外，天线将由 4T4R 通道（4 发 4 收）转变为 64T64R 的大规模 MIMO。高频化、小型化、集成化促使天线中的元器件技术创新，前期带来价格提升。

根据目前 5G 测试的情况来看，采用 64 通道的 massive MIMO 技术是各个设备商的主流测试选择。虽然通道数量与网络的性能高低成正比关系，但是考虑到天线的成本、尺寸大小、重量、性能等方面的综合因素，运营商也并没放弃考虑低成本的 16 通道 massive MIMO 方案。

（二）5G 基站引入大规模阵列天线

massive MIMO，即大规模多输入多输出（multiple-input multiple-output，MIMO）技术，旨在通过更多的天线大幅提高网络容量和信号质量。采用 massive MIMO 的 5G 基站不但可以通过复用更多的无线信号流提升网络容量，还可以通过波束赋形调整天线增益空间分布，使信号能量在发送时更集中指向目标终端以弥补信号发送后在空间传输的损耗，大幅提升网络覆盖能力。

5G 基站架构发生较大变化，天线有源化趋势明显。与传统的 4G 天线相比，5G 天线将从传统的 2/8 通道向 64 通道演进，引入 massive MIMO 后天线振子数快速增长（图 1）。

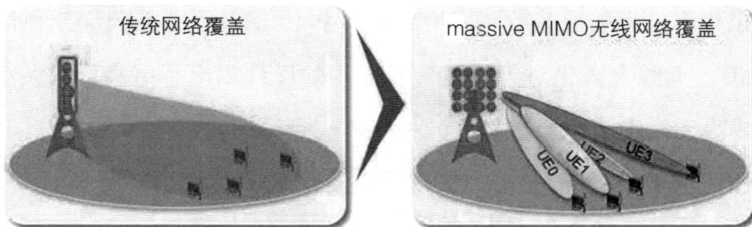

图 1　传统网络覆盖与 massive MIMO 天线网络覆盖示意

4G 宏基站主要分 3 个部分：天线、射频单元 RRU 和部署在机房内的基带处理单元 BBU，5G 网络倾向于采用 AAU+CU-DU 的全新无线接入网构架，如图 2 所示。

天线和射频单元 RRU 将合二为一，成为全新的单元 AAU（active antenna unit，有源天线单元），AAU 除含有 RRU 射频功能外，还将包含部分物理层的处理功能。

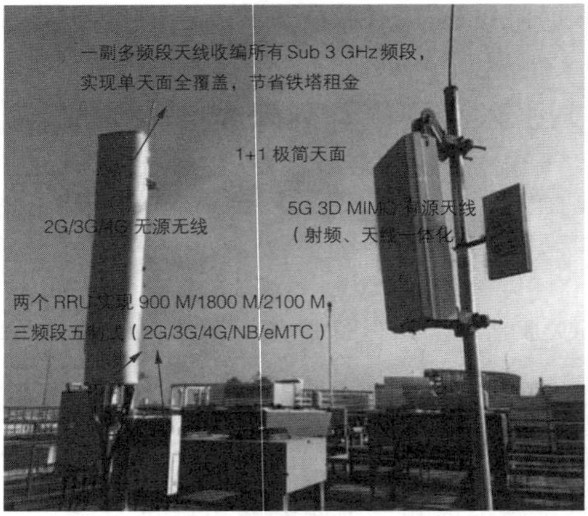

图2　2G/3G/4G 无源天线与 5G 3D MIMO 有源天线

4G 无源天线 +RRU 重 24 ～ 34 kg，目前测试中的 5G AAU 重 47 kg 左右，比 4G 无源天线 +RRU 重量超出 27.7% ～ 48.9%（表1）。所以，在 5G 天线集成化的趋势下，天线通道数同比增加了 7 ～ 15 倍及天线无源部分预计与 RRU 合为 AAU，天线有源化对天线重量及体积的设计提出了更高要求，小型化及轻量化成为天线设计基本要求。

表1　典型基站尺寸重量对比

类型	主流天线体积尺寸/mm	天线重量/kg	RRU 体积尺寸/mm	RRU 重量/kg	合计重量/kg
移动 4G	1285x309x130 1650x320x145	12 22	400x300x100	12	24 34
联通 4G	1310x380x65 1310x265x86	16.5 14.5	400x300x100	14	21.5 28.5
电信 4G	1310x265x86 1515x265x145	14.5 19.2	400x300x100	14	28.5 33.2
5G AAU	体积尺寸（mm）：895x490x142，重量（kg）：47				47

资料来源：中国铁塔股份有限公司《2018 年 5G 试验网配套设施技术参考》。

4G 天线基本是 4T4R（FDD）或 8T8R（TDD），依目前测试，5G 商用宏基站可能以 64T64R 的大规模阵列天线为主，天线单元主要包括天线罩、辐射单元和校准网络综合板 3 个部分。大规模阵列天线会带来大幅射频组件需求增加量，从当前 5G 产品的研发现状来看，为实现波束赋形等新技术，预计未来 64 通道的天线阵列将容纳 64 个功率放大器、64 个开关、64 个低噪声放大器和 64 个滤波器等器件。射频组件需求的增加将大幅提升基站射频行业的市场空间，高度集成化的需求也将推动滤波器、功率放大器等射频组件工艺进一步升级，产品将更小型化。

（1）大规模阵列天线驱动 5G 天线获得价值提升。采用 massive MIMO 的 5G 天线不仅增加数量，天线形式也转向有源，可实现各个天线振子自适应调整相位和功率，明显提升 MIMO 的空间分辨率和频谱效率以至提升网络容量。另外，多天线振子的动态组合也可让较小能量的波束集中到一小块区域，集中信号强度于特定方向和特定用户，覆盖范围和用户体验都得到提升。

由此可以说，massive MIMO 技术的采用致使 5G 天线的复杂度得到增加，产品价格因此远高于 4G 时代价格。但天线价格与天线单元数目并非简单的线性关系。以单扇天线为例，目前单扇 4G 天线一般在 2000 元以内（近期常用的 4 通道 FDD 电调天线售价约每副 1400 元，8 通道 TDD 电调天线售价约每副 2000 元），而 5G 天线向天馈一体化发展，基站天线与滤波器实现集成不无可能，将天线＋滤波器一体化产品打包出售会进一步提升合作价值。据当前实验用 5G 基站的成本分析，初期 64T64R 规格的大规模阵列天线的天线单元（上游天线厂商制造部分）每扇区售价较贵，预计商用初期天线（AAU 中无源天线＋滤波器）采购价格将达到 4000 ～ 8000 元，随着批量出货，预计未来每扇区均价有望下降到 3500 元左右，不过相较 4G 天线均价仍有较大幅度提升。

假如 5G 的建设周期为 2019—2025 年，预计建设高峰期（2020—2023 年）宏基站天线市场空间每年可达 122.4 亿～ 135.6 亿元（表 2）。

表2 5G 时期国内基站天线规模测算（假如建设周期为 2019—2025 年）

时间	2019 年	2020 年	2021 年	2022 年	2023 年	2024 年	2025 年	合计
年新增基站数 / 万站	15	60	80	80	80	50	35	400
新建比例	3.75%	15%	20%	20%	20%	12.5%	8.75%	100%
单扇区均价 / 元	8000	6800	5650	4700	4050	3500	3500	/
国内天线市场 规模 / 亿元	36	122.4	135.6	135.6	135.6	52.5	36.75	654.45

资料来源：红山研究院。

注：天线指的是 AAU 中无源天线 + 滤波器。

（2）天线制造商将充分从基站设备商的深度合作中获益。根据全球权威第三方研究机构 ABI Research 发布的 2017 年全球基站天线研究报告《天馈现代化，引领移动宽带网络演进》，经历国内 4G 建设大潮，自 2014 年起全球天线行业排前三位的华为、凯瑟琳、康普的总份额已超过 65%；第四、第五位的安费诺、安弗施拥有超 10% 的全球市场占有总量；京信、通宇、摩比等厂商则占有剩余 20% 的市场份额。

相对于全球市场具有较高的集中度，中国市场则较为分散。随着京信、通宇、摩比、盛路等企业纷纷"出海"，抢占市场份额，中国天线企业的总体产出量占全球市场份额已超出 50%，但研发实力普遍有待加强，在全球市场的角逐中仍缺乏竞争优势，市场份额也较分散。中国目前主要有京信、通宇、摩比、盛路等少数有一定竞争力的天线企业。在全球市场上，EJL Wireless Research 发布的市场研究报告 Global BTS Antenna Market Analysis and Forecast, 2015—2019，除康普（美国）和凯瑟琳（德国）以外，中国天线企业京信的发货量达到 17.3%，位居全球前列，华为、摩比和通宇的发货量份额分别为 14%、9% 和 7%。

同时，伴随着爱立信和诺基亚的 5G 天线采购订单的增加，也让中国企业的海外营收得到了提高。2018 年上半年，京信海外营收增长 97%、摩比增长 93%、通宇增长 102%。从全球市场格局来看，虽然全球天线市场前列中国企业还较少，但中国企业已经在天线市场有自己的一席之地（图 3 和图 4）。

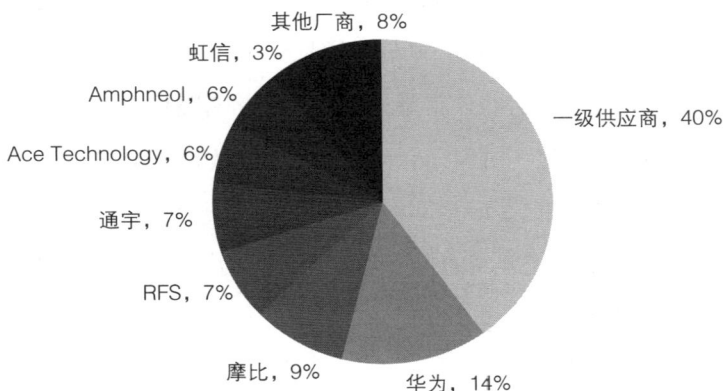

图 3　全球基站天线发货量市场份额

资料来源：EJL Wireless Research *Global BTS Antenna Market Analysis and Forecast，2015—2019*。

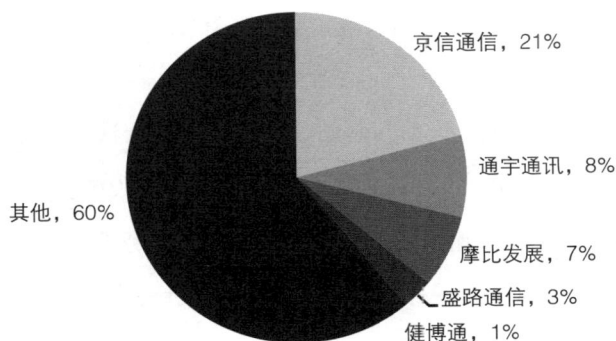

图 4　国内基站天线主要竞争格局和市场份额

资料来源：EJL Wireless Research *Global BTS Antenna Market Analysis and Forecast，2015—2019*。

天线市场的马太效应逐渐呈现，商业模式发生转变。由于 5G 基站天线将与 RRU 集成为 AAU，天线企业的下游客户会由运营商到设备商。考虑到全球通信设备商偏少，市场前 4 位（华为、诺基亚、爱立信、中兴）在基站设备市场占比 90% 以上，几乎垄断全球无线通信市场。

伴随 5G 基站天线价格上升趋势，总体市场规模有望超过 200 亿元。由于 4G 基站组网更密集且引入 2×2MIMO 技术，基站天线数目增加且价格上浮，使得国内基站天线的市场规模由 20 亿元增长至 56 亿元，有源化及系统化的设计方案的 5G 天线发展趋势将使得基站天线的价格有望保持上扬。同时，更密集的组网及 massive MIMO 的引入会使得 5G 天线数目大幅增加。在价格和数量双因素的作用下有望带动天线市场从规模上再上一个台阶。在不考虑小基站的情况下，运营商在天线领域的投资规模预计约为 200 亿元。因此，5G 天线的总体市场规模将可能会超过 200 亿元。

由于 5G 市场招标规则的变化性（5G 天线更趋复杂的天线系统设计难度，使得运营商单独招标在安装测试和维护环节可能存在一定困难，导致天线的集采招标权由运营商转移至设备商环节）及技术门槛的拉高，同时具备天线和射频器件自主开发生产能力、在大规模阵列天线有较多技术储备且能与设备商深度合作掌握更多自主权的龙头型天线企业，将有更多机会获得更大市场，部分研发实力跟不上的中小规模企业面临淘汰或被整合。

随着 5G 时代的来临，天线与基站设备实现更深层次的绑定，与设备商深度合作的上游天线厂商，如通宇通讯、世嘉科技（控股波发特）、摩比发展、京信通信，以及为华为公司天线产品提供精密加工服务的企业，如东山精密、鸿博股份（发布预案收购弗兰德 30% 股权）、立讯精密将可能会有更多的市场争取空间。

（三）轻量化需求推动天线振子升级

天线振子是天线的关键部件之一，是用于放大和接收电磁波的辐射单元，可以使天线接收到的电磁信号更强。不同厂家天线振子的方案、制作工艺、材料及辐射效率都大不相同，对应的电气性能和成本都有较大差异。根据天线的形态，天线振子形态也多种多样，有杆状、面状等；根据加工工艺，有钣金、PCB、塑料等。4G 天线振子的基本类型通常分为半波振子和贴片振子 2 类。

天线振子加工方式主要有金属压铸／钣金、PCB 贴片和塑料振子，传统4G 天线振子多以金属压铸／钣金方式加工为主（图 5），组装更多靠人工，效率低下。

图 5　3G/4G 传统钣金振子

资料来源：射频网。

（1）迈入 5G 时代，天线结构将发生较大变化。一方面，在用量方面，传统基站 MIMO 一般为 2 天线、8 天线或 16 天线模式，5G massive MIMO 以阵列的形式排列，单扇面振子数量达到 64 个、128 个，更高的甚至达到 256 个。此外，一般单个宏基站扇面通常为 3 面，少数可能有 6 面。在这样的场景下，以往金属（金属压铸／铝材冲压）材料重量大、成本高、安装复杂等问题就会暴露出来。另一方面，5G 应用频段大幅上升，钣金和压铸工艺到了 3.5 G、4.9 G 这样的频段已经超过了它所能达到的精度极限。在这个频段，没法达到 5G 天线所要求的电气性能。

为了应对 5G 新型天线的变化，市场上出现 3D 选择性电镀塑料振子方案的全新工艺，通常的塑料天线振子即采用内含有机金属复合物的改性塑料材料，用注塑成型的方式将复杂的 3D 立体形状一次性制造出来，再利用特殊技术使塑料表面金属化。塑料振子在满足天线 5G 电气性能的同时，产品重量得以大大减轻，减少了风险过程工序，也降低了成本。

3D 塑料振子的制造工艺一般指注塑工艺和激光工艺（图 6），其中激光工艺指在新型的塑料件上用激光直接 3D 打印电路板的技术。激光工艺中又分为选择性电镀和 LDS 2 种工艺。LDS 激光工艺适用于小型电子器件，目前最广泛的应用是手机天线和各类智能终端。而选择性电镀激光工艺适用于较大型的设备，包括宏基站天线。3D 塑料振子除了重量极轻，还能满足钣金和压铸工艺无法实现的精度要求。注塑和选择性电镀都是精度非常高的工艺，将它们结合在一起，可以保证天线振子精度满足 3.5 G 以上的高频场景要求。

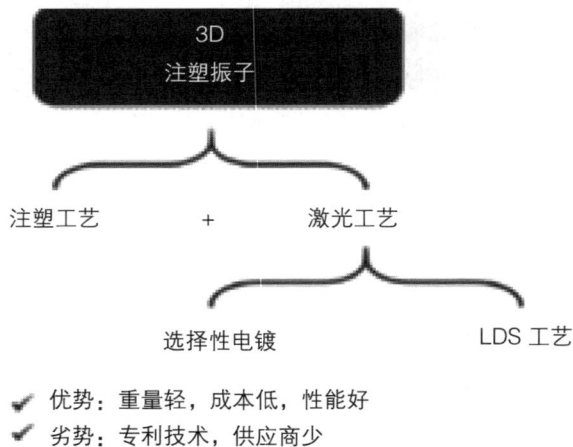

图 6　3D 塑料振子方案的分类

因此，5G 天线振子工艺形成了铸造（压铸）、钣金、PCB 贴片、3D 塑料（注塑＋激光工艺）4 种备选方案（图 7）。尤其是采用选择性电镀工艺 3D 塑料天线振子，因具有小型化、轻型化、性能好等优点，有望成为 5G massive MIMO 场景下的首选方案。同时，由于在加工过程中引入了选择性电镀激光工艺，而使得振子的单体价值也有所提升。

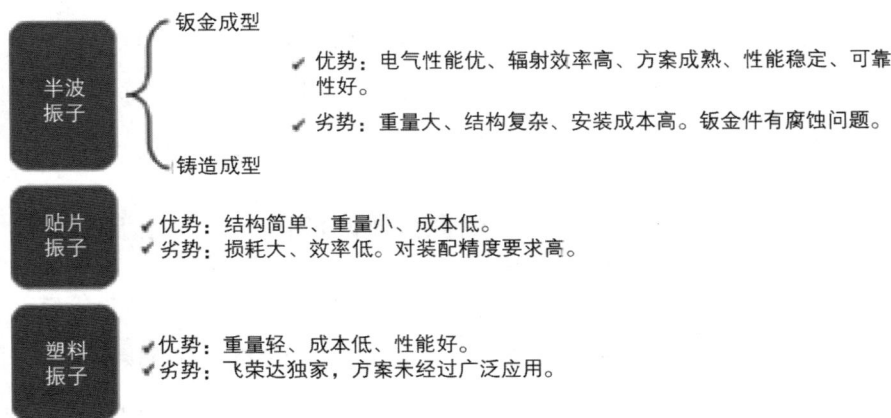

图 7　5G 天线振子存在可能性的备选方案

在未来 Sub 6 GHz 频段内（宏基站场景），3D 立体振子的方案可能替代部分 PCB 贴片的功能。由于 PCB 贴片振子是二维平面的，而工作在 6 GHz 以下的天线要求振子具有立体结构，因此需要用到 2 ～ 3 块 PCB 进行组装、焊接、调测，成本相对较高。而 3D 振子只需要通过注塑直接加工成三维形状，再进行激光电镀，就可以实现立体的馈电结构，具有一体化制造的长处。而在毫米波频段（5G 小基站场景），立体要求相对不高，PCB 贴片振子可能成为主流。

（2）massive MIMO 需要更多的天线振子。从设备商测试情况来看，在热点高容量地区优先选择 64 通道的天线设备，同时因为 192 振子天线设备相比 128 振子在覆盖能力上能提升 1.7 dB，目前设备商测试 64 通道天线大都采用 96 个双极化天线振子，即 192 个天线振子。相较于现有 4G 网络（视天线通道数的不同，一般为 10 ～ 40 个天线振子），5G 天线含有的振子数将大幅增加。

虽然在高频段更容易降低天线振子间的间距，实现多天线的设计及产品的小型化，但其复杂度相较于现网天线产品依然会大幅提升。

5G 时代由于频段更高且采用 massive MIMO 技术，天线振子尺寸变小且数量增加，综合考虑天线性能及 AAU 安装问题，塑料天线振子（部分厂商采用"改性塑料＋选择性电镀"方案）方案具有一定的综合优势，有望抢占原有金属材料天线振子的市场份额。天线振子作为 5G 天线的重要组成部分，银宝山新、硕贝德、飞荣达等是主要厂商，后续可能也会有新的进入者。

（四）小型化及轻量化推动陶瓷介质滤波器或成为主流方案

滤波器是射频单元核心器件之一。随着移动基站支持的网络频段越来越多，滤波器成为射频模块中不可或缺的一部分，天线会将所有能接受到的频段信号都送往射频前端模块，但只希望选择特定频段的信号进行处理的话，此时就需滤波器来消除干扰杂波，让有用信号尽可能无衰减通过，对无用信号尽可能衰减。

微波滤波器种类较多，包括平面结构滤波器、腔体滤波器、陶瓷滤波器、声表面波／体声波滤波器等。其中，腔体滤波器由金属整体切割而成，结构牢固，腔体的品质因素、耦合系数等对滤波性能有较大影响。腔体滤波器按不同状态又可分为同轴腔体滤波器、介质滤波器、波导滤波器、螺旋滤波器（图8）。

目前，基站 RRU 中采用的滤波器通常是金属同轴腔体滤波器，它的原理是通过不同频率的电磁波在同轴腔体滤波器中振荡，达到滤波器谐振频率的电磁波得以保留，其余频率的电磁波则在振荡中消耗掉，有结构稳定、功率容量大、Q 值适中等特点，3G/4G 时代靠低成本和工艺成熟优势成为市场的主流选择。

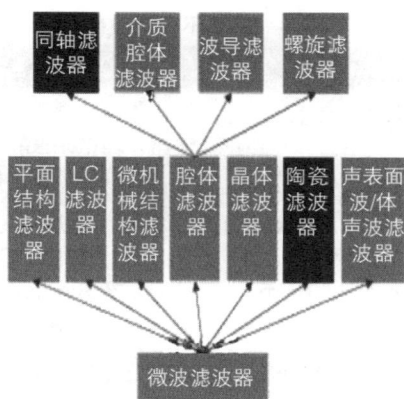

图 8　微波滤波器种类

资料来源：电子发烧友网。

（1）5G massive MIMO 技术对大规模天线集成化和小基站的大规模铺设的要求促使滤波器向小型化和集成化方向演进。未来 5G 基站滤波器存在多种备选方案，小型金属腔体滤波器和介质滤波器各具优势，将成为未来有源天线滤波器的重要备选方案（表 3）。

1）陶瓷（介质）滤波器：陶瓷滤波器无金属腔体，不涉及随体积减小而腔体滤波器通道间零件精度和结构应力等加工工艺难度增大的问题，电磁波谐振发生在介质材料内部，降低了整个滤波器的体积。同时介质滤波器采用高 Q 介质的陶瓷材料，可覆盖更广的频段带宽，是 5G 时代重要的技术方案之一。

2）小型金属腔体滤波器：金属加工工艺的发展进步使得原有的金属腔体滤波器在性能保持相对稳定的前提下缩减滤波器体积和质量，并满足可用于 5G 基站系统的要求。金属腔体滤波器是 3G/4G 最成熟的滤波器方案，在 5G 低频段（如 2.6 GHz）依然有竞争力。

表3　基站不同滤波器

	金属腔体滤波器	介质腔体滤波器	介质滤波器
原理	电磁波在金属腔体中振荡，谐振频率的电磁波得以保留，其余频率电磁波在振荡中耗散掉	结构类似金属腔体滤波器，但电磁波在介质材料制成的谐振器中振荡	电磁波在介质材料内部发生谐振，无金属腔体
尺寸	大，相对介电学数小 举例：98.6 mm × 63.5 mm × 28.7 mm	大，相对介电常数适中 举例：70.6 mm × 55.8 mm × 18.7 mm	小，相对介电常数大 举例：12.1 mm × 8.1 mm × 4.5 mm
温度稳定性	差	好	好
插入损耗	在，Q 值适中	中，Q 值较大	小，Q 值大
工艺	技术成熟 主要制造流程：将金属胚料冲压形成腔体—电镀—将金属胚料冲压成盖子并电镀—组装谐振杆—测试	技术成熟 主要制造流程：与金属腔体滤波器类似	技术尚不完全成熟 主要制造流程：陶瓷块烧结成型—高度研磨—蘸银—顶部打磨—印银层丝—调试—测试—包装
前景	3G/4G 国内主流选择	3G/4G 海外公司主流选择	5G 时代将成为发展主流
成本	高	高	低于前两种

5G 拉动滤波器市场需求，基站侧滤波器市场规模有望达到 230.4 亿～307.2 亿元。按 5G massive MIMO 天线批量阶段出货时滤波器价格 30～40 元 / 个，单扇天线滤波器数 64 个，基站总数 400 万个计算，滤波器市场规模有望达到 230.4 亿～307.2 亿元。

5G 或以陶瓷介质滤波器为主。3G/4G 时代，金属滤波器凭借成熟的技术及良好的性能成为那个时代的主流技术方案，进入 5G 时代，设备商及天线厂商也在研发小型化金属腔体滤波器来满足 5G 需求。

按照单通道计算，小型化金属腔体滤波器的平均重量比介质滤波器重 20% 左右。未来 5G 基站对器件的小型化及轻量化会越来越重视，陶瓷介质滤波器在满足性能的前提条件下，凭借轻量化、抗温漂性能好及小型化优势将成为主设备商主要选择方案之一。

考虑中国移动未来 5G 建设会基于 2.6 GHz 频段，2.6 GHz 频段 16T16R 天线单通道功率要求相比 3.5 GHz 频段 64T64R 天线更高，此时小型金属腔体滤波器更占优势，因此 2.6 GHz 频段下天线可能会选择小型金属化腔体滤波器。

介质波导相比介质腔体性能更好。陶瓷介质滤波器技术方案主要有介质腔体（monoblock）和介质波导（waveguide）。因为介质腔体方案承受功率较小，性能相比介质波导差，目前陶瓷介质滤波器主流技术方案为介质波导。

陶瓷介质滤波器上游材料主要有二氧化钛（TiO_2）、氧化锆（ZrO_2）、氧化铝（Al_2O_3）、碳酸钡（$BaCO_3$）等，陶瓷介滤波器所需原材料量占整体上游原料比例较小，因此这些原材料采购方便。原料合成即陶瓷介质粉体材料配方是决定滤波器性能好坏的关键因素之一，同时介质滤波器生产过程中需全力管控工艺以产出杂质少、缺陷少、晶粒均匀分布的陶瓷，因此陶瓷介质滤波器性能由粉体配方及生产工艺决定。

（2）目前国内滤波器厂商在 3G/4G 时代都是以生产金属滤波器为主，未来升级生产小型金属腔体滤波器难度较小。国内能够生产陶瓷介质滤波器的公司主要有未上市的灿勤科技，上市公司中主要有东山精密（收购艾福电子，布局陶瓷滤波器）、世嘉科技（控股波发特）、武汉凡谷、风华高科（控股国华新材料）、通宇通讯（江佳电子）及北斗星通（佳利电子），港股上市公司京信通信也表示已经有介质波导滤波器生产能力。

海外能够提供陶瓷介质滤波器的主要有美国的 CTS 和日本的 Murata 公司，其中美国 CTS 为介质滤波器鼻祖。

（五）5G 基站天线使用的 PCB 面积和层数都会得到大幅提升

传统 4G 天线内部以馈线连接为主，PCB 用量较少。5G 天线振子会达到

64 个 /96 个，天线振子与 PCB 直连形成 massive MIMO 阵列天线（图 9），PCB 的使用面积大幅增加。与此同时，由于通信信道大幅增加，5G 天线使用的 PCB 也必然更复杂。

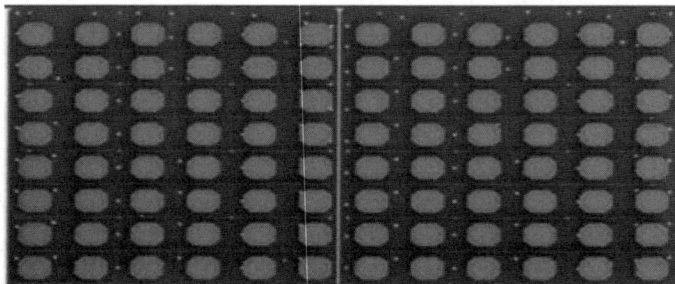

图 9 5G 天线振子需要使用 PCB 进行连接

资料来源：芯智讯。

由于 5G 天线频率的提升，传统的 PCB 板难以满足高频高速的信号传输需求，高频高速 PCB 板预计将广泛应用于 massive MIMO 天线上，单基站 PCB 价值提升不少于 7 倍，拉升天线整体单价。目前，美国 Rogers（罗杰斯）和美国 Taconic（泰康尼克）是主要的高速高频板材供应商。

（1）从产品结构来看，当前 PCB 市场中多层板仍占主流地位。PCB 种类较多，排除封装基板，一般按照材质物理性质将 PCB 板分为刚性板（单面板、双面板、多层板），挠性板，刚挠结合板等。通信领域 PCB 板主要集中在无线、传输、数据通信等应用领域，产品涵盖了背板、高速多层板、高频微波板等。不同于消费电子类 PCB 产品多为挠性板（FPC）和高密度互联印刷电路板（high density interconnector，HDI），通信用 PCB 板多为刚性多层板。

4G 基站仅 RRU+BBU 有 PCB 需求。4G 基站架构主要包括无源天线、射频拉远单元（RRU）和基带单元（BBU），其中无源天线内部主要采用射频线缆连接，RRU 内 PCB 板主要包括射频板，BBU 内 PCB 板主要包括基带板和背板（图 10）。

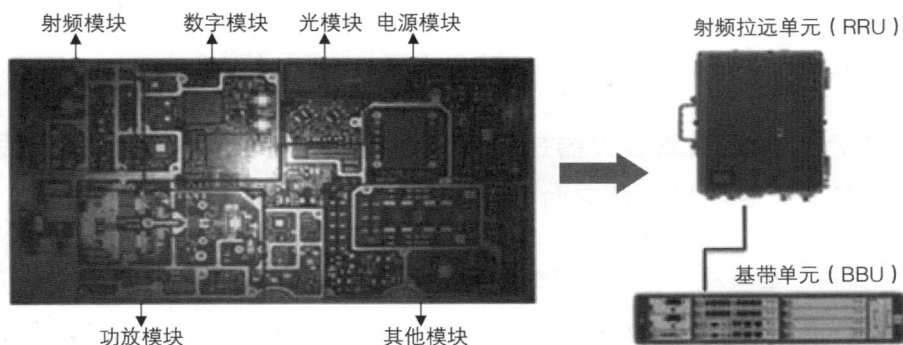

图 10　4G 基站 RRU+BBU 中用的多功能集成 PCB 板
资料来源：深南电路招股说明书。

（2）5G 基站新架构及新技术提升 PCB 需求量。5G 基站架构中无源天线将和 RRU 合成新的单元 AAU，AAU 将包含部分物理层功能，而 BBU 将可能拆分为 CU 和 DU。参考当前 5G 实验网 AAU 设备的设计，预计每个 AAU 将包含 2 块电路板：1 个功分板，1 个 TRX 板。功分板主要集成了功分网络和校准网络，一般为 1 个双层板 +1 个四层板，或者集成在 1 个六层板；TRX 板主要集成功率放大器（PA）+ 滤波器 +64 通道的收发信机、电源管理等器件集成在同一电路板上，一般为 12 ～ 16 层复合板。

考虑到 5G 对天线系统的集成度提出了更高的要求，AAU 射频板需要在更小的尺寸内集成更多的组件。在这种情况下，为满足隔离的需求，需要采用更多层的印刷电路板技术。另外，AAU 射频电路板相较于 4G 时期的尺寸也会更大，考虑到 5G 基站发射功率的提升，工作频段也更高，因此 5G 的射频电路板对于材料的高速性能及高频性能也提出了更高的要求。综合来看，层数增加、尺寸增大、材料要求提升，5G AAU PCB 板的价值量相较 4G RRU PCB 大幅提升。

预计国内 5G 宏基站规模可达 400 万站（对应天线 PCB 1200 万块），除基站侧应用外，PCB 在无线网、传输网、数据通信和固网宽带等各方面均有广泛的应用，并且通常是背板、高频高速板、多层板等附加值较高的产品。深南电路、景旺电子、沪士电子（沪电股份）、广东依顿、崇达技术和珠海方正等是主力供应商，5G 基站 PCB 市场从数量和业绩上都将面临增长。

（六）射频功率放大器是无线发射机的核心部件，用以使无线信号具备足够的发射功率向外辐射

目前，基站用功率放大器主要采用基于硅的横向扩散金属氧化物半导体（LDMOS）工艺。LDMOS 有局限性，氮化镓（GaN）成为中高频段主要技术方向。未来 5G 商用频段主要在 3.5 GHz 附近，LDMOS 技术在高频应用领域存在局限性：LDMOS 功率放大器的带宽会随着频率的增加而大幅减少，LDMOS 仅在不超过约 3.5 GHz 的频率范围内有效，因此在 3.5 GHz 频段 LDMOS 的性能已开始出现明显下滑。

除此之外，5G 基站 AAU 功率大幅提升，单扇区功率从 4G 时期的 160 W（FDD）～ 200 W（TDD）提升到 5G 时期的 240 W 以上，传统的 LDMOS 制程将很难满足性能要求。随着半导体材料工艺的进步，氮化镓（GaN）正成为中高频段 PA 主要技术路线，GaN 技术优势包括能源效率提高、带宽更宽、功率密度更大、体积更小，使之成为 LDMOS 的天然继承者（表 4）。

表 4 基站射频 PA 技术路线比较

	LDMOS	GaN（SiC）	GaN 优势
功率放大器的效率	<60%	>70%	散热好且能效高
击穿电压	75 V	175 V	耐高压
功率密度	1 ～ 1.5 W/mm	4 ～ 8 W/mm	发射功率高
耐用性 / 稳定性	65 ～ 100 V BV，Tj 为 175 ℃环境下 MTTF 小于 100 年	200 V BV，Tj 为 200 ℃环境下 MTTF 小于 100 年	使用寿命长
尺寸	1 x	1/4 ～ 1/6 x	尺寸小
成本	硅（低）	碳化硅（高）	高性价比

资料来源：Macom、Qorvo。

功率放大器市场主要分为终端市场和以基站为代表的通信基础设施市场，相比目前终端市场约 130 亿美元的总容量，基站功率放大器市场规模相对较小，为 6 亿～ 7 亿美元。

（1）目前，GaAs 射频已经形成了完整的产业链。GaAs 衬底生产商包括住友电工、弗莱贝格化合物材料、晶体技术 3 家公司，2017 年合计占据约 95% 的市场份额。英国 IQE 占据了外延片 50% 以上的市场份额。在晶圆代工方面，稳懋为全球龙头，占据了 50% 以上的市场份额，另有宏捷科、GCS 提供代工服务。

在终端功率放大器市场，根据 Yole 数据，2017 年全球 GaAs PA 市场规模达到 50 亿美元，同比增长 42.9%，预计 2023 年将达到 70 亿美元，目前这一市场仍是 Skyworks、Qorvo 和 Avago 3 家企业寡头竞争的局面，合计占据了 90% 左右的市场份额，其中 Qorvo 覆盖的产品链最全。

（2）massive MIMO 天线要求器件小型化，GaN 尺寸为 LDMOS 尺寸 1/6 ～ 1/4。GaN 相比 LDMOS 每单位面积可将功率提高 4 ～ 6 倍。也就是说，相同发射功率规格下，GaN 裸片尺寸为 LDMOS 裸片尺寸的 1/6 ～ 1/4。受基站内功率放大器尺寸要求和材料能量密度的限制，LDMOS 在 3.5 GHz 附近最大发射功率会大幅下降，导致需要更多 LDMOS 器件，基于此，GaN 具有更高功率密度特性，能够实现更小器件封装，因而非常适用于 5G 的 massive MIMO 天线系统。

参考目前实验 5G 基站的上游采购价格，当前用于 3.5 GHz 频段的 5G 基站，采用 LDMOS 工艺的功率放大器单扇区的价格大约超过了 400 美元，采用 GaN 工艺的功率放大器价格更是超过了 700 美元。而当前 4G 功放单扇区的价格为 200 美元左右，5G 功率放大器的价格达到了 4G 时期的 2 ～ 3.5 倍。

GaN 虽然性能出众但成本昂贵，预计初期 5G 功放可能会以 LDMOS 与 GaN 混合为主，后续成本下降后可能被 GaN 完全替代。考虑到功率放大器行业的垄断性，5G 规模建网期间降价空间可能比较有限。

传统基站 LDMOS 功率放大器领域，主要由恩智浦（NXP）、飞思卡尔（Freescale）和英飞凌（Infineon）3 家公司垄断，2015 年 NXP 完成收购 Freescale，为了规避反垄断调查，NXP 便将自己的 RF Power 部门以 18 亿美元出售给中国的北京建广资本，收购的恩智浦 RF Power 部门改组为 Ampleon 公司，近年 Ampleon 在全球基站功率放大器领域的市场占有率位居前列。

在 5G 时代，除了 NXP、Ampleon、Infineon 传统功放三强外，Qorvo、住友等 GaN PA 公司会成为主要供应商，而国内 GaN PA 的半导体设计公司也注定将成为重要的参与者。在技术上，国内 GaN PA 设计公司和国外公司之间的差距非常小，欠缺主要在规模生产的运营和质量管控能力上，需要快速突破。

截至目前，在 Sub 6 GHz 的 5G 基站中商用的 GaN PA 主要是 SiC 基 GaN，SiC 基 GaN PA 用于 Sub 6 GHz 还未获得普遍认可。由于 SiC 基 GaN 低成本的前景，ST、Macom 等公司仍在进一步研究，其机会点可能在于毫米波 GaN PA、小基站 PA、宏基站的驱动级及手机 PA。

由于国内对第三代半导体的重视比较早，已经在 SiC 和 GaN 方面实现了从衬底、外延片到功放模块全产业链的布局，供应的安全性大大提高。

（七）5G AAU 内射频连接以板对板盲叉连接器为主

3G/4G 时期，天线与 RRU 之间、天线内部天线振子与射频器件相连都是通过馈线连接馈电网络方式存在，天线与 RRU 之间的射频馈线主要包括主馈线和跳线，跳线为基站天线和主馈线、主馈线和 BTS 之间提供连接，一般为 1/2" 电缆；主馈线为机房到天线平台之间连接，一般采用 7/8" 电缆。天线内部馈线主要为半柔电缆。

5G 时代通道数变多及天馈一体集成化，射频连接以板对板盲叉连接器为主。5G 时代天线有源化，AAU 内功分网络和基带处理板将以 PCB 形式存在，传统馈线连接方式已不能满足需求，此时板对板之间需要由射频连接器进行连接。

　　盲插型连接器分别电连接在天线射频通道的输入端和收发组件的输出端口，盲插型连接器的种类和形式较多，可以自由远型。SMP 板对板连接器组件是一个浮动的结构，由一个与 PCB 焊接连接的 snap 座子，另一个与 PCB 焊接连接的 slide 座子及中间的转接器 bullet 构成。两个座子分别焊接在两块 PCB 板上，三个连接器与两块 PCB 板组成一个连接器电路板组件（图 11）。

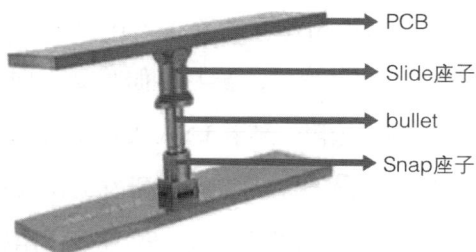

图 11　5G AAU 中射频连接通过 SMP 连接器进行电连接
资料来源：雷迪埃。

　　境内外连接器主要供应商分布。境内连接器主要供应商包括西安华达、金信诺、中航光电（电连接器产品在航空领域市场占有率达 60%）、通茂电子（6908 厂子公司）、中国电子科技集团公司第五十五研究所等。境外连接器主要供应商包括美国 TE Connectivity（泰科电子）、美国 Amphenol（安费诺）、德国 Rosenberger（罗森伯格）、法国 RADIALL（雷迪埃）等。

（八）随着 5G 发展，无线电前端的性能在 RF 接收器信号路径中越来越重要，特别是对于低噪声放大器

　　低噪声放大器（low noise amplifier，LNA）是接收机的关键模块，决定了整个接收机的灵敏度，低噪声放大器必须在噪声系数很低的同时满足线性度的

需求。目前，在中低端射频系统中已经实现将 LNA 完全集成到 RFIC 上，但是在高端射频系统（如在 iPhone 的一些型号中）使用了片外 LNA 模组以满足系统对于性能的需求。

在无线应用中，低噪声放大器是一种有源网络，用于 RF 弱信号放大，使接收器能够对其进行处理。在接收链中，天线之后的第一个放大器对系统噪声系数的影响最大，任何放大器都会对理想信号产生额外的噪声和失真，RF 低噪声放大器（RF LNA）则是在尽可能不增添失真和噪声的前提下，提高所需 RF 信号的幅值。

有许多高性能 LNA 适用于几 GHz 的较低频率（如 2.4 GHz 和 5 GHz 频段），但它们不能满足 5G 前端的复杂要求，新工艺推动 LNA 向 5G 应用迈进。由于硅基 LNA 似乎已达到其性能极限，随着 LNA 正在使用更新的半导体材料和工艺来满足 5G 性能规格的苛刻要求，供应商在研发上投入了大量资金及基于硅锗（SiGe）、砷化镓（GaAs）和绝缘体上硅（SOI）等新型 IC 材料和工艺技术来满足更低噪声和失真性能的需求，这些材料提供更高的电子迁移率、更小的几何形状和更低的泄漏。例如，Infineon Technologies、Skyworks Solutions、Analog Devices 等都采用 SiGe 工艺，MACOM Technology Solutions Holdings（MACOM）推出的 MAAL-011078 则是一种具有高动态范围和超低噪声系数的 GaAs 单级 LNA。

前端的重要性不容小觑，因为它在很大程度上决定了信号强弱和可实现误码率的最终系统性能。如果 LNA 性能不足，那么在电路和接收通道管理方面的剩余设计工作将无法满足 5G 性能。5G 设计将会占用新的电磁波谱块，但一些初始实施仍将低于 6 GHz。大多数 5G 系统将在毫米波频带运行，在美国可使用 27 ～ 28 GHz 和 37 ～ 40 GHz 频带。一些初步分配的频带甚至高于 50 GHz。由于存在技术挑战，第一批毫米波实施将使用 27 ～ 28 GHz 频带。

（九）射频开关负责接收、发射通道之间的切换，目前射频开关主要采用 RF-SOI 技术

2010 年 GaAs 射频开关是主流技术，2011 年智能手机中还未使用 RF-SOI 产品。RF-SOI 产品因性能和功耗相当而将成本下降 30%、die 尺寸减小 50%，不到 5 年时间替代 GaAs 开关。日本市场调研公司 Navian 数据显示 90% 的射频开关基于 RF-SOI 制造。尽管射频开关出货量巨大，但市场竞争激烈，价格压力较大。目前，智能手机中均有 RF-SOI 产品，5G 时代基于 RF-SOI 的射频开关使用数量还将继续增加。

Yole 数据显示 2016 年全球绝缘体上硅（silicon on insulator wafer，SOI）市场规模 4.293 亿美元，预计 2022 年将达到 18.593 亿美元，2017—2022 年，CAGR（compound annual growth rate，复合年均增长率）是 29.1%。市场驱动力主要来自消费电子市场增长带来的需求提升。SOI 衬底大约占硅衬底市场规模 6%。按产品类型来看，射频前端占据 SOI 市场的最大份额。预计未来仍有较大幅度的增长。

（1）厂商希望采用 SOI 将射频开关和 LNA 集成到一起，可能会用 300 mmSOI 晶圆实现。SOI 技术具备集成毫米波 PA、LNA、移相器、混频器的潜力。RF-SOI 衬底制造主要有法国 Soitec、日本信越、中国台湾环球晶圆和上海新傲科技。Soitec 是"智能剥离（smart cut）"技术的拥有者，RF-SOI 衬底的最大供应商，拥有 70% 的市场份额。Soitec 生产 200 mm 和 300 mm RF-SOI 晶圆衬底，日本信越和中国台湾环球晶圆也基于 Soitec 的技术生产 200 mm 和 300 mmRF-SOI 晶圆衬底，上海新傲科技生产 200 mm RF-SOI 晶圆衬底。

（2）格罗方德（美国）、TowerJazz（以色列）、中芯国际、华虹宏力、中国台积电和中国台联电等晶圆代工公司在扩大 200 mm 或 300 mm 晶圆 RF-SOI 工艺产能。格罗方德推出包括 130 nm 和 45 nm 的 300 mm 晶圆 RF-SOI 工艺；中芯宁波将承接中芯国际的 RF-SOI 或其他 SOI 工艺技术；华虹集团旗下的上海

集成电路研发中心进行 SOI 技术开发，华虹宏力的 0.2 μm RF-SOI CMOS 工艺已经量产；中国台积电和中国台联电计划进军 300 mmRF-SOI 晶圆；设计公司 Cavendish Kinetics 推出了基于 RF MEMS 技术的射频开关，在未来可能成为挑战者。

附表 1　全球运营商 5G 计划时间

区域	国家 / 地区	运营商	5G 部署
亚太地区	中国（包括香港、台湾地区）	中国移动	中国移动已在 2019 年推出 5G 服务
		中国联通	中国联通计划在 2020 年商用 5G 服务
		中国电信	中国电信计划在 2020 年推出商用 5G 服务
		中国移动（香港）	中国移动香港公司在 2018 年 8 月完成 5G 测试，并计划 2020 年推出 5G 服务
		中华电信（台湾）	中华电信计划 2020 年在台湾推出 5G 服务
		亚太电信（台湾）	亚太电信计划 2020 年在台湾推出 5G 服务
	日本	NTT Docomo	NTT Docomo 计划 2020 年东京奥运会推出 5G 网络
		软银	软银计划 2020 年之前部署 5G
	韩国	SK 电讯	SK 电讯已于 2019 年 4 月在韩国推出 5G 服务
		韩国电信	韩国电信已于 2019 年 4 月在韩国推出 5G 服务
		LG Uplus	LG Uplus 已于 2019 年 4 月在韩国推出 5G 服务
	澳大利亚	Optus	Optus 宣布 2019 年 2 月已部署 5G 固定无线网络
		Telstra	Telstra 计划分三阶段进行 5G 网络部署，并预计在 2020 年实现全面部署
	新西兰	Spark	Spark 计划从 2020 年开始提供 5G 移动服务
		沃达丰	沃达丰计划 2021 年前在新西兰推出 5G 服务
	菲律宾	PLDT	PLDT 计划在 2020 年推出商用 5G 服务
		Globe Telecom	Globe Telecom 计划于 2019 年第二季度推出商用 5G 网络
	印度	BSNL	BSNL 计划 2020 年在印度推出 5G 服务
	泰国	TrueMove	TrueMove 计划 2020 年在泰国推出 5G 服务
	斯里兰卡	SLT（Mobitel）	SLT 计划 2020 年之前在斯里兰卡推出 5G 网络

区域	国家/地区	运营商	5G 部署
	科威特	Viva	2019 年 6 月 15 日宣布在科威特商用发布 5G 网络服务
北美地区	美国	AT&T	AT&T 于 2018 年年底在美国十几个城市推出 5G 服务
		Verizon 无线	Verizon 已于 2019 年 4 月在芝加哥和明尼阿波利斯开启了 5G 无线网络
		T-Mobile US	T-Mobile US 计划于 2019 年开始 5G 网络部署并于 2020 年实现全国覆盖
		Sprint	Sprint 于 2019 年 5 月 31 日宣布正式启动 5G 网络商用
	加拿大	Telus	Telus 计划在 2019—2020 年部署 5G
欧洲地区	俄罗斯	Megafon/Yota	Megafon 在 2018 年世界杯举办场馆已经部署了 5G 试验网，并计划进行全面 5G 部署
		MTS	MTS 预计将在 2020 年推出 5G 服务
		Rostelecom	Rostelecom 计划 2019 年在俄罗斯推出商用 5G 网络
	英国	EE/BT	EE/BT 计划 2019 年在英国推出 5G 服务
		沃达丰	沃达丰计划 2020 年在英国推出 5G 服务
		O2	O2 计划从 2020 年开始推出 5G 服务
	德国	德国电信	德国电信计划在 2020 年进行 5G 全面部署
		西班牙电信（O2）	西班牙电信计划 2021 年在德国进行 5G 部署
	法国	Orange	Orange 计划 2020 年之前在法国部署 5G
		SFR	SFR 计划 2019 年在法国部署 5G 网络，并于 2020 年推出商用服务
	西班牙	西班牙电信（Movistar）	西班牙电信计划 2021 年在西班牙推出 5G 服务
		Orange	Orange 计划 2019 年使用 3.5 GHz 频段在西班牙 4 个城市进行 5G 部署
		Masmovil（Yoigo）	Masmovil 正在部署 5G 就绪设备升级其西班牙网络

续表

区域	国家/地区	运营商	5G部署
欧洲地区	瑞士	瑞士电信	瑞士电信2019年5月宣布正式提供5G商用服务
		Sunrise Communications	Sunrise预计将于2020年全面提供5G服务
		Salt Switzerland	Salt Switzerland将于2020年推出5G服务
	瑞典	Tele2	Tele2计划2020年在瑞典推出5G服务
	芬兰	DNA	DNA计划2019年在芬兰推出5G服务
		Elisa	Elisa于2018年12月正式宣布商用5G网络
	意大利	意大利电信（TIM）	意大利电信计划2020年进行5G全面部署
	克罗地亚	T-Hrvatski Telekom	T-Hrvatski Telekom计划2020年在克罗地亚推出5G服务
	葡萄牙	沃达丰	沃达丰预计将于2020年在葡萄牙推出商用5G服务
	爱尔兰	沃达丰	沃达丰计划2020年在爱尔兰推出5G服务
	波兰	Orange	Orange计划2019年开始在波兰进行5G测试，并于2020—2021年进行网络部署
	拉脱维亚	LMT	LMT计划2020年推出5G商用服务
	罗马尼亚	Orange	Orange计划2020年在罗马尼亚推出5G服务
	斯洛伐克	Orange	Orange计划2020—2022年推出5G服务
南美地区	巴西	Claro	Claro计划2020年在巴西推出5G服务
非洲地区	南非	Comsol	Comsol计划2019年在南非推出5G服务

资料来源：C114通信网，并依此整理更新。

中国智慧互联投资
发展报告（2019）

全球 5G 商用竞赛，
一场超越通信技术的博弈

黄达斌 | 北京红山信息科技研究院总经理

4G 改变生活，5G 改变社会。基于 4G 的海量应用已经给我们的工作和生活带来前所未有的便利。5G 将开启万物互联的新时代，成为传统行业数字化转型、创新业务和商业模式孵化的平台，以及整个社会发展进步的新引擎。

正是基于对 5G 的深刻认识，全球各国政府、运营商、设备商都在积极推动 5G 的标准化进程和商用部署，以期能够在全球 5G 竞赛中博得头筹，占据有利的技术和市场地位。近期不断升级的中美贸易战频现 5G 的身影，美国政府甚至不惜一切手段制裁中国的 5G 企业，影响中国的 5G 商用进展，充分体现了 5G 商用的竞争已经远远超越通信技术本身，成为通信强国政治、经济和技术的全面博弈。

那么，在这场全球范围的 5G 博弈中，通信强国的 5G 商用进展和策略是什么？谁在抢跑？谁又会最终胜出？我们不妨从 5G 标准、5G 频谱、4G 网络基础、5G 供应商结构、5G 商用进展及战略等五个维度来全面分析一下。

一、5G 标准必要专利中国占比超过 1/3

在产品未动、标准先行的移动通信行业，很早就流传着这样一个说法：一流的企业做标准，二流的企业做技术，三流的企业做产品。谁掌握了制定标准的必要专利，谁就掌握了行业竞争的主导权，因而标准必要专利既是企业技术创新实力的集中体现，也是通信强国博弈的焦点。

标准必要专利（standards essential patents，SEP）是指厂家在制定标准的过程中提交的技术提案里的专利不可替代，或是说在产品依据 3GPP 或其他标准开发时在技术层面无法避开，这类专利就被称为 SEP。

美国和欧洲企业掌握了 3G 和 4G 标准的主要专利，全球其他国家不得不向美国和欧洲企业支付巨额的专利使用费，如 4G 智能手机出厂价格的约 2%

是专利使用费。

高通以强大的研发实力和高昂的专利费而闻名，专利授权是其主要的利润来源。2018 财年，高通专利授权部门 QTL 收入为 51 亿美元，占高通 2018 财年总收入的 23%，但专利净利润高达 35 亿美元，占高通总利润的 54%。在高通结束与苹果漫长的专利诉讼纠纷后，至少要从苹果获得高达 45 亿美元的和解费，手机巨头苹果公司在专利面前也不得不接受高通的苛刻专利授权费要求，足见专利的重要性。

5G 专利许可收费目前处于启动阶段，少数专利权人公布了对手机行业的许可费率，仍然占据手机销售利润较大的比重。高通 5G 专利收费标准：对仅支持 5G 的手机按整机售价收取 2.275% 的费用，支持 3G/4G/5G 全网通的机型按整机售价收取最低 3.25%、最高 5% 的专利费用，单个设备封顶价格为400 美元；诺基亚 5G 专利收费标准：每台整机收取 3 欧元；爱立信 5G 专利收费标准：对高端手持设备，5G 专利许可费设定为 5 美元 / 部，对低端手持设备，许可费最低低至 2.5 美元 / 部。

5G 标准必要专利分布，中国企业占比超过 1/3。据德国专利数据分析公司 IPlytics 发布的名为 *Who is leading the 5G patent race？* 的报告显示，截至 2019年 4 月，中国企业申请的 5G 相关 SEP 件数占全球 SEP 专利数量的 34%，位居全球第一。其中，华为拥有 15% 的专利，中兴通讯占到 11.7% 的份额；韩国占比 25%，三星和 LG 分别拥有约 13% 和 12% 的占有率；美国占 14%，其中高通和英特尔分别拥有超过 8% 和 5% 的份额；芬兰的诺基亚占比 14%；瑞典的爱立信约占 8%；日本接近 5%；中国台湾、加拿大、意大利和英国各占不到 1%。

除华为、中兴以外，跻身全球前 10 位的中国企业还有中国电信科学技术研究院（即大唐电信），OPPO 虽然没有排在前 10 位，但它以 207 件的 SEP 专利数量排第 11 位。

在 4G 领域，中国和韩国各持有全球约 22%的专利数量，大量专利在欧美企业手里。而在 5G 领域，中国公司的 SEP 占比提升到 34%，意味着中国通信企业已经深度参与到 5G 标准的制定过程中，且逐渐占据主导地位。这与政府的引导与支持，中国厂商的 5G 研发投入、雄厚的研发实力及中国 4G 市场稳步发展都密不可分。目前，华为研发投入已超过国外主要竞争对手的研发投入总和，中兴在 2018 年异常困难的经营局势下，仍保持研发队伍稳定，坚持推动 5G 技术研发，并保持了技术和产品发展的良好势头。

拥有大量 SEP 的企业将具备以下明显优势：①可以收取专利费，创造庞大的财源；②能以更低成本打造 5G 基站、手机等设备，以更低成本建设 5G 网络，促进产业发展；③如果企业拥有的 SEP 数量多，重要性高，还能通过交叉授权，免费使用对手的技术专利。

5G 时代中国企业可将自身拥有的专利作为筹码，与其他拥有 SEP 的公司进行交叉授权，如将系统与终端的标准必要专利进行捆绑洽谈，从而免除大量的 5G 系统与终端专利支出，甚至还可以从对外专利授权中获利，从而提高中国企业 5G 产品的市场竞争力。

3G 跟随，4G 并跑，5G 引领是中国通信力量在全球标准中角色变化的真实写照。在 5G R15 标准制定过程中，中国无疑成为重要的贡献者，其中又以华为和中兴 2 家企业的表现最为突出。

二、中频段是 5G 建设初期的主流，毫米波存在诸多限制

5G 网络的容量和覆盖与使用的 5G 频谱资源密切相关。通常来说，频段越高，可用的频谱资源越多，5G 系统能够到达的峰值速率越高，但基站的覆盖能力也越差。全球 5G 频谱的分配和协调经过多年的探索和实践，最终分为

Sub 1 GHz 低频段、Sub 6 GHz 中频段、mmWave 高频段 3 个区间。长期来看，Sub 1 GHz 覆盖最好，但频谱资源和带宽有限，通常主要用于 uRLLC 业务和乡村广覆盖；Sub 6 GHz 兼顾覆盖与容量，是城市和郊区 5G 网络部署的主流频段；mmWave 可以提供超高速的接入，通常仅用于网络热点容量层或固定无线宽带接入。三者各有优势，互为补充。

综合中国、日本、韩国、欧洲的 5G 频谱分配情况来看，中频尤其是 3.3 ～ 3.8 GHz 频段很好地兼顾了 5G 网络部署初期的覆盖和容量需求，是当前阶段发展速度最快、产业链最为成熟的频段。在已经发放 5G 牌照的韩国、中国和欧洲部分国家里，多数运营商均能够获取 100 MHz 带宽左右的中频段 5G 牌照，使运营商能够以合理的投资规模快速完成城市的 5G 覆盖。

美国 5G 商用的频段主要是 28 GHz 高频部分，高频段的优点是系统容量高，但信号穿透损耗大，覆盖范围小，主要适用于城市热点的局部部署，无法形成全国性的广覆盖；而高容量、能覆盖大片地理区域的中频段则是决定 5G 覆盖更大范围的关键。因此，正如 CITA 总裁兼 CEO Meredith Attwell Baker 所表示的，FCC 在释放高频频谱方面行动异常迅速，现在的重点在于中频频谱，这也是为什么美国宣布商用后不但可接入范围小，网络质量也很不理想。

美国的 Verizon 和 AT&T 都只有高频段毫米波，Sprint 只拥有 2.6 GHz 中频段，T-mobile 只拥有 600 M 低频段，而中国三家运营商都有相对丰富的中频段资源。

根据 PCMAG 的实测数据：Verizon 5G 采用 28 GHz 频段，载波带宽为 400 MHz，使用爱立信的设备。综合评测下来，在室外环境下，基站的有效覆盖范围为 100 ～ 150 米，下载速率为 7 ～ 900 Mbps；室内情况下，Verizon 的 5G 毫米波信号几乎无法抵达，穿墙后的下载速率从 600 Mbps 陡降至 41.5 Mbps，而 4G 的下行速率变化不大，可见毫米波的穿透损耗确实很大。

而韩国 KT 的 5G 采用的是 3.5 GHz，载波带宽 100 MHz，即可实现 1 Gbps 的峰值速率。同样都是爱立信的设备，理论上 400 M 带宽的速率应该是 100 M 带宽速率的 4 倍，为什么 Verizon 28 GHz 用 400 M 带宽都达不到 1 Gbps？ 主要原因在于高频毫米波的技术实现起来相对 3.5 GHz 复杂很多，基于高频的 massive MIMO 技术未引入，QAM 调制阶数较低，基于高频的终端产业链和性能较不成熟等多方面原因。总而言之，当前基于高频的 5G 产业链相对 3.5 GHz 来说都较弱，尚存在较多需要持续改进的地方，尚未进入大规模商用部署的阶段。

2019 年 5 月 20 日美国 FCC 批准了 T-mobile 和 Sprint 的合并。二者合并后 Sprint 拥有的 2.6 GHz 中频段，T-mobile 拥有的 600 MHz 低频段和高频毫米波可以进行低、中、高频段三层组网，以此来弥补 Verizon 和 AT&T 均在毫米波上做 5G，只能覆盖城市热点而无法做到全国广覆盖的劣势，从而可以建成一张广覆盖大容量的 5G 网络，以此可以对标中国 5G。事实上，在 T-mobile 和 Sprint 提交给监管层的申请报告中多次对标中国 5G。

三、移动基础设施规模直接决定 5G 建设速度和发展空间

在频谱拍卖后，获得牌照的运营商还需要建设大量 5G 基站，才能开始提供 5G 服务。

鉴于 5G 网络的主流频段高于 4G 网络，5G 站点的部署密度通常要比 4G 大，为了尽可能降低 5G 网络的部署成本，运营商通常期望最大限度地利用现有网络基础设施来加速 5G 网络的部署进程。丰富的站点基础设施和光纤资源对 5G 的建设速度和规模至关重要，甚至直接影响后续的发展空间。

在美国，基站建设一直是其弱势，这和美国的私有土地制度有很大的关系。由于土地是私有的，运营商在建设基站时需要很高的沟通成本。而且，美国运营商在不同州进行网络建设时，也会涉及州政府拥有的土地，而这需要多

方面的政策支持。根据美国无线通信和互联网协会（CTIA）的内容显示，美国全国只有 15.4 万座基站塔。Verizon、Sprint、AT&T 和 T-mobile 4 家最大的运营商加起来总共有 20 多万站。这个数量相对于美国的国土面积和人口来说真的不算高。

接下来我们看看日本和韩国，韩国三大运营商的 4G 站点加起来有 16 万多，日本三大运营商 4G 站点总和约 56 万，且日本与韩国的光纤资源非常丰富，C-RAN 组网架构比例也位居世界前列。2019 年 4 月 3 日，韩国三大运营商宣布商用 5G 时，已建成近 8 万 5G 基站，这与其 4G 基站的规模和站点基础设施资源密不可分。

再来看中国，截至 2018 年年底，中国拥有 4G 基站 427 万，占全球 4G 基站总数的约 60%。据汇丰环球预计，中国铁塔 2019 年资本支出的初步安排为 300 亿元，中国 5G 基站至 2019 年增加 11.6 万个，估计至 2024 年中国 5G 基站总计共 439.8 万个。

除此之外，基础设施的多少和新建成本还会影响网络性能和客户体验。德勤的调查数据显示：每 10000 个美国人有 4.7 个基站，而在中国，相同人数享有 14.1 个基站，中国的 FTTH 覆盖率为 88%，而美国只有 27%。

由于中国已经有密集的 4G 网络，5G 网络的建设会最大限度地利用现有 4G 站点，所以中国可以快速推出全国覆盖的 5G 网络，而美国由于在基础设施方面大幅落后，新建的成本太高，难以快速规模部署 5G。

在 2019 年国际消费类电子展上，FCC 委员 Brendan Carr 也表示，美国还需要新建更多的基站，这方面中国的部署速度几乎是美国的 12 倍，联邦通信委员会致力于监管改革，让私营部门投入到建设中，确保美国 5G 领先地位。

四、充分竞争的供应商格局更有利于未来的发展

自从北美设备厂商 MOTO 和北电消亡，加之后续诺基亚和阿郎合并，当前主流的通信设备厂商以华为、爱立信、诺基亚和中兴构成四足鼎立的局面，三星一直都不是主流的供货商。

美国没有制造 5G 网络设备的公司，但在通信基础建设中还十分排挤中国企业的加入，如华为和中兴。这就使得美国运营商在设备方的选择上较为局限，十分依赖诺基亚、爱立信和三星等几家公司。美国在这一环节的产业链中较为被动，因此建造基础设施的成本和后期的运营成本都会相对更高。5G 网络建设需要高昂的成本，这最终传至用户端，也会抬高用户的使用成本，阻碍5G 网络在市场上的推动。

如果说系统设备的不开放影响的更多的是运营商的话，那么终端市场的封闭将会直接影响消费者和整体网络后续的发展空间。目前，美国 5G 市场发售的主要是三星、MOTO 的终端，一方面款式选择空间太小，另一方面价格高企也不利于用户推广和垂直行业的落地。众所周知，三星主要定位在高端机，MOTO 在智能机市场折戟后此次重返又能有多少胜势？如果终端市场没有性能和量的双提升，很难快速扩大 5G 用户规模。

从目前发展情况来看，中国厂商在核心技术、核心产品的突破和创新上比西方厂商更加优秀。中国企业申请的 5G 相关 SEP 件数占全球 SEP 专利数量的34%，位居全球第一。除此之外，华为、中兴都已经在核心专用芯片领域领先自主研发，且规格和性能都走在了行业前沿。华为于 2019 年年初发布了天罡芯片，实现集成度更高的 AAU 产品。中兴两款自研芯片分别是多模基带芯片和数字中频芯片，前者是真正意义上的 2G、3G、4G、5G 多模融合灵活组网的"软基带"芯片，并具备完备的基带，天线 / 以太网接口及其交换等核心功能支持基站单芯片解决方案，是全球集成度最高的基带处理芯片。在终端芯片

方面，近些年随着华为、紫光等更多厂商的加入，传统芯片巨头高通的地位已经被动摇。根据 IDC 统计，2018 年全球智能手机发货量中有超过 60% 的智能手机来自中国厂商。2019 年以来，中兴、华为、OPPO、小米、一加等中国手机厂商已经先后发布其 5G 手机；而作为 4G 时代的引领者，苹果在 5G 的布局上稍落后了一步，曾表示将至少到 2020 年之后才会推出 5G 智能手机。中国移动已经表示 2019 年将采购万台终端并进行 1 ～ 2 亿元的补贴，根据预测，到了 2020 年 5G 手机将降到 1000 元档位，这无疑是对 5G 消费者市场的重大利好。相较于中国市场的火热，美国市场在网络设备和终端方面要沉寂很多，高频段，厂商少，那么性能的提升和终端成本下降都将是长期存在的挑战。

也许是看到了类似的弊端，欧洲市场并没有完全对中国厂商关闭大门，日韩市场在 4G 时代就已经引入了中国厂商且取得显著的收益。总之，5G 相对于 4G 来说有更广阔的空间，运营商在合作伙伴的选择上应该更加注重技术创新和增长潜力，以及营造一个充分竞争的市场环境，这对于促进厂商技术创新和保持长久的竞争力非常关键。未来，中国市场及中国厂商对于全球 5G 生态的推动会发挥更大的作用。

五、通信强国 5G 商用进展情况

（一）韩国 5G 商用 69 天用户数破百万

2019 年 6 月 12 日，据韩国科学技术信息通信部称，韩国 5G 用户已突破 100 万人，约占韩国人口总数的 2%，距离韩国 5G 商用仅有 69 天。韩国自 2019 年 4 月 3 日商用 5G 后，每天都有 15 000 ～ 20 000 个 5G 用户入网。

这一速度超出了业界预期，在 2011 年的 4G 时代，韩国运营商用了 3 ～ 5

个月时间才达到 100 万 4G 用户数大关。韩国 5G 为啥跑得这么快？原因有三个，具体如下。

1. 网络与终端空前同步

4G 时代，2008 年 3 月首版 LTE 标准冻结，2009 年首张 LTE 网络推出，到 2011 年才有首部支持 4G 的手机上市。

但 5G 时代，网络与手机终端的发展几乎同步。2019 年 4 月 3 日，韩国三大运营商宣布商用 5G 时，已建成近 8 万个 5G 基站，并同步推出了三星 Galaxy S10 5G 手机，还邀请了一众明星人物成为 5G 首批用户，助阵 5G 发布。

路修好了，车同时上路，这是韩国 5G 快速发展的原因之一。

2. "疯狂"终端补贴

避免过度竞争，这是韩国电信监管部门在 5G 时代常挂在嘴边的话。网络同时建，商用同时发布，连 5G 套餐资费也基本一样，韩国电信监管部门为了避免韩国三大运营商过度竞争，可谓煞费苦心。但即便如此，也无法阻止韩国人老爱争第一的"毛病"。

5G 资费都一样是吧，不怕不怕，咱们还有最厉害的武器——终端补贴。5G 手机很贵，动辄近万元（人民币），如韩国 5G 于 2019 年 4 月商用时，同时发布的 Galaxy S10 5G 手机 256 GB 版本售价为 1 397 000 韩元（约为 8259 人民币），512 GB 版本售价为 1 556 500 韩元（约为 9202 人民币），这个价格确实有点贵。韩国运营商们当然很清楚，5G 套餐资费比 4G 更便宜，这不是 5G 用户发展的拦路虎，最大的门槛是用户不愿意掏钱买这么贵的 5G 手机，那就多给些终端补贴。

于是，运营商 LG U+ 可谓想用户之所想，急用户之所急，首先推出了折扣优惠，购买 Galaxy S10 可享受 35% 折扣。SKT 当然不服，随即将折扣优惠调整到 40%，这样，竞争就开始越演越烈。到 LG 推出 V50 ThinQ 时，韩国三大运营商提供的折扣优惠高达 50%，也就是说，8000 元的 5G 手机，现在 4000 元就可以到手了，目前 4G 手机也要这个价吧，用户还有什么理由不给自己换个 5G 手机呢？这还没有完，一些代理商、零售商渠道甚至免费送 5G 手机。

为此，韩国通信委员会召集 SKT、KT 和 LG U+ 的高管，警告他们不要过度竞争，特别警告不能提供非法补贴，以避免削弱市场的整体公平性，如果发现任何违法行为，将被处以罚款。

尽管这波操作有些过猛，但不可否认，终端补贴是韩国运营商快速吸引 5G 用户的一把利器。

3. 应用内容为王

5G 如果没有新应用、没有新内容、没有酷炫的新玩法，恐怕再猛的终端补贴也难以打动消费者。更快的网速、更低的时延是推动 5G 首波杀手级应用的技术前提，但只是有了网络能力还不够，VR、AR、5G 直播和云游戏等应用还面临更大的挑战——内容匮乏。

为此，韩国三大运营商均加速启动 5G 生态系统建设。

例如，LG U+ 与 1500 家公司建立了合作伙伴关系，推出了 U+ VR、U+ AR、U+ Idol Live、U+ 游戏等丰富的 5G 应用；SKT 将超高清视频、AR、VR 和云游戏确定为杀手级 5G 服务，与游戏公司、体育赛事、文化旅游等行业合作推出了超过 8000 项 5G 内容和应用。

除了加速生态建设，韩国运营商在 5G 新服务营销上也是别出心裁，以不断激发潜在用户需求。

（二）美国使出浑身解数争夺 5G 商用第一

"美国必须首先使用 5G""美国公司必须要加快步伐，否则就要落后"等话语都显示了美国政府在 5G 发展上的急迫。2019 年 4 月 12 日，特朗普在一场关于美国 5G 部署活动中表态，美国一定要赢得 5G 网络的竞赛。他表示，5G 对于美国的未来是一件非常重要的事儿。

这种急迫在很大程度上是因为美国强烈地感受到了自己在 5G 商业落地上的落后态势。

2018 年 12 月 1 日，韩国三大运营商同时宣布 5G 网络正式开启商用，超越美国成为全球首个 5G 商用的国家。而中国则在无线基站的建设独具优势。

当这些国家都在 5G 网络布局上崭露头角时，美国政府便再也按捺不住急迫的心，希望能通过各种政策来为美国 5G 行业的快速发展开放资源、扫除障碍。从减税、废除网络中立到释放更多频谱、更新相关法规体系、简化基站建设审批流程等，乃至以一国之力打压一个企业，特朗普政府为了争夺 5G 第一，可谓使尽浑身解数。

尽管 Verizon 早在 2018 年 10 月就在美国 4 个城市推出了 5G Home 服务，但非标 5G 固定无线宽带业务的发展却不如人意。在移动 5G 服务上，Verizon 在 2019 年 4 月初正式向芝加哥和明尼阿波利斯的部分地区开启 5G 无线网络，目前只能与配备 5G Moto Mod 的 Moto Z3 智能手机配合使用。资费策略为向无限数据套餐用户每月额外收取 10 美元，就能升级使用 5G 网络，且前 3 个月服务免费。5G 实地测试表明，在网络覆盖好的地方，MOTO Z3 的下载速度达到 641 Mbps，尽管没有达到宣传的 1 Gbps 峰值，但超过了 Verizon 声称的 450 Mbps 平均速度，但一旦用户远离基站，接入速率就会急剧下降，且信号经常在 4G 和 5G 网络间切换。

AT&T 和 T-Mobile 在 2019 年上半年尚未真正实现移动 5G 的商用化。

现在，美国 FCC 又计划使出另一个大招——同意美国第三大移动运营商 T-Mobile 与第四大移动运营商 Sprint 合并。Sprint 拥有 2.5 GHz 中频段，T-Mobile 拥有 600 MHz 低频段和毫米波高频段，两家运营商可利用低、中、高频段三层组网，600 MHz 做覆盖层，2.5 GHz 做容量层，毫米波做高容量层（热点），既做广了网络覆盖，又做厚了网络容量，从而建成一张广覆盖、大容量的 5G 网络。T-Mobile 和 Sprint 合并被业界视为决定美国 5G 能否领先全球的关键之一。

美国 FCC 的两个首要任务是缩小农村地区的数字鸿沟和推动 5G 取得领先地位，T-Mobile 和 Sprint 的合并将大大推进这些关键目标的实现。不过，这份同意声明提出了一些建设条件，要求 T-Mobile 和 Sprint 在合并后 3 年内建设一个覆盖 97% 美国人口的 5G 网络，6 年内覆盖 99% 的美国人口。同时，该网络还需在 3 年内覆盖 85% 的美国农村人口，在 6 年内覆盖 90% 的农村人口。

（三）中国 5G 商用不骄不躁，稳步推进

中国政府对 5G 高度重视，将 5G 上升为国家战略，计划在 2019 年实现预商用，2020 年实现规模商用。

2019 年 6 月 6 日，工业和信息化部向中国电信、中国移动、中国联通、中国广电 4 家企业颁发了基础电信业务经营许可证，批准 4 家企业经营"第五代数字蜂窝移动通信业务"（以下称"5G 牌照"），标志着中国正式进入 5G 商用元年。"4G 改变生活，5G 改变社会"，5G 集结号已经吹响，通信设备提供商、电信运营商、终端制造商、通信服务商个个摩拳擦掌、跃跃欲试。

中国移动发布了新闻稿件《中国移动获颁 5G 牌照：打造 5G 精品网络，推进"5G+"计划》，文中提出"获得 5G 业务经营许可后，中国移动将加快 5G 网络部署，打造全球规模最大的 5G 精品网络，大力推进'5G+'计划，2019 年 9 月底前在超过 40 个城市提供 5G 服务，客户'不换卡''不换号'就可开通 5G 服务，后续将持续扩大服务范围，让广大客户方便、快捷地使用

5G 业务，享受 5G 新技术带来的福利"。

为了 5G 第一波建设，中国移动最近几天连下三笔 5G 大单，采购范围包括核心网、无线工程和终端，可谓全面发力加快 5G 网络部署。

中国电信发布了新闻稿件《中国电信获得 5G 牌照》，提出"获得 5G 牌照后，中国电信将继续践行'创新、协调、绿色、开放、共享'的发展理念，以高质量发展为目标开展 5G 网络建设，积极探索和推进 5G 网络共建共享，降低网络建设和运维成本，确保优质的网络质量和丰富的应用服务"。

中国联通发布文章《构建 5G 业务生态　开发 5G 特色服务》，提出"中国联通将坚持高质量的网络建设发展之路，加快 5G 商用步伐，推进 5G 网络共建共享；持续深入推进互联网化运营，构建 5G 业务生态，开发 5G 特色服务，以实实在在的企业行动把相关工作落实到位，不断提高网络质量与服务水平，让亿万消费者共享 5G 发展成果"。

（四）欧洲 5G 商用进展及策略

欧洲是 3GPP 5G 标准的领导者和商用进程的积极推进者，欧盟的泛欧洲 5G 实验局部署计划要求 2020 年欧盟每一个会员国至少在一个主要城市商用 5G 业务，意图即在支持欧洲在 5G 技术、网络部署和商业利益方面的领先地位。

客观上，欧洲国家众多，5G 频谱协调和清退进程缓慢，5G 牌照拍卖费用高昂，5G 的商用进程很大程度上受 5G 牌照发放进程的影响。另外，欧洲移动运营商在 2017 年才消除 4G 网络覆盖与美国之间的差异，移动运营商网络收入增长刚刚转正，4G 用户和数据流量仍有持续发展的空间，较高的 5G 网络投资也是影响欧洲运营商 5G 商用进程的关键因素。在 2018 年 10 月的欧洲 ETNO Summit 上，欧洲运营商就在呼吁政府放松政策管制，降低能源费用，优化审批环节，并鼓励快速的 5G 投资和创新。

沃达丰于 2019 年 6 月 15 日正式在西班牙开通 5G 商用服务，使西班牙成为自英国、瑞士后又一个开通 5G 商用移动网络的欧洲国家。据沃达丰西班牙分公司发布的公告，5G 移动网络将首先在马德里、巴塞罗那和巴伦西亚等 15 个主要城市开通运营，覆盖当地大约 50% 的人口。年内 5G 商用服务还将拓展至更多城市和人口。公告称，运营初期，西班牙 5G 网络用户可享受每秒 1 G 的下载速度，而 2019 年年底数据下载还将提速至每秒 2 G，达到 4G 网络下载速度的 10 倍。

据西班牙《国家报》在马德里市中心进行的测试显示，5G 网络下，下载测试速度可以达到每秒 840 M，而同样的地点使用 4G 网络下载测试速度仅为每秒 90 M，使用 5G 网络下载一部电影仅用时 8 ~ 10 秒。沃达丰网站显示，为享受完整 5G 服务，用户需签订月资费为 49.99 欧元的手机无限流量套餐和月资费为 109.99 欧元包括手机和宽带网络的无限流量套餐。目前，小米 MIX3 5G、三星 Galaxy S10 5G 版和 LG V50 ThinQ 是沃达丰在售的 3 款 5G 网络适配终端手机。

同一天，德国管理机构宣布德国 5G 频谱拍卖正式结束。德国电信和沃达丰等 4 家电信运营商出价 66 亿欧元获得使用 5G 频率的许可。德国《商报》指出，德国将于 2021 年正式运营商用 5G 网络。

5G 将孕育更多更强大的商业机会和创新，考验的不仅是运营商本身的实力，更是国家全局层面运筹帷幄的能力，所以 5G 是不是先发并不重要，重要的是具备长效发展壮大的能力。如上所述，美国虽然先发，但在几个发展 5G 的关键因素方面美国并不占优，后续是否优化总体格局还需要很多关键因素配合；日本与韩国在频段分配和通信基础设施方面拥有更完备的资源，但整体市场规模和中美还是没法比，所以可以算小而精、以及在创新方面日韩一直以来都有优势，这方面也期待日韩能有更多更新的 5G 业务；中国在基础设施、频段资源、供应商、生态链、市场规模等方面都有优势，无疑对整个 5G 生态的推动会起到至关重要的作用。

六、结语

纵观全球 5G 商用进展，中国拥有超过 1/3 的 5G SEP、全球主流的中频段频谱资源、最大规模的 4G 网络基础设施、四通八达的光纤传输资源、开放的供应商格局、最大规模的移动互联网人群、日渐蓬勃发展的移动互联网产业，这意味着，一旦 5G 全球商用竞赛的发令枪响，中国将孕育更强大的互联网生态及更多潜在的业务和商业模式创新。即便全球运营商在起跑线上各有先后，只要进入中途加速阶段，中国毫无疑问将名列前茅。

中国智慧互联投资
发展报告（2019）

5G 新纪元，中国新机遇

韩　凌 | 北京红山信息技术研究院副总裁

一、5G 将开启万物互联新纪元

（一）5G 与 4G 有什么区别

从宏观维度来看，4G 改变生活，5G 改变社会。

基于 4G 的海量应用已经给我们的工作和生活带来前所未有的便利。5G 将开启万物互联的新时代，成为传统行业数字化转型、新业务和商业模式孵化的平台，以及整个社会发展进步的新引擎。

从应用场景来看，4G 网络主要向智能终端用户提供无处不在的移动宽带接入服务，5G 网络已经不限于增强的移动宽带接入业务，而是将应用场景扩展到海量物联，超可靠低时延通信等领域，目标是构建万物互联的未来数字社会。

从性能指标来看，5G 用户平均体验速率是 4G 的 10 倍，单用户峰值接入速率可超过 1 Gbps；网络时延是 4G 的 1/10，超低时延场景空口时延低于 1 ms；每平方千米的物联网接入密度是 4G 的 10 倍，达到百万量级。此外，5G 网络的功能和性能是可以针对特定的应用场景进行量身定制的，因而具备更强的适应能力和灵活性。

从核心技术维度来看，4G LTE 采用的核心技术是正交频分复用 OFDM 技术；5G 尽管没有突破性的调制解调技术，但有机地结合了更宽的无线频谱、大规模天线阵列、新一代空口标准、SDN/NFV、网络切片等核心技术，使用技术组合拳亦达成了令人振奋的 5G 性能指标。

（二）4G 发展入饱和，5G 带来新机遇

2018 年，全球智能手机销量 14.4 亿部，较 2017 年下降 3%；作为全球最大的手机市场，中国 2018 年手机出货量 4.14 亿部，同比下降 15.6%。2019 年

第一季度，全球智能手机出货量同比下跌 6.6%。

截至 2019 年 4 月底，全国移动通信用户总数为 15.74 亿人，4G 用户总数约 12.13 亿人，中国移动 4G 用户首月出现负增长，减少 71.8 万户。

截至 2018 年年末，中国大陆总人口 13 亿 9538 万人（不包括香港、澳门特别行政区，台湾地区及海外华侨人数），其中 16 岁以上人口 11.4678 亿人，小于全国 4G 用户数 12.1277 亿人。充分说明 4G 用户的总量已经饱和， 4G 市场的竞争越来越像是零和游戏，只能从别人手里抢客户，想要共赢越来越难。

随着提速降费及市场竞争加剧，移动市场和 4G 市场的用户价值贡献不断降低，"量收剪刀差"越来越大，2018 年，多个省的基础通信业务收入已出现下滑，运营商要想发展必须开辟新天地，注入新动能。而 5G 的商用就是运营商开展 2C 新业务，开辟 2B 市场的绝佳契机。

据 GSMA 智库预测，2025 年预计全球 5G 用户数将达到 14 亿人，主要集中在中、美、日、韩、欧洲等少数国家，中国将成为全球 5G 用户数最多的国家，预计达到 4.54 亿人，约占全球 5G 用户总数的 1/3。尽管中国不是全球第一个发布 5G 商用的国家，但规模一定是全球最大的。全球 5G 投资热点向亚太区域的轮动及中国经济的蓬勃发展成为中国 5G 相关企业未来几年业绩增长的坚实基础。

2019—2023 年是中国 5G 网络投资建设的关键时间窗。2019 年是 5G 商用元年，中国三大运营商在北京、上海、广州、深圳、雄安新区、成都、苏州等超过 40 个城市和地区的 5G 规模试验及 5G 试点工作将全面启动，中国 5G 网络建设与投资正式开始。预计到 2020 年或 2021 年，中国三大运营商会启动 5G 大规模建设，到 2023 年 5G 网络逐渐走向成熟，5G 网络建设投资规模开始逐年下降。

5G 的发展将直接带来 5G 通信设备制造业、5G 网络运营、5G 智能终端等产业的快速增长，进而对众多垂直行业的数字化、智能化改造甚至国家宏观经济产生重大的影响。预计 2019—2025 年，5G 直接创造的经济增长为 13.6 万亿元，其中 5G 网络建设投资累计 1.25 万亿元、5G 网络运营收入累计 4.52 万亿元、5G 智能终端产业 7.83 万亿元。

（三）垂直行业应用开启 5G 盈利新空间

5G 作为未来数字社会的基础设施，将成为驱动新经济发展的基础性平台，为传统产业加速技术改造和跨界整合提供强力支撑，推动垂直产业数字化、智能化、网络化，拓展产业创新发展的新空间。

1. 5G+ 高清视频直播

随着 4G 网络和大屏幕智能终端的普及，移动视频业务获得飞速发展，在移动终端上观看视频已经成为人们的一种生活和娱乐方式。据行业预测，到 2020 年，视频流量在网络数据消费中的占比将超过 95%。受限于 4G 网络的能力，目前主流移动视频分辨率仍然停留在 720 P 或 1080 P 的水平，覆盖较好的区域可以达到 2K。

随着 5G 技术的发展，接入带宽的限制将被打破，视频业务将进入极速（5G）、极清（8K）、极智（AI）的超高清视频时代，衍生出 5G+4K/8K 超高清视频直播、5G+4K/8K VR 直播、5G+ 智慧场馆、5G+ 无人机直播、5G+手机直播等系列解决方案，可以为新闻突发现场、异地多会场、体育赛事和音乐会场馆、马拉松、自行车赛、高尔夫、企事业和家庭活动等场景提供灵活快速的超高清直播、随时随地的实时高清视频互动连线等业务。

2. 5G+ 智能制造

5G 特有的低时延、高可靠特性，使得无线技术应用于工业实时控制领域成为可能，5G 将成为未来工业有线控制网络有力的补充或替代。

在智能制造时代，工厂车间中将出现更多的无线连接，促使工厂车间网络架构不断优化，网络化协同制造与管理水平有效提升，保持对整个产品生命周期的全连接。未来工厂中所有智能单元均可基于 5G 无线组网，生产流程和智能装备的组合可快速、灵活地实现柔性调整，以适应市场的变化和客户需求越来越个性化、定制化的趋势。

3. 5G+ 车联网

高带宽、高移动性的 5G 网络可以为车联网用户提供高精地图下载、道路环境感知、车辆之间的协作和博弈通信、实时路况信息、天气预报等服务，从而有效提高驾车体验和行驶安全性。通过在 5G 网络 MEC 边缘计算节点汇合车辆、路况和天气等信息，可以实现动态调整车辆行驶计划，协调车辆的运行策略，从而改善道路通行效率，提升交通安全，实现包括复杂场景下的车辆编队行驶、车路协同、远程遥控驾驶、远程泊车等多种车联网业务场景。

4. 5G+ 智能电网

随着能源互联网的发展，在发电、变电、输电、配电、用电等领域都需要安全高效的网络作为通信的基础。在能源互联网的各个环节，面对几何级增长的电力终端设备、精细化的电力业务管理、快速响应的用电需求，传统的光纤、4G、NB-IOT、230 M 专线等通信方式在成本、时延、安全性、可靠性、带宽等方面难以满足电力业务发展的需要。5G 低时延、高可靠、大带宽、大连接等优势及 5G 网络切片能力，将成为解决智能电网通信问题的重要选项。可以很好地应用于配电自动化、广域保护、电力线路无人机巡检、变电站 / 光伏发电站智能巡检、配电房远程视频监控、智能抄表、资产管理等业务领域。

5. 5G+ 医疗

随着国家医改政策不断深化，以及"互联网＋医疗健康"战略的推进，运用 5G、移动互联网、人工智能等新一代技术手段，面向基层提供远程会诊、远程心电诊断、远程影像诊断等远程医疗服务正在加快推进，基层医疗服务能力将不断提升。高速率、高可靠、低时延的 5G 网络将为随时随地开展远程医疗服务提供高效、快速、安全的传输保障，促进远程医疗产业的发展、提升远程医疗服务水平和效率。

6. 5G+ 教育

远程教育：5G 将加快超高清视频、VR/AR 在远程教育教学中的应用，发挥沉浸式、交互式的优势，缓解因跨校区、跨地域限制而存在的教育资源不均衡问题。

VR 教育：利用 5G MEC 边缘云能力，解决了 AR/VR 的终端成本、计算力等商业难题，聚集第三方 VR 教育内容，把优质教育资源内容引入移动互联网。

7. 5G+ 旅游

极致旅游观赏体验：特色景点 VR 全景直播、景区大视野无人机直播、16路高清视频直播、AR 智慧观光导游、景区无人驾驶巴士等创新服务方式，给游客带来极致的旅游体验。

智慧管理：依托人脸识别、车牌识别等视频智能分析能力，以无人机、移动车／人员、高清摄像机为载体，实现空地一体，立体联防，全面保障旅游景区的安全。

绿色生态：依托 5G，大型水域风光类景区的水质监测可实现立体化监控、智能化分析和精确化控制，助力景区生态保护。

8. 5G+ 安防

伴随反恐新形势、公安刑侦、治安防控、公众服务等安防需求的推动，5G 高清视频监控成为建设智慧安防的基础。通过在重点区域布放广视角的高清阵列相机，利用 5G 终端及 5G 网络数据传送的高速率、高可靠、低时延等能力，5G 应急车实时采集高清影像数据，传送至远程监视客户端上，实现重点区域全局的监控和重点局部的清晰识别。同时，5G 无人机携带变焦高清摄像头定向视频巡检，将监控视角进一步延伸至空域，全方位实现天—地—人—车立体化安防保障。

5G 高清视频解决方案可实现不同监控区域、视角、距离的定制化安防需求，结合人工智能分析技术与 AR 显示技术，可快速、实时、高效地激发人脸识别、人脸比对、布控告警、车辆检测、车牌识别、车型识别等领域的应用潜力，助力智慧化安防。

（四）5G R15 标准已冻结，2019 年具备 5G 规模商用基础

截至 2019 年 6 月，R15 标准已阶段性完成。

R15 NSA、SA 标准已成熟：2018 年 12 月 30 日发布的 R15 最新协议版本，对 2018 年 9 月 30 日发布的版本进行了功能修补、更新和增强，成为 5G 早期商用的基线（5G 终端均支持）。标准层面 NSA 和 SA 的进度已经拉齐。

R15 Late Drop 版本于 2019 年 3 月发布，主要是对网络架构选项 4（即 NE-DC 构架）与选项 7（即 NGEN-DC 构架）两种不常用架构的支持，以及 NR-NR 双连接功能的增补。5G 商用初期主流的网络架构为 NSA 选项 3 系列或 SA 选项 2，故 Late Drop 版本发布的时间不影响 5G 的整体商用进程。

R16 版本将完整支持 5G 的三大典型应用场景，基于 R15 引入 eMBB 增强、URLLC 增强、新多址 NOMA、V2X 等技术，预计 2020 年发布。

二、中国 5G 商用进入加速期

（一）5G 牌照发放，中国正式进入商用元年

2019 年 6 月 6 日，工业和信息化部向中国电信、中国移动、中国联通、中国广电 4 家企业颁发基础电信业务经营许可证，批准 4 家企业经营"第五代数字蜂窝移动通信业务"，标志着中国正式进入 5G 商用元年，5G 建设也进入了加速道。

中国提前一年发放 5G 牌照，不仅对 5G 产业带来重大利好，还将刺激众多垂直行业的数字化转型，为中国经济的发展注入新的活力。5G 产业的上游主要是基站系统的铺设、网络架构的搭建，中游包括四大运营商的服务，下游包括终端产品和应用。

从近期看，5G 基站、终端相关的产业将会迎来爆发，而 5G+ 垂直行业则会慢慢孕育。在消费端，互联网、医疗、金融、安全、出行方面的新需求会被创造出来。在工业端，智能制造、无人驾驶、人工智能等应用将会加速落地。

远期来看，智慧城市、智能家居、智慧工业、无人驾驶……每一个行业应用都将创造一个巨大的产业。据中国信息通信研究院发布的报告，中国的 5G 商用或将在 2020—2025 年爆发，5G 可带动 13.6 万亿元的直接经济增长和 24.8 万亿元的间接增长，直接创造超过 300 万个就业岗位。

2019 年，中国 3 家运营商的 5G 投资计划合计不超过 342 亿元，如果按照原有的投资计划估算，今年要建 9 万个左右的 5G 基站。但是，5G 商用牌照加速了这一进程，行业专家预测，2019 年中国有望建成 20 万个 5G 基站（包括微站）。

据中国铁塔股份有限公司（简称"中国铁塔"）提供的信息，目前北京、上海、广州、浙江等省市的铁塔分公司已分别交付 5G 基站 4400、3700、

5000、3100 多个，仅这 4 个重点省市便已建成超过 1.62 万个 5G 基站，后续，三大运营商会陆续开通这些已交付的基站。

从国际上看，目前宣布商用的国家有美国、韩国、瑞士、英国等，其中美国 5G 建设规模较小，主要覆盖芝加哥和明尼阿波利斯两个城市核心区，大约只有几千个基站；韩国规模较大，已建成 8 万个 5G 基站，是 4G 基站的 1/10。从建设规模来看，中国有望在 2019 年就赶超韩国、美国等先行国家。

5G 时代，三大运营商变为四大运营商，新进入者中国广电将进一步加剧市场竞争激烈程度，给原来的三大运营商带来新的压力，进而加速推动 5G 建设的步伐。

早期，5G 主要依托于 4G 规模与生态，4G 网络和用户规模决定了 5G 的领先优势，而中国移动无论在 4G 基站数量和用户规模上都遥遥领先，这意味着中国移动在 5G 初期将延续领先优势。但每一次更新换代都会让运营商看到弯道超车的机会，5G 时代也一样，中国电信和中国联通拿到产业链更为成熟的 3.5 GHz 牌照，就是一个争取 5G 先发的良好契机。中国广电虽然没有任何移动网络和用户基础，但历史包袱也最轻，可以采用更为激进的共建共享模式快速部署网络并发展用户。因此，在新的四大运营商竞争格局之下，在手机与宽带用户已趋于饱和的现状之下，5G 初期必将引发一场更激烈的市场竞争，而这场竞争将进一步加速 5G 网络建设，降低 5G 用户使用成本，并有助于打造一个更为开放和健康的 5G 生态系统。

（二）中国四大运营商 5G 部署策略及进展

5G 网络的部署主要包括无线接入网、传输网和核心网三大部分。接入网主要由基站组成，为用户提供无线接入功能；传输网负责将接入网的数据传回核心网；核心网则主要为用户提供互联网接入服务和相应的管理控制功能等。3GPP 标准提供两种网络部署架构：SA（standalone，独立组网）和 NSA（nonstandalone，非独立组网）。

独立组网模式（SA）：新建一套可独立运作的 5G 网络，包括 5G 基站、5G 传输网络及 5G 核心网。SA 模式基于网络虚拟化、软件定义网络等新技术，并与 5G 新空口 NR 结合，一步到位全面支持增强移动宽带、海量物联和超可靠低时延三大应用场景及网络切片功能，不需要复杂的 4G 网络改造和后续升级，但网络建设初期成本略高，产业链成熟度略晚于非独立组网模式。

非独立组网模式（NSA）：非独立组网基于现有的 4G 网络覆盖，进行 5G 网络的按需叠加部署。基于 NSA 架构的 5G 载波仅承载用户数据，其控制信令仍通过 4G 网络传输。由于 5G 信令全走 4G 通道，其网络性能和应用场景受制于 4G 能力，因此，该模式主要解决 5G 网络部署初期的增强移动宽带需求，不支持网络切片和垂直行业应用。NSA 模式不需要引入 5G 核心网，产业链成熟度早于 SA 模式，初期部署成本略低于 SA 模式，但需要对锚点 4G 网络进行改造，后续升级到 SA 时面临较复杂的网络升级和二次优化。

鉴于以上两种组网模式的优劣势、运营商的网络现状及目前的竞争态势，中国移动、中国电信、中国联通三大传统通信运营商在 2019 年先通过 NSA 架构组网开展 5G 业务，后续逐渐迁转到 SA 架构，原因有以下 3 点。

①借助目前成熟的 4G 网络扩大 5G 覆盖范围。由于手机终端发射功率有限，所以 5G 网络的覆盖范围主要受限于上行（即手机发送信号到基站），那么，通过与 4G 联合组网的方式（NSA）可以实现 5G 单站覆盖范围的扩大。

② NSA 相较 SA 标准冻结时间早，产品路标和产业链成熟度也相应地比 SA 要早 3 ~ 6 个月，2019 年上半年发布商用的 5G 网络，基本上只能采用 NSA 模式。

③ 5G 初期无须建设新的核心网。NSA 组网下，5G 基站将利用现有的 4G 核心网，省去 5G 核心网络的建设，加速 5G 的商用进程。

对于第一次拿到移动通信运营牌照的中国广电就不用纠结是选 NSA 还是

SA 了，所有的 5G 通信网络架构都要"万丈高楼平地起"，SA 架构组网成为其优选方案。5G 网络中，核心 NFV、SDN、网络切片都离不开云，作为 4 个牌照获得者之一的中国广电则是唯一一家没有涉足云业务的运营商，要架构一套完整的 5G 网络难度可想而知。"车到山前必有路"，在这个合作共赢的时代，找一家合作伙伴互相取长补短或许是一个很好的出路。例如，与 BATJ 任何一个公司成立合资公司共同建设独立组网 5G，借助互联网公司的技术与内容或许能在 5G 混战中成功逆袭。

5G 牌照发放后，三大运营商均发布新闻稿，提出了打造 5G 精品网的计划。

中国移动发布了新闻稿件《中国移动获颁 5G 牌照 打造 5G 精品网络 推进"5G+"计划》，文中提出获得 5G 业务经营许可后，中国移动将加快 5G 网络部署，打造全球规模最大的 5G 精品网络，大力推进"5G+"计划，2019 年 9 月底前在超过 40 个城市提供 5G 服务，客户"不换卡""不换号"就可开通 5G 服务，后续将持续扩大服务范围，让广大客户方便、快捷地使用 5G 业务，享受 5G 新技术带来的福利。为了 5G 第一波建设，中国移动连下三笔 5G 大单，采购范围包括核心网、无线工程和终端，可谓全面发力加快 5G 网络部署。

中国电信发布了新闻稿件《中国电信获得 5G 牌照》，提出获得 5G 牌照后，中国电信将继续践行"创新、协调、绿色、开放、共享"的发展理念，以高质量发展为目标开展 5G 网络建设，积极探索和推进 5G 网络共建共享，降低网络建设和运维成本，确保优质的网络质量和丰富的应用服务。

中国联通发布文章《构建 5G 业务生态 开发 5G 特色服务》，文中提出，"中国联通将坚持高质量的网络建设发展之路，加快 5G 商用步伐，推进 5G 网络共建共享；持续深入推进互联网化运营，构建 5G 业务生态，开发 5G 特色服务，以实实在在的企业行动把相关工作落实到位，不断提高网络质量与服务水平，让亿万消费者共享 5G 发展成果。"

（三）中国铁塔进入繁忙建设期，社会塔成为微站破局之道

早期的 5G 部署从宏基站开始，主要依托于现有 4G 站点基础设施，5G 基站相对 4G 基站能耗增加，2/3/4/5G 叠加导致很多基站的天面和配套设施面临改造。新增 5G 设备意味着从市电引入、交流空开、整流模块、蓄电池、交直流供电线缆、空调、直流供电拉远到铁塔天面等全套基站配套设备需进行重新计算、设计规划，乃至改造升级。这些工作都需要铁塔公司提前做好准备，因而 5G 规模部署阶段铁塔公司需要改造的站点数量会非常多。

当然，5G 时代多引入了一家运营商，这必然是利好铁塔的，毕竟多了一个租户，但这也要取决于后期运营商之间怎样共建共享，是有源共享还是无源共享。在中国电信和中国联通的 5G 建设策略中均提到共建共享，从 5G 牌照的分配来看，中国电信和中国联通具备采用有源共享的先天技术条件（两家运营商均获取各 100 MHz 带宽的 3.5 GHz 频段 5G 牌照，且 3.5 GHz AAU 设备技术上支持 200 MHz 的带宽），如果能够在非核心竞争区域通过协同规划共享无线接入网络设备，将能最大限度加速两家运营商的 5G 部署进度，并降低两家运营商的运维成本，从而更好地与中国移动进行市场竞争。而中国广电也可以寻求与中国移动的共建共享，依托中国移动 4.9G 频段的建设进程快速开展 5G 业务。

宏基站建设过后，5G 微站将成为进一步优化 5G 网络覆盖、提升用户体验的利器。而社会杆塔资源的开放将成为加速 5G 微站规模部署的基础。

近期，工业和信息化部通信科委常务副主任韦乐平预估，中国市场 5G 微站将达到千万量级。5G 时代微站的应用场景是覆盖和容量，由于 5G 本身频段导致上行覆盖劣化，室内覆盖是 5G 时代的大问题，微站被认为是出路之一，将宏站分裂成微站是最有效的频率重用扩容方式。

微站成为 5G 提升覆盖与性能的关键，社会塔共享则成为微站建设的破局

之道。

2019 年以来，中国铁塔各省公司开始尝试将社会塔资源用于 5G 基站建设。

在山东省济南市，一条长达 4.8 千米的智能网联车测试道路上，铁塔公司布设了 7 个 5G 基站，仅在两周内就完成了 5G 基站的规划与建设。在山东省，共享已经成为 5G 建设的重要支点，青岛奥帆中心的路灯杆、青岛火车站的站前高杆灯、青岛啤酒广场的网红啤酒塔、枣庄台儿庄古城都隐藏着通信基站，这些都为后期 5G 建设打下了基础。

在广东省 5G 基站建设计划中，智慧杆成了主角，从规划数量上来看，2019 年，广东省计划建设 5G 基站 2 万多个，新建和存量改造智慧杆 4 万多个。

广东省率先推广智慧杆，以"一杆多用"模式解决海量 5G 站址难题，已经在广州、深圳、韶关、惠州、中山、清远、汕头 7 地进行试点。2019 年 3 月 14 日，广东铁塔牵头成立了广东省智慧杆产业联盟，2019 年，广东全省 30 个项目中落地实施的已经过半（图 1）。

图 1　广州从化生态设计小镇智慧杆之路

在深圳，首条智慧道路开始铺就，借助智慧杆的物联网感知点，这条道路将具备无线 Wi-Fi、车路协同的功能，无人驾驶的雏形已经显现。

在韶关，141 根智慧灯杆树立在莲花大道两旁，它们既是路灯，也是基站，同时还担当着摄像头、环境监控、公交智能定位、交通视频执法、汽车充电桩等多重角色。

（四）5G 终端产业链和规模采购促进 5G 用户发展

终端芯片方面，近些年随着华为、紫光等更多厂商的加入，传统芯片巨头高通的地位已经被动摇。根据 IDC 统计，2018 年，全球智能手机发货量中有超过 60% 的智能手机来自中国厂商。

终端方面，2019 年以来，华为 Mate X、中兴 Axon 10 Pro、小米 MIX3、OPPO Reno、vivo NEX、一加 7 Pro 等中国品牌手机 5G 版已经做好上市准备；而作为 4G 时代智能手机的引领者，苹果在 5G 终端的布局上显得有些落寞，曾表示将至少到 2020 年之后才会推出 5G 智能手机。

5G 网络建设完成后，5G 用户的发展速度很大程度上取决于终端的价格。目前已经发售的三星 Galaxy S10 5G 终端价格均在 8000 元以上，更为亲民的平价 5G 手机预计在 2020 年才会出现，因此，现阶段运营商的终端补贴成为发展 5G 用户的利器。中国移动已经表示 2019 年将采购万台终端并进行 1 亿～ 2 亿元的补贴，这无疑是对 5G 消费者市场的重大利好。

相较于中国市场的火热，美国市场在网络设备和终端方面要沉寂很多，毫米波频段，封闭的设备和终端供应商，导致美国 5G 网络性能的提升和终端成本的下降都将是长期存在的挑战。

三、5G 规模商用阶段的中国优势

（一）5G 标准必要专利全球占比超过 1/3

标准必要专利（standards essential patents，SEP）是指厂家在制定标准的过程中提交的技术提案里的专利不可替代，或是说在产品依据 3GPP 或其他标准开发时在技术层面无法避开，这类专利就被称为 SEP。美欧企业掌握了 3G 和 4G 的主要专利，为此，中国不得不向美欧企业支付巨额的专利使用费，4G 智能手机出厂价格的约 2% 是专利使用费。

中国在 5G 竞赛中的领先优势全球有目共睹。据德国专利数据分析公司 IPlytics 的最新研究数据显示，截至 2019 年 4 月，中国企业申请的 5G 相关 SEP 件数占全球 SEP 专利数量的 34%，位居全球第一。其中，华为拥有 15% 专利，中兴通迅占到 12%，韩国占比 25%，三星和 LG 分别拥有低于 13% 和高于 12% 的占有率，美国高通和英特尔分别拥有超过 8% 和 5% 的份额，芬兰的诺基亚占比 14%，瑞典的爱立信约占 8%，日本接近 5%，中国台湾地区、加拿大、意大利和英国各占不到 1%。

在 4G 市场，中国和韩国各持有全球约 22% 的专利数量。而在 5G 市场，中国公司的 SEP 专利全球占比相比 4G 提升了 50% 以上，5G 专利的分布也更为均衡。这意味着，5G 时代中国企业完全可将自身拥有的专利作为筹码，与其他公司进行交叉授权。例如，将系统产品与终端产品的标准必要专利进行捆绑洽谈，从而免除大量的 5G 终端专利支出，甚至还可以从对外专利授权中获利，从而提高中国企业 5G 产品的市场竞争力。

（二）中频段资源兼顾 5G 初期覆盖与容量需求

5G 网络的容量和覆盖与使用的 5G 频谱资源密切相关。通常来说，频段越高，可用的频谱资源越多，5G 系统能够到达的峰值速率越高，但基站的覆盖能力也越差。全球 5G 频谱的分配和协调经过多年的探索和实践，最终分为 Sub 1 GHz 低频段、Sub 6 GHz 中频段、mmWave 高频段 3 个区间。长期来看，Sub 1 GHz 覆盖最好，但频谱资源和带宽有限，通常主要用于 uRLLC 业务和乡村广覆盖；Sub 6 GHz 兼顾覆盖与容量，是城市和郊区 5G 网络部署的主流频段；mmWave 可以提供超高速的接入，通常仅用于网络热点容量层或固定无线宽带接入。三者各有优势，互为补充。

综合中国、日本、韩国、欧洲的 5G 频谱分配情况来看，中频尤其是 3.3 ～ 3.8 GHz 频段很好地兼顾了 5G 网络部署初期的覆盖和容量需求，是当前阶段发展速度最快、产业链最为成熟的频段。在中国政府发放的 5G 牌照中，除新进入者中国广电外，三大运营商均能够获取 100 ～ 200 MHz 带宽左右的中频段 5G 牌照，使运营商能够基于现网站点基础设施，以合理的站点规模快速完成重点城市的 5G 覆盖，从而在 5G 商用竞赛中取得市场先机。因而，中国在 2.6 GHz、3.5 GHz 和 4.9 GHz 频段的频谱使用上处于全球领先水平。

（三）4G 站点基础设施资源有利于 5G 的规模部署

在频谱拍卖后，获得牌照的运营商还需要建设大量的 5G 基站，才能开始提供 5G 服务。

鉴于 5G 网络的主流频段通常略高于 4G 网络，5G 站点的部署密度通常要比 4G 大一些，为了尽可能降低 5G 网络的部署成本，运营商通常期望最大限度地利用现有网络基础设施来加速 5G 网络的部署进程。丰富的 4G 站点基础设施和光纤资源对 5G 的建设速度和规模至关重要，甚至直接影响后续的发展空间。

截至 2018 年年底，中国拥有 4G 基站 427 万个，占全球 4G 基站总额的约 60%。而国土面积与中国不相上下的美国，其全国的铁塔数量只有 15.4 万座。

中国铁塔 2019 年资本支出的初步安排为 300 亿元，中国 5G 基站至 2019 年增加 11.6 万个，估计到 2024 年，中国 5G 基站总计 439.8 万个。由于中国已经有密集的 4G 网络，5G 网络的建设会最大限度地利月现有 4G 站点，所以，中国可以快速推出覆盖全国的 5G 网络。

目前，三大运营商的 5G 建设主要集中在存量铁塔宏站的改造和室内覆盖上，一年后主要城区 5G 覆盖已经到位，运营商将同时关注网络优化，届时小微站就会大规模应用，社会塔共享模式也会在一年以后大规模爆发。

（四）开放的供应商结构有利于降低网络成本

当前主流的通信设备厂商以华为、爱立信、诺基亚和中兴构成四足鼎立的局面，三星一直都不是主流的供货商。

从目前的发展情况来看，中国厂商在 5G 核心技术、5G 产品方案创新和 5G 商用成熟度方面比西方厂商更加优秀，且华为和中兴是业界仅有的两家能够提供 5G 端到端解决方案的供应商。与 5G 频谱的划分情况向适应，中国 6 GHz 以下频段的 5G 系统和终端设备都处于全球领先水平。在系统产品方面，无论是独立组网还是非独立组网，中国企业的产品在测试性能和测试项目的完备性方面均领先于西方厂商。

除了在 5G 标准必要专利方面具有优势以外，中国企业华为、中兴均已在 5G 核心芯片领域开展自主研发，且规格和性能都走在了行业前沿。华为于 2019 年年初发布天罡芯片，该芯片可实现 2.5 倍运算能力提升，搭载最新的算法及波束赋型，单芯片可支持 64 路收发通道，且支持 200 MHz 频谱带宽，从实现集成度更高的 AAU 产品。中兴的两款自研芯片分别是多模基带芯片和数字中频芯片，前者是真正意义上的 2G、3G、4G、5G 多模融合灵活组网的"软基带"芯片，并具备完备的基带，天线 / 以太网接口及其交换等核心功能，支持基站单芯片解决方案，是全球集成度最高的基带处理芯片。

尽管中国有两家全球领先的设备供应商，但中国运营商的供应商结构一直是完全开放和充分竞争的，这不仅有利于运营商加速网络建设，降低网络成本，实现新业务的快速上市，还将促进供应商的长期技术创新和竞争力的提升。

四、结语

中国经济正在向高质量发展转型、传统的"铁公基"对经济的拉动作用边际效应递减，而 5G 不仅为移动宽带接入领域带来技术红利，还将通过海量物联和超可靠低时延领域的拓展推动众多垂直行业的数字化、智能化革命，从而助推中国经济高质量发展。

纵观全球 5G 商用情况，中国拥有超过 1/3 的 5G SEP，全球主流的中频段频谱资源，最大规模的 4G 网络基础设施，四通八达的光纤传输资源，开放的供应商格局，最大规模的移动互联网人群，以及日渐蓬勃发展的移动互联网应用产业。这意味着，一旦 5G 全球商用竞赛的发令枪响，中国将孕育更强大的互联网生态，以及更多潜在的业务和商业模式创新。即便全球运营商在起跑线上各有先后，只要进入到中途加速阶段，中国毫无疑问将名列前茅。

中国智慧互联投资
发展报告（2019）

商业卫星通信发展报告及展望

徐　鸣 | 银河航天创始人兼董事长、CEO

刘　畅 | 银河航天副总裁

一、卫星通信产业发展现状

（一）卫星通信产业规模

卫星通信的发展与商业航天发展进程密切相关。根据美国联邦航空管理局（FAA）的定义，商业航天活动是指按照市场规则配置技术、资金、人才等资源要素，以盈利为目的的航天活动。与传统航天相比，商业航天更加强调市场竞争、盈利及商业化的市场行为。此外，商业航天产业涵盖范围广，包括运载火箭研制与制造、卫星研制与制造、卫星运营及应用、地面设备制造与服务等多个领域。

其中，卫星通信是指利用人造地球卫星作为中继站，转发或反射无线电波，在两个或多个地球站之间进行的通信，其主要组成包括人造地球卫星和地球基站两个部分。我国的卫星通信技术起步较晚，不过发展极为迅速。快速提高我国卫星通信技术发展水平，缩小与发达国家的差距，是关乎太空资源竞争、国家信息安全基础设施建设的重大课题。

近年来，全球商业航天及其中的卫星通信行业发展十分迅猛。美国航天基金会2018年7月19日发布的《航天报告2018》显示，全球航天经济总量多年保持稳定增长，即使在2007年全球陷入金融危机之时，世界航天经济仍呈快速增长势头。2017年，世界航天经济总量达3835亿美元，比2016年增长7.4%，呈加速上涨之势。其中，商业航天收入占航天经济总量的比例继续扩大，已成为主要助推因素。在全球航天经济增长中，商业卫星产品与服务占据重要位置，2017年其规模达到2114.5亿美元，比2016年增长8.3%；商业基础设施与保障业务规模达892.1亿美元，比2016年增长7.5%，约占全球航天经济总量的23%，其中，地面设备收入达1198亿美元，商业卫星制造收入为68.2亿美元。

美国联邦航空管理局（FAA）的数据则显示，2017 年，全球共实施 91 次轨道发射任务，85 次成功入轨，其中 26 次为商业发射。2017 年，全球共发射 443 个航天器，其中，商业航天器发射数量为 267 个，占比 60.3%，比 2016 年增加 200%。

2019 年 5 月，美国卫星产业协会（SIA）在华盛顿举行的 SATELLITE 2019 会议上发布了 2019 年卫星产业状况报告。该报告由 Bryce Space and Technology 公司完成，对卫星服务、卫星制造、地面设备和发射服务等卫星产业的关键行业进行了评估。

报告显示，2018 年，发射卫星总量超过 300 颗，在轨运行的卫星数量达到 2100 颗，增长了 20% 以上。其中，遥感卫星占总数的 39%，商业通信卫星占 22%。2018 年，卫星产业总收入为 2774 亿美元，与上年相比增长了 3%，其中，卫星制造收入比 2017 年增长了 26%，仍然占据 2018 年卫星产业最大份额；增值市场有所增长（宽带 12%，无线电 7%，有管理网络 7%，移动 3%）；地面设备收入增长 5%；网络设备和 GNSS 市场有所增长，消费设备收入持平或略有减少。发射服务收入比上一年增长了 34%，卫星消费宽带收入增长 12%。全球航天经济规模达 3600 亿美元。

根据欧洲咨询公司 2018 年年底发布的《全球卫星建造与发射市场预测》报告，2027 年前全球年均将有 330 颗面向政府部门和商业机构、重量在 50 千克以上的卫星发射。这一数字是过去十年的 3 倍，原因是小卫星和大星座的兴起正在给卫星市场带来一场模式转变。欧洲咨询公司首席顾问、报告编辑维兰说，随着有更多商业和政府实体利用星座在地面上推出新的卫星服务，卫星行业正在经历一场巨大转变。"我们预计有超过 40 个不同规模和能力的星座将向低地或中地轨道发射约 2300 颗卫星，用于开展通信、导航、对地观测、气象和地面传感器数据采集等广泛服务。"维兰做出上述预测。

就卫星建造和发射而言，2018—2027 年将发射的 3300 颗 50 千克以上卫星应会给航天业带来 2840 亿美元的市场，比过去十年高 25%。与此同时，商业小卫星星座正在引入新的生产和运营理念，包括规模经济、软件化和触及数据分析的纵向集成，而受此推动，卫星业价格下降显而易见。

谁为这些卫星埋单？政府将依然是卫星和发射行业的最大用户。由于老牌航天国家要对在轨卫星系统进行补网和扩充，加之有更多的国家采购其首个实用卫星系统，通常是用于通信、对地观测和图像情报，政府在航天产业中仍占据主导地位。85% 的政府市场将依然集中在具有成熟航天产业的 10 个国家（美国、俄罗斯、中国、日本、印度和欧洲五强）。其他国家开展卫星系统投资是要发展本国航天能力或获得首个卫星系统，以更好地适应社会和经济发展需要。

在全球范围内，商业航天的历史可以追溯到 20 世纪 80 年代。1984 年，美国国会通过了《商业太空发射法案》，允许私人发射火箭，并要求 NASA 尽最大可能寻找和鼓励太空的商业应用。之所以对民营航天行为大力支持，主要的原因是在航天竞赛中，NASA 已经疲惫不堪。而且自从 20 世纪 80 年代以来，航天飞机的发射价格连年增加，在 80 年代的 10 年间，甚至增加了近 1 倍，大幅超出了 NASA 的预算。政府无力再为高额的航天活动买单，又不想放弃对太空的探索，于是，航天商业化成了不二选择。

1990 年，美国涌现一大批私人发射服务供应商，他们为 NASA 提供了较为廉价的发射服务。其中，最大的两家企业是波音和洛克希德·马丁。之后，二者成立合资企业，甚至垄断了美国空军、NASA 和其他政府机构的火箭发射项目。此时，更多的企业看到了商业航天的盈利潜力。在经过了几番垄断与反垄断、民营资本与政府资金的较量之后，NASA 让出了盈利性最佳的近地空间业务，并且开放部分研发过程和结果给民营航天公司以支持其发展。多重作用之下，更多的民间资本涌入商业航天领域。2003 年，哥伦比亚号航天飞机失事。调查人员得出的结论认为，每 78 次发射就有可能出现一次空难。这一事件给 NASA 带来了巨大的打击，却也助推了美国民营商业航天的发展：NASA 决定从此把近地轨道载人航天活动承包给企业，并且引入商业竞争模式，称为"商业轨道运输服务"（COTS）。

除了美国之外，更多的国家对商业航天领域摩拳擦掌，希望从中占据自己的领地。印度、俄罗斯、日本、法国、中国等国家都相继在此方面做出了努力，一方面，商业航天是一个价值万亿的巨大市场；另一方面，太空资源对于各国而言具有不言而喻的战略级意义。

在商业航天中，民营火箭和商业卫星是目前相对更成熟、竞争也最集中的领域。

（二）卫星通信的特点

自 20 世纪 90 年代以来，电子信息技术的迅猛发展推动了卫星移动通信的进步。卫星通信具有覆盖范围广、通信容量大、传输质量好、组网方便迅速、便于实现全球无缝链接等众多优点，被认为是建立全球个人通信必不可少的一种重要手段。

卫星通信具有以下特点。

①覆盖和适用范围广，不受通信两点间任何复杂地理条件的限制，也不受通信两点间任何自然灾害和人为事件的影响。从覆盖范围来看，地球同步卫星轨道与地表的距离大约为 35 860 千米，在这个距离上，一颗地球卫星就能实现超过 10 000 千米的远距离通信。因此，只要有 3 颗同步卫星，就基本能覆盖纬度在 76°以下的地区。因此，卫星通信的覆盖范围极广。从适用范围来看，由于卫星通信是通过人造卫星作为中继站，原则上在覆盖范围内的任意两点之间均可通信，不会受到地面地理条件等因素的影响，可靠性高，适用范围广，在一些其他通信方式的覆盖范围之外，也能很好地发挥作用。

②传输性能稳定。传输性能的稳定性与无线电波在传输中的损耗密切相

关，而卫星通信链路在传输过程中的损耗相对稳定，并且这种损耗可以进行相对准确的计算，并据此进行补充，从而保证了其传输性能的稳定。卫星通信还具有机动性大的特点，可实现卫星移动通信和应急通信。因为上述原因，卫星通信还常用于海缆修复期的支撑系统。

③通信距离越远，相对成本越低，这也是如今民营资本陆续进入该行业，并促进卫星通信得以大规模商业化的前提之一。与此同时，卫星通信可在大面积范围内实现电视节目、广播节目和新闻的传输和数据交互。

由此可见，卫星所提供的空间信息、时间基准信息是经济建设和社会发展必不可少的，基本覆盖到社会的各个方面，不仅有利于电信、广播、交通运输和农业等传统产业的结构升级，更能够加速新兴产业的发展，卫星产业已成为拉动经济增长的引擎之一（图1）。

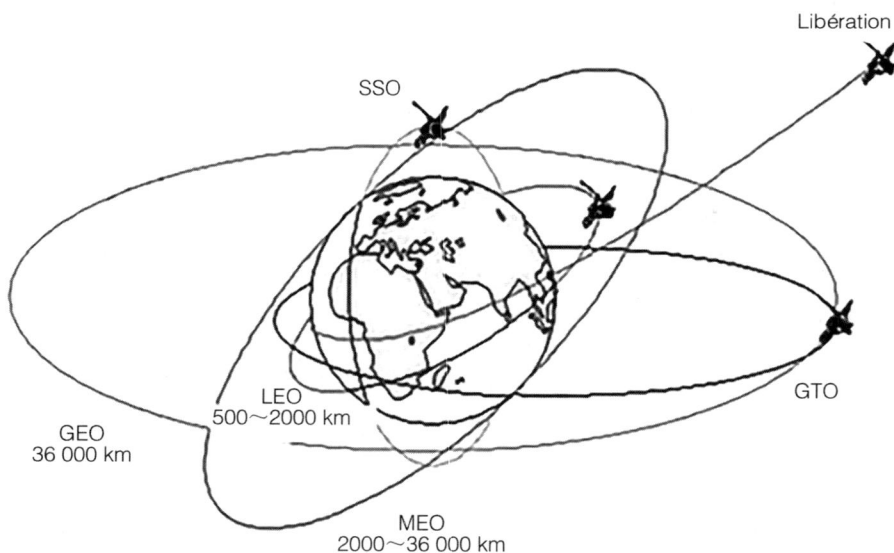

图 1　卫星通信轨道示意

资料来源：银河证券研究院。

（三）卫星通信技术及发展

1. 设计的发展

卫星通信系统的发展经过了几个阶段：第一阶段是点对点的应用；第二阶段是单一性的组网应用；第三阶段也就是现阶段的复杂性通信网络的应用。在这一发展过程中，最关键的是系统设计理念从最初纯粹技术的角度到当前的通信工作运营的转变，这种转变使得整个卫星通信体系变得复杂，但是应用过程却更加简单。

2. 平台的发展

随着卫星通信技术的发展，卫星通信平台也处于不断发展当中。当前，通信卫星平台主要包括大平台和小平台两种，它们的发展趋势也有区别。大卫星平台的规模不断扩大，轨道寿命变得更加持久、工作效率及载荷也在不断增加；而小卫星平台则向更加小型化发展，以达到降低成本及一箭多星发射的目的。平台的发展为卫星通信的发展带来了较大的发展机遇，一方面，提高了卫星的有效载荷能力；另一方面，提高了卫星数据处理和交换的能力，从而促进了卫星通信技术的发展。

3. 新技术的应用

虽然卫星通信受到的影响较少，但是仍然会受到一定的影响，如受到地面网络的挤压作用等。但是，在卫星通信技术不断发展的过程中，研究者也吸取了一定的经验，提高了卫星通信对这些影响的抗性。例如，对卫星进行点波束技术覆盖，将单颗卫星的波束数量从过去的几十个提高到当前的几百个。通过点波束间频率的复用，可以有效提升卫星通信系统的带宽质量。通过对上一代通信卫星带宽性能的充分扩容，当前一个新型通信卫星的带宽质量相当于过去的 10～15 颗，大大降低了通信卫星的运营成本和用户使用成本。

当前，全球商业航天正在蓬勃发展，四大产业构建了万亿级商业卫星市场。2018 年，全球卫星工业体量达 2690 亿美元，占全部太空经济的 79%，市场空间巨大。其中，卫星宽带及卫星移动通信收入逐年稳步上升，2009—2018 年平均复合增长率分别为 10.2% 和 7.2%，这两块业务合计仅占卫星服务业收入的 5.1%。2016 年，全球固定卫星的转发器使用率尚不足 60%，因此，卫星互联网的目标市场一定不是当前固定卫星通信的主要市场（主要指卫星电视直播），而是传统通信卫星难以解决和进入的增量市场。随着航天产业规模的持续扩张，单纯依靠各国政府投入已无法承担快速增长的太空活动需求，商业化发展成为必由之路。

一方面，国外公司正在抓紧布局。据 Internet World Stats 统计，截至 2017 年 6 月，全球互联网普及率约为 51.7%，意味着仍有约一半的人口未实现互联网连接。面对如此广阔的市场，近年来波音、空客、亚马逊、Google、Facebook、SpaceX 等高科技企业纷纷投资低轨卫星通信领域，提出了 OneWeb、Starlink 等十余个低轨卫星通信系统方案，目标是实现全球互联网覆盖，若这些方案得以实施，未来 5 年内将有 20 000 余颗低轨卫星进入太空。

另一方面，低轨卫星轨道和频谱资源竞争将愈演愈烈。轨道和频谱是通信卫星能够正常运行的先决条件，国外公司纷纷推出规模庞大的低轨卫星系统方案以抢占有限的低轨卫星轨道和频谱资源，争取在低轨卫星通信系统组网建设上占得先机，纷纷"跑马圈地"，全球太空争夺战已经开始。

（四）卫星通信产业链

如今，卫星通信技术已非常广泛地应用于多种业务：电话、传真、数据、电视／电话会议、声音／视频／数据广播、电子邮政、运距离教育、远距离医疗及计算机联网等。

从产业链来看，卫星通信产业可以分为自上而下的卫星制造、卫星发射、地面设备及卫星应用和服务 4 个环节。卫星产业链基于卫星系统和卫星技术，将各类信息产品与服务分发至各级用户，从而构成价值传递的产业链。具体说来，卫星及其应用产业链可总体分为 4 个环节：①电器元件材料等卫星火箭配套厂商；②卫星研制商、发射服务提供商及地面设备制造商；③卫星运营商与卫星应用服务提供商；④终端用户（政府、企事业单位、个人）。与国外相比，我国卫星产业在卫星研制和发射领域，企业实力突出、竞争力强；而在电子元器件、终端类产品、应用系统和运营服务等领域，目前我国企业规模较小，整体实力偏弱，尤其是芯片、板卡、天线、算法、软件、接收器和终端技术水平与国外顶尖水平差距明显。自 2015 年起，随着资本的注入，大批民营初创航天企业进驻到产业链各个环节中（图 2）。

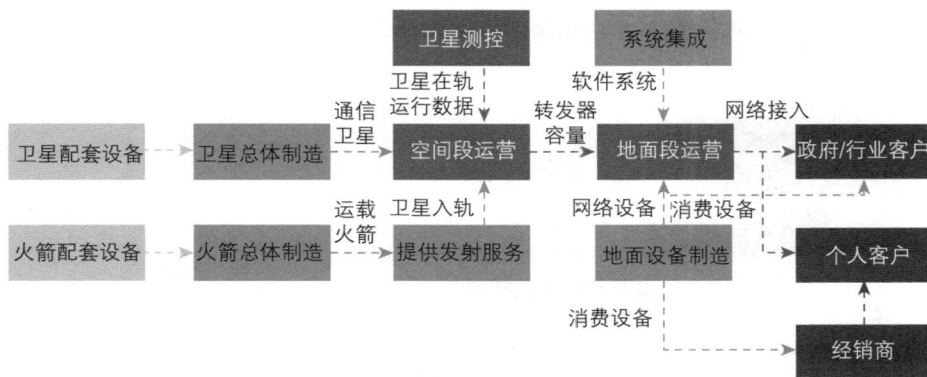

图 2　卫星通信产业链结构

资料来源：艾瑞咨询研究院。

在整个产业链中，民营火箭研制与发射、商业卫星研制与运营是商业航天市场化程度相对高、商业模式较成熟的两个领域。

（五）民营火箭

20世纪60年代，美国德尔塔火箭由国际通信卫星组织的"Early Bird"卫星成功送入轨道，开启了卫星商业通信服务。随着通信卫星的成功，国际电话业务和洲际电视传播业务迅猛发展，世界各国均释放发射通信卫星需求，在相当长的时间内，商业发射市场被美国垄断。

1986年，挑战者号航天飞机失事，美国宣布航天飞机退出商业发射，由于此前停止一次性运载火箭的研制和生产，使得1983年进入商业发射市场的阿里安火箭获得绝大部分商业订单，美国由第一退居第二。在这个关键节点，美欧俄开始三足鼎立，中日印登上竞技舞台。

21世纪初，美国航天政策向深空探测转变，NASA将近地轨道空间的太空活动交给私营企业负责。以SpaceX、轨道ATK公司为代表的航天民营企业迅速崛起，带动火箭发射驶入真正意义上的商业化道路（图3）。

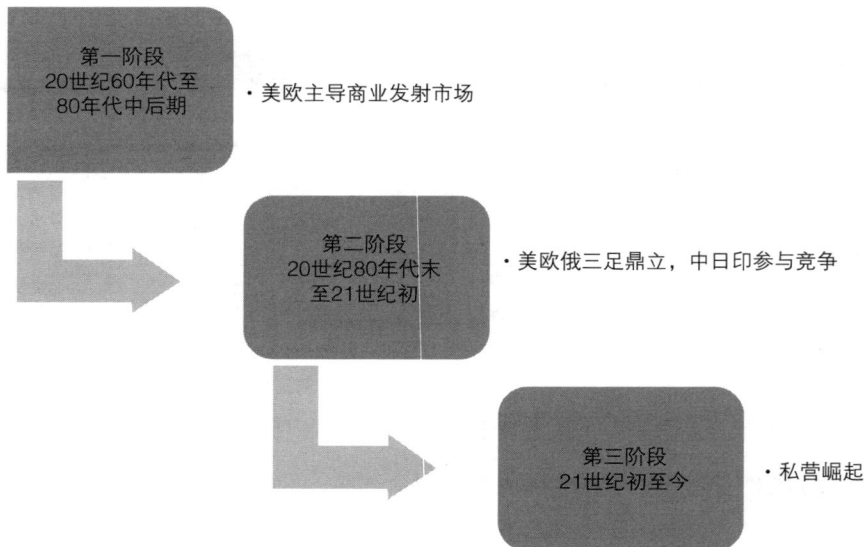

第一阶段
20世纪60年代至80年代中后期

· 美欧主导商业发射市场

第二阶段
20世纪80年代末至21世纪初

· 美欧俄三足鼎立，中日印参与竞争

第三阶段
21世纪初至今

· 私营崛起

图3　全球民营火箭发展历程

资料来源：前瞻产业研究院。

数据显示，截至 2018 年年底，在 2017 年全球 90 次航天发射任务中，美国火箭发射次数高达 29 次，暂时在全球火箭发射市场占据重要地位；其次为俄罗斯，发射次数 20 次；中国目前位于世界航空航天领域的第二方阵，正在力图缩小差距。2017 年，中国火箭发射次数达到 18 次，仅次于美国和俄罗斯。在商用火箭领域，中国在 2018 年实现巨大的进步，商用火箭的发射数量达到 22 次，超过 2017 年中国全年火箭发射次数，与美国持平。

市场准入依然是全球商业航天面临的共同课题。SpaceX、ULA、Blue Origin 和 Northrop Grumman Innovation Systems 是美国空军发射服务协议合同的竞争者。美国空军于 2018 年 10 月宣布，将向 Blue Origin、Northrop Grumman Innovation Systems 和 United Launch Alliance 颁发 3 份总价值约 20 亿美元的合同，以开发发射系统原型。这笔资金用于开发旨在发射国家安全有效载荷的发射系统原型，每家公司将获得 1.81 亿美元的初始奖励。该项发射服务协议用于开发 Blue Origin 的 New Glenn、Northrop Grumman 的 Omega 和 ULA 的 Vulcan Centaur 火箭。空军为 Blue Origin 提供了 5 亿美元的资金，为 Northrop Grumman 提供了 7.92 亿美元的资金，为 ULA 提供了 9.67 亿美元的资金。SpaceX 之前曾获得 LSA 奖，但这次没有获得晋级。发射服务协议将促进 3 个美国发射系统原型的开发，可以保证未来至少有两个国家安全太空发射服务提供商可以选择用于未来美国空军的采购。此次项目也是美国为了摆脱对俄罗斯 RD-180 发动机依赖性的举措。

1. SpaceX

美国太空探索技术公司（SpaceX）是一家由 PayPal 早期投资人埃隆·马斯克（Elon Musk）于 2002 年 6 月建立的美国太空运输公司。它开发了可部分重复使用的猎鹰 1 号和猎鹰 9 号运载火箭，同时开发 Dragon 系列航天器，以通过猎鹰 9 号发射到轨道。该公司还设计、测试和制造内部的部件，如 Merlin、

Kestrel 和 Draco 火箭发动机。

2008 年，SpaceX 获得 NASA 正式合同，2012 年，SpaceX 将货物送到国际空间站，开启私营航天的新时代，到 2013 年 12 月，SpaceX 已做了 8 次试验，可以做到升空 1000 米后回落原地。2015 年，美国 SpaceX 公司的猎鹰 9 号火箭从卡纳维拉尔角空军基地发射升空，将世界上第一批全电动通信卫星送入预定轨道。

SpaceX 制造了两个主要的太空运载火箭：猎鹰 1 号于 2008 年 8 月 28 日成功首次飞行，较大的 EELV 级猎鹰 9 号（Falcon 9）计划于 2010 年首次发射。猎鹰 5 号因猎鹰 9 号而暂停开发。SpaceX 同时开发 SpaceX Dragon——一个通过猎鹰 9 号发射到轨道的载人航天器。2018 年 2 月， SpaceX 在加州范登堡空军基地（Vandenberg Air Force Base）成功地发射了一枚"猎鹰 9 号"火箭，将其两颗互联网实验卫星 Microsat 2a 和 2b 送入轨道，随后又将西班牙卫星公司 Hispasat 的一颗大型卫星送入轨道，不到一个月内，SpaceX 又将 Dragon 飞船送入轨道。2019 年 5 月，美国佛罗里达卡纳维拉尔角发射基地，SpaceX"龙"货运飞船由最新型猎鹰 9 号火箭发射升空。

2019 年 4 月，SpaceX 旗下的重型猎鹰火箭首次发射成功，此次发射了一颗通信卫星，并首次将猎鹰重型火箭的 3 个助推器全部成功回收，为未来发射商业和军事有效载荷打开了大门。

猎鹰重型火箭的设计初衷，是携带比 SpaceX 的重型猎鹰 9 号火箭更多、更大的卫星或其他有效载荷，其运载能力几乎是后者的 3 倍。这枚火箭最初被视为 SpaceX 争取更多美国国家安全发射合同，以及更重的商业卫星发射的手段，但是，商业卫星市场目前在很大程度上倾向于使用更小的卫星。不过，鉴于特朗普政府呼吁在 2024 年前实现重返月球，重型猎鹰项目可能从中受益。

SpaceX 之于行业的影响不仅在产品研制方面，其创始人埃隆·马斯克曾提出雄心勃勃的火星移民计划，按其火星探索计划，SpaceX 将于 2024 年发射载人航天器，并于 2025 年抵达火星。这家公司在 2018 年年底向美国联邦通信委员会（FCC）递交申请，计划发射 4425 颗卫星为全球提供高速互联网服务，这一数字将超过人类目前所发射的所有卫星总和。

2019 年 5 月，SpaceX 使用"猎鹰 9 号"重型火箭成功将 60 颗"星链"（Starlink）卫星发射至距离地面 440 千米的近地轨道。截至 2019 年 7 月，该公司宣布上述卫星当中有 3 颗失联，未能进入预定轨道，目前剩下的 57 颗卫星与地面通信良好，其中 45 颗已进入距离地面 550 千米的预定轨道。SpaceX 预测，这批卫星能把传统地球同步卫星半秒或者更久的信号延迟缩减到 15 毫秒。

"星链"是 SpaceX 公司正在研发的"卫星星座"工程，致力于形成一个低成本、高覆盖的天基全球通信系统。SpaceX 也计划向军方和科研机构售卖卫星服务。星链网络需要 10 多年才能构建完成，预估耗资 100 亿美元。

2015 年，星链计划启动，并于 2018 年 2 月份将两颗原型测试卫星发射入太空，该次发射是第二批测试卫星，也是首次大规模投放试验，总共 60 颗卫星，作为试验卫星，它们之间并没有激光链路相连，但有与地面通信的能力，随着后续持续的新卫星发射，早期的这些卫星会被逐渐取代。据计算，如果想对地球进行最低程度的宽带覆盖，也至少要 360 颗卫星才行，720 颗卫星能够完成中等程度的覆盖。预计最早 2020 年才能够开始投入商业运营。

星链的寓意是通过技术手段把上万颗卫星链接成一张巨大的通信网络。在未来，卫星之间的通信采用激光，因为传统的微波通信受到传输容量的限制，成为星间通信的瓶颈。现代的卫星通信在准确的基础上，需要量大、实时、传输距离远，这要求卫星通信具有更高的传输数据率。星间激光通信所利用的激光比微波频率高 3 ～ 4 个数量级。星间激光通信无须频率申请许可，而传统的无线电波频段属于战略资源。目前，国际电联严格管控星载微波频段，很难申请大容量数据带宽，激光通信意味着绕开了"管制空路"，获得了更广阔的便利空间。星间激光通信具有比微波更窄的波束，信号覆盖范围很小，因而具有很好的抗干扰和抗截获能力。

根据计划，星链系统总共由大约 12 000 颗卫星组成，这些众多的卫星分布在 3 个不同的轨道高度层上。这 1 万多颗卫星的轨位资源来之不易，是 SpaceX 公司与美国联邦通信委员会（FCC）多次申请的结果。卫星的布局方式也曾经多次进行调整，最新的消息是：有大约 7500 颗卫星运行在 340 千米的轨道上；大约 1600 颗卫星运行在 550 千米的轨道上；大约 2800 颗卫星运行在 1150 千米的轨道上。其中，340 千米轨道上的卫星采用的是 V 波段进行通信，550 千米高度和 1150 千米高度上的卫星采用的 Ku 和 Ka 波段。

电磁波谱是按照频率由低到高排列而成的，光也是一种电磁波，只不过频率更高一些，高达 300 THz 左右。V 波段的频率为 60 ～ 80 GHz；K 波段的频率为 18 ～ 27 GHz；Ku 的含义是比 K 波段的频道要低（under），频率为 12 ～ 18 GHz；Ka 的含义是比 K 波段的频道要高（above），频率为 27 ～ 40 GHz。

V 波段在通信中较少使用，星链中超过半数的卫星都处于该波段，运行在最低的 340 千米轨道上。换算一下可知，V 波段的波长介于 6 ～ 8 mm，属于毫米波。

卫星分布高度上，三层星链卫星都是低轨卫星，相比之下，地球同步静止轨道上的卫星要远得多，达到了 36 000 千米的高度。低轨的好处是信号延迟短，同步轨道上的卫星延迟大约 477 毫秒，星链卫星的延迟仅仅 25 ～ 35 毫秒，能够达到光纤的程度。首先完成组网的将是处于 550 千米高度上的 1584 颗卫星，这 1584 颗卫星将分布在 40 个轨道平面上，每个轨道平面容纳 66 颗卫星，轨道倾角为 25°，比其他两个轨道层上的卫星倾角要小。

有超过半数的卫星位于最低的 340 千米轨道上。在这种轨道上的卫星受到的运行阻力较大，虽然 100 千米的高度规定为太空，但 340 千米的高度还是有稀薄的气体对卫星的运行造成阻力，SpaceX 利用了哪种黑科技来克服这种先天劣势还未可知。

为了配合这 12 000 颗卫星的通信，SpaceX 也正在积极向 FCC 申请在地面建造 100 万个地面站的方案。地面站是为了接收由卫星发送的信号，同时接收由终端用户和其他地面站发来的信号。

小步快跑，迅速迭代，这是 SpaceX 公司高效的运作方式给人留下的深刻印象。从猎鹰 1 火箭到猎鹰 9 火箭，从重型猎鹰到"龙"飞船，都是在迅速迭代的过程中逐渐成熟起来的，几乎没听说有"定型"这一说，这一点和相对慢速谨慎的 Blue Origin 形成鲜明对比。同样，在星链卫星的研发上，也是本着这种原则，12 000 多颗卫星不断发射，不断优化改进。每颗卫星重约 227 千克，搭载有一个扁平的高通量天线和单个太阳能发电板。60 颗这种卫星也恰恰能够充分利用猎鹰 9 的运载能力。

值得注意的是，在完成这 12 000 颗卫星的研发后，SpaceX 恐怕不再单单是一个火箭发射公司，也会变成一个卫星制造公司。

2. Blue Origin

Blue Origin 是亚马逊 CEO 贝索斯创办的航空航天公司。2019 年 6 月，Blue Origin 首次推出了该公司为其未来的月球着陆器开发的全新发动机。被称为 BE-7 的发动机在美国宇航局马歇尔太空飞行中心的测试中点燃了整整 35 秒，对于公司来说，这是一个很大的进步，因为它准备建造名为 Blue Moon 的着陆器，并最终将其发送到月球表面。在此之前一个月，这家公司的火箭已经完成第 11 次测试飞行，火箭发射并成功返回。该次发射中，Blue Origin 使用的是 New Shepard 可重复使用火箭，携带 38 套微重力研究装备，其中 9 套来自 NASA。NASA 声称，研究人员可以有机会在零重力环境下测试自己的实验。Blue Origin 也有将游客送往太空的计划。Blue Origin 曾说，希望最快在 2019 年让首批付费乘客"登机"（图 4）。

图 4　在 Blue Origin 工厂车间，将向付费客户提供旅行服务的太空舱正在建设中
资料来源：高端装备发展研究中心。

此前，亚马逊对外宣布计划将 3236 颗网络卫星送入近地轨道（low earth orbit），在全球提供互联网服务。亚马逊近地轨道卫星群计划代号为"Project Kuiper"，由 3 个不同高度的卫星网络组成，包括地面以上 590 千米处的 784 颗卫星、610 千米处的 1296 颗卫星及 629 千米处的 1156 颗卫星。这一项目旨在发射一系列近地轨道卫星，为世界各地未得到基本互联网服务和服务不足的社区提供低延迟、高速宽带网络服务（图 5）。亚马逊尚未宣布是否打算自己制造卫星，还是从第三方购买卫星，该公司也还没有决定如何将它们送入轨道。尽管亚马逊首席执行官贝佐斯（Jeff Bezos）拥有自己的航天公司蓝色起源（Blue Origin），但亚马逊也表示，"亚马逊当然会考虑所有的选择"。

到目前为止，Blue Origin 已经与 4 家公司签订了协议，其中包括法国通信公司 Eutelsat，该公司希望 New Glenn 为其发射卫星。该公司还计划将 New Glenn 的发动机出售给联合发射联盟（ULA，一家由更多传统政府承包商组成的合资企业）。New Glenn 将最终与 SpaceX 的大型火箭竞争，但到目前为止，还有很多工作需要进行。在发射场方面，SpaceX 暂时布局领先，SpaceX 获得 20 年租约使用 Apollo 11 起飞的历史性 39A 发射台的时候，Blue Origin 还未能成功地从 NASA 获得许可。Blue Origin 将从传奇色彩较少的 Launch Complex 36 进行发射。

图 5　位于佛罗里达州卡纳维拉尔角的 Blue Origin's New Glenn 火箭工厂内部
资料来源：高端装备发展研究中心。

贝索斯认为，政府合同及游客的费用最终会使 Blue Origin 盈利，尽管所需的时间取决于其目前的工作进展及速度。目前 Blue Origin 的商业模式是通过贝索斯本人出售亚马逊股票，贝索斯表示愿意为此耐心等待数十年。

与此同时，该公司正在深入设计一种名为 Blue Moon 的月球着陆器，它可以在 2023 年之前运输 10 000 磅的物品（大约相当于两辆福特 150 卡车）。

2019 年 7 月，亚马逊旗下全资子公司 Kuiper Systems 向 FCC 提交了 Project Kuiper 卫星群的申请，网络卫星群之战趋向白热化。业界热议的是，Project Kuiper 将由谁家的火箭发射——毕竟 3200 多枚卫星不是个小数字，就算以 SpaceX 一次 60 枚的速度，也是分为 50 多次发射。目前看来最有可能的是 Blue

Origin 的 New Glenn，但最终答案还要看 New Glenn 的开发进度。

接下来我们看看中国的民营火箭。在 SpaceX 的刺激下，加上中国军民融合政策的推广，2015 年开始，中国民营商业航天迎来创业热潮。火箭作为唯一进入宇宙的交通工具，逐渐被各界关注并被资本认可，不过中国民营火箭公司依然经历了艰难的探索。

以零壹、蓝箭等为代表的中国第一批民营火箭公司，早期主要是从体制内采购固体火箭发动机，自研完成总装。随着 2016 年国内火箭发动机的政策变化，民营火箭公司开始调整策略，自研火箭发动机或火箭关键部件产品。蓝箭转为自研液氧甲烷火箭发动机及火箭，零壹调整为自研固体火箭发动机及火箭。

时隔 3 年，随着军民融合政策的进一步推进及体制内政策的变化，民营商业航天迎来解冻期，赛道上也出现了新的民营火箭公司，如星际荣耀、星途探索、九州云箭、灵动飞天、深蓝航天等，其创始人多为体制内技术背景出身，产品规划、商业路径多样，不过基本都涉及固体或者液体火箭发动机的研发。

2018 年，国内民营火箭动作频频。星际荣耀于 4 月在海南发射首枚亚轨道固体验证探空火箭——双曲线一号 S；紧跟其后，零壹空间也于 5 月 17 日发射名为"两江之星"的亚轨道探空火箭；9 月，蓝箭航天自主研发的 80 吨液氧甲烷发动机短喷管状态试车成功；10 月，蓝箭航天发射我国首枚民营运载火箭"朱雀一号"，虽遗憾未能入轨，但在国内第一次拿到中国民营运载火箭发射许可证，并获得官方正式的服务支持，开创了中国民营火箭的先河，具有重大里程碑意义。

3. 蓝箭航天

蓝箭航天（北京蓝箭空间科技有限公司）成立于 2015 年，是一家专注研制独立、自主、可控液氧甲烷航天发动机及液氧甲烷火箭的民营航天企业，主营业务是商业运载火箭。

2018 年 10 月，蓝箭航天自研的运载火箭"朱雀一号"在酒泉发射。虽然发射异常，但对于中国民营商业航天依然有历史意义——这是国内第一枚民营商业运载火箭。

2019 年 4 月，蓝箭航天与英国 Open Cosmos、意大利 D-Orbit 签署合同，正式达成合作。蓝箭航天这次拿下的跨国签约项目涉及立方星发射、在轨交付等，合同累计金额过 1 亿元人民币。其中，蓝箭航天将为 Open Cosmos 研制的立方星群提供发射服务，同时双方将整合立方星研制和发射等航天技术服务，联合为中英双方商业航天市场提供立方星相关的高度集成一揽子工程技术服务。

意大利 D-Orbit 将采用蓝箭航天自主研制的"朱雀"系列运载火箭，为其研制的立方星智能分配系统提供涵盖多项工程服务的一站式商业发射解决方案。之后，蓝箭航天将按国家相关规定办理报批手续，并开展相关的发射服务合同履约工作。这也标志着蓝箭航天在研发研制、市场销售、发射服务全链条完成商业化闭环。

蓝箭航天进入《麻省理工科技评论》2019 年"50 家聪明的公司"（TR50）榜单。蓝箭航天是因其自主研发的"天鹊"（TQ-12）液氧甲烷发动机 20 秒整机试车成功而入选，此发动机为中国首台有明确装箭计划的大推力液氧甲烷发动机，其地面型海平面推力 67 吨，真空推力 76 吨，推力接近 Space X 的 Merlin 1C 发动机。2019 年 5 月，蓝箭航天 80 吨液氧甲烷发动机"天鹊"（TQ-12）20 秒试车成功，标志中国民营航天企业大推力液体火箭发动机产品实现零的突破，验证了设计、研发、制造、生产、装配、试验的完整流程。

"天鹊"发动机于 2017 年启动相关研制工作，先后完成燃气发生器试车、短喷管推力室试车、半系统试车等重大试验。该发动机是继美国 SpaceX 的猛禽发动机、蓝色起源的 BE-4 发动机之后，世界第三台完成全系统试车考核的大推力液氧甲烷火箭发动机，具有无毒环保、高可靠、高性能、低成本、易操作、可重复使用等特点。

2019年7月，该公司自主研发的"天鹊"10吨级液氧甲烷发动机TQ-11推力室也完成了单次时间长达650秒的长程试车，创下了该公司推力室单次试车时长的记录，采用"天鹊"发动机的"朱雀二号"运载火箭预计2020年首飞。

蓝箭航天的"朱雀二号"系列液体火箭采用通用化、模块化设计，通过一种推进剂、一个箭体直径、两型发动机（TQ-11/TQ-12）的灵活组合，可以构成运力数吨到几十吨、覆盖低中高轨道发射能力的液体火箭系列产品。

TQ-11发动机将通用于朱雀二号火箭的二级游机、三级主动力。在游机状态下，TQ-11由一台涡轮泵供应4个推力室，每个推力室的推力为20千牛。在三级主动力状态下，由一台涡轮泵供应一个推力室（面积比100），单台发动机推力85千牛。本次试车的是TQ-11游机状态的推力室，与TQ-12合体后即构成朱雀二号的二级发动机。TQ-11、TQ-12两型发动机组合之后通用于朱雀二号的芯一级、二级、三级和助推器，TQ-11、TQ-12在设计和工艺思路上一脉相承，如喷管采用夹层激光焊接工艺，燃烧室身部采用3D打印技术一体成型等，可降低研发成本和制造周期，更容易量产。

（六）商业卫星

卫星是商业航天的核心环节。卫星制造、卫星发射、卫星运营及卫星应用几乎概括了商业航天的上下游。以往卫星的重量多在吨级，成本多在数千万元甚至数亿元，研发周期多在数年，发射成本多在7000万美元（美国5000万～8000万美元，欧洲2亿美元）。商业卫星多需要花费十年甚至更长时间收回成本，应用端费用居高不下，想尝试者只能望而却步。

小卫星提供了另一种可能。微小卫星研制周期短，一般在一年半以内能够完成研制，发射方式灵活，可随其他卫星搭载发射，研制成本和发射成本大为减少，理论上可以更低价，这使得过去几十年传统航天的固有商业模式有望被打破。

卫星运营商在商业航天产业链中的市场份额约为 70%（国内因为缺少卫星电视这一应用市场占比暂时低于 70%），远超卫星制造的 10%。但在基础设施不成熟的当下，他们需要先成为卫星制造商。目前，包括银河航天、长光卫星、天仪研究院、九天微星、千乘探索、微纳星空、欧科微、零重空间等在内的公司均在从事微小卫星的研发与制造。

近几年，全世界范围内卫星行业发生了深刻的变革。2005 年以来，立方星技术出现，全世界出现大量的中小卫星和维纳卫星。小卫星的出现衍生了航天市场对火箭的需求，而卫星的小型化、微型化，使其制造成本持续降低，制作迭代周期也在加快（表 1）。

表 1 卫星制造分类

	大卫星	中小卫星	微纳卫星
典型重量	> 1000 kg	100 ~ 1000 kg	< 100 kg
典型功能	军事、导航；通信和遥感母星	通信星座遥感星座	遥感星座
典型轨道位置	多为高轨	多为中低轨	多为低轨
发射服务市场容量	70%	20%	10%
卫星（向火箭）的付费能力	极强	强	弱
典型卫星厂商	国家任务	SpaceX 星座计划	Planet 星座计划
适用火箭类型	重型火箭大型火箭中型火箭	大型火箭（组网）中型火箭（组、补网）	中型火箭（组网）小型火箭（补网）
发射服务典型火箭	德尔塔系列（大）质子号（大）SpaceX 猎鹰（大）长征三号"乙"（中）	SpaceX 猎鹰（大）长征二号"丙"（中）印度 PSLV（中）	印度 PSLV（中）Rocket Lab（小）长征 11 号（小）

在卫星制造方面，卫星的模块包括综合电子模块、用于姿态控制的反作用飞轮模块、锂电池的模块、数据传输的模块、太阳能电池板模块、遥感相机模块。整个卫星上的零部件都放在一个框架内。卫星制造必须考虑到太空环境的特殊性。太空与地球环境迥异，温度极高且昼夜温差非常大，还有太阳风暴、宇宙辐射等极端情况。在卫星制造上，电路设计方面要做高温、抗辐照的处理，电路板和电缆都是抗高温材料，整个卫星外部需要多层包覆，对其温度进行控制。卫星的内部设计通常采用铝合金的航天铝材料，在卫星装配到框架内的时候会进行打力矩、点胶等一系列措施来防止火箭的高频冲击；从外部框架设计考虑，整个卫星集成以后，它会装配到专门的星箭分离机构上，这个分离机构有一系列的减振措施，来减缓火箭带来的高频冲击。

卫星里装载一台 RGB 的彩色相机，单次拍照可以覆盖 3000 平方千米的土地。卫星发射至太空后，需要靠太阳能电池板来提供能源，在阳照区时通过供电管理模块给各个部件进行供电，多余的电量还存储到锂电池模块，卫星到阴影区的时候就可以通过锂电池供电。

根据不同卫星的应用场景及功能，卫星组装通常包括但不限于以下部件：用于拍照的遥感相机、姿态测量敏感器、GPS 天线、用于测量太阳入射角的太阳敏感器、星敏感器等。随着发射至太空的卫星数量不断增加，离轨帆这一部件也愈发重要。离轨帆在飞行过程中处于折叠状态，完成卫星载荷实验任务以后，离轨帆展开，卫星加速下坠并坠入大气层销毁，可以防止太空垃圾的产生。国内卫星创业公司银河航天自主研制的"银河一号"宽带通信卫星，不仅有着低成本、高性能、模块化组件、轻量化结构、批量化智能制造等特点，更是极具前瞻性地考虑到了未来太空垃圾回收等问题。当银河星座卫星接近其预期使用寿命时，卫星便会自动脱离轨道，然后在大气层中燃烧殆尽。

当火箭发射升空到达预定轨道高度后，会给星箭分离机构一个信号，检测到分离信号以后，分离机构会对整个热刀电源进行供电，供电以后对整个绳子进行热切割，舱门会打开。弹簧把整个卫星分离出去，后面卫星会自动加载指定的程序，自动展开天线和太阳能帆板，整个发射才算最终成功。

卫星的发射资源相对稀缺。到 2020 年，全球大概有 5000 ~ 6000 颗待发射的低轨卫星，但现在真正服务于低轨发射的、大规模投入商用的火箭，市场上仍十分稀缺。面向低轨市场，全球范围内较少的火箭供给与日益攀升的卫星发射需求矛盾凸显。

全球范围内，除了 OneWeb 等公司，Facebcok 等巨头也在开发卫星互联网项目。此前提交给美国联邦通信委员会（FCC）的文件显示，一家名为 PointView Tech 的神秘公司将发射一颗价值数百万美元的试验卫星。这颗卫星名为"雅典娜"（Athena），其数据传输速度将比 SpaceX 的 Starlink 网络卫星快 10 倍。PointView Tech 公司是 Facebook 旗下一个新的子公司，成立于 2017 年。

1.Starlink 星链

Starlink 卫星承载的不仅仅是 SpaceX 的宏伟计划，也为卫星通信乃至整个商业航天领域开启了更多想象空间和可能性——世界期待已久的全球网络覆盖也因此而变得更加接近现实。2019 年 5 月，SpaceX 将 60 颗互联网卫星送入太空，从而向实现全球互联网覆盖这一使命跨出了一大步。按照马斯克的设想，未来完整的 Starlink 巨型卫星网络系统将有多达 12 000 颗卫星。该公司希望通过 Starlink 为世界提供价格合理的互联网服务，尽管目前看来，每一个 Starlink 卫星重约 500 磅（227 千克），60 颗卫星加起来的总重量，已经是猎鹰 9 号的有效载荷极限了。

为了组成一个超级卫星网络，SpaceX 一共计划向低地球轨道发射约 1.2 万颗 Starlink 卫星，然后这些卫星将从该轨道位置向地球发射互联网信号。根据这家公司与联邦通信委员会（FCC）达成的协议，Starlink 卫星群将有两个：一个包含 4409 颗卫星，另一个包含 7518 颗卫星。第二个规模稍大的卫星群的运行海拔高度稍低一些。SpaceX 的发言人称，两个卫星群都将提供覆盖地球每个角落的平价互联网服务。

根据 FCC 的许可要求，公司须在未来 6 年内完成计划发射卫星数量之一半的发射任务。2018 年 2 月，SpaceX 首次发射了两枚 Starlink 的测试卫星：TinTin A 和 TinTin B。两个卫星的运行状况看似良好，尽管运行的轨道低于先前的计划。基于从最初的测试发射任务中采集的数据信息，SpaceX 向 FCC 提出请求，允许让部分卫星在较低海拔高度运行。FCC 同意了 SpaceX 的请求，继而有了 2019 年 5 月公司正式推出的 Starlink 的可运行卫星。

不过，从某种程度上来说，这第一批的 60 颗卫星也是一个测试版本。与公司计划大规模生产的数千颗卫星稍有不同的是，这 60 颗卫星仍缺乏最终卫星群所要求的一些设计特点。例如，目前的这些卫星未搭载星间链路，因此，无法互相之间直接通信，但它们配备了动力系统和通信天线，可以与地面通信然后自己调整位置。

在这批卫星到位之后，SpaceX 将会把它们的运行能力推到极限。这也显示出这批卫星同样带着很强的试验目的。SpaceX 对外也是相对保守地将这批卫星称为"示范"卫星，除了测试卫星本身的工作能力，SpaceX 也将借这次发射机会测试将这些卫星部署到轨道上的能力。此次发射作为项目的首次发射很有可能出现一些问题。这批卫星还将用于测试如何最安全地将 Starlink 的所有卫星部署到轨道上。

在部署方面，根据马斯克的说法，这 60 枚卫星平整地堆叠在整流罩内，也就是说没有多余的分配器用于在太空部署这些卫星，与常规的使用弹簧机构来部署每颗卫星的方式不同，SpaceX 的工程师选择使用卫星自身的惯性来部署它们。猎鹰 9 号的上级火箭会在运行过程中旋转，然后 Starlink 的卫星则可以像分发扑克牌那样部署出去。按照马斯克的说法，可能卫星之间会有少量的触碰，但速度会很慢，卫星本身的设计将能够承受这些触碰。如此大量部署自己的卫星，对 SpaceX 来说也是第一次。SpaceX 期望从可能遇到的问题中获得相应的经验，并表示这对未来提供更便宜且可靠的宽带服务非常关键。

这 60 颗卫星只是开始，在 Starlink 真正能够开始提供小范围的互联网覆盖之前，至少还需要 6 次这样的每次携带 60 颗卫星的发射任务，在提供适当规模的互联网覆盖之前，则需要另外 12 次类似的发射任务。在 SpaceX 的设想中，800 颗卫星也是该星座能够开始提供商业服务的最低标准，而实现商业服务的时间点则可能在 2020 年或 2021 年左右。

作为 FCC 批准的条件之一，SpaceX 需要在未来 6 年内发射所有这些卫星的一半，即 6000 颗左右。以此速度计算，SpaceX 每月平均发射卫星的数量将达到 80 ~ 100 颗，这还没有计算因卫星使用寿命到期或设备故障等因素带来额外的卫星发射计划。这无疑对卫星的制造能力提出了巨大的挑战，如此大批量的生产卫星在历史上是绝无仅有的。

同时，Starlink 项目的发展也将大幅提升 SpaceX 火箭发射数量，按每年 1000 颗的数量计算，SpaceX 每年在自己的项目上的发射次数都可能超过 10 次。而 SpaceX 在 2018 年全年的发射次数也仅有 21 次。不过，随着计划的进行，SpaceX 可能会将更多的卫星塞到单次发射中，最大限度地降低发射次数，采用其他更经济、高效的发射方案，在成本上找到最优解。

"这不仅可以为无法接入互联网的地区提供互联网服务，也会给已经拥有互联网服务的地区带来有竞争力的服务。"尽管接下来的发射任务依然十分艰巨，但马斯克依然十分期待解决上述问题。当前，我们仍然依赖无线蜂窝塔或接入我们家中与办公室的网线来访问互联网。这意味着世界各地的偏远郊区往往无法顺利访问互联网。尽管目前也有不少基于卫星的互联网服务，但这些服务不仅价格昂贵且连接速度也不理想，因为提供服务的卫星距离我们太遥远。SpaceX 希望改变这个局面。

有上述此志向的绝非 SpaceX 一家，包括 OneWeb、TeleSat 及刚加入的亚马逊等不少公司都希望通过在低地球轨道部署小型卫星网络来为更多人提供互联网访问服务。这些低地球轨道上的卫星，比目前提供互联网服务的卫星离我们要近得多。目前看来，SpaceX 要暂时领先了，当 SpaceX 已将 60 颗卫星部署到轨道上，或许有望成为第一个提供广泛卫星覆盖的公司。相对于 OneWeb 等卫星公司，Starlink 能够使用自己的火箭，这也能进一步降低火箭发射费用，这一因素有望帮助 Starlink 在与其他互联网卫星公司的竞争中获得更大的成本优势。

2. OneWeb

OneWeb 建立于 2012 年，计划通过发射超过 600 颗小卫星到低轨道，创建覆盖全球的高速电信网络。这家公司的设想是，其网络将允许用户即使在基于地面的基础设施被损坏时（如在灾难中），也能与他人进行通信。OneWeb 曾计划向大约 1100 千米的近地轨道上，发射总共 900 颗全球互联网卫星，原计划在 2019 年年底部署到位，但其发射时间表也不断改期。

这家公司目前面临以下挑战：单颗卫星实际成本超出预期，不过因为卫星射频性能良好及其具备性能提升，原来 2000 颗卫星才能实现的梦想，现在 1500 颗卫星就能达成，接下来需要继续扩大产能，并要为卫星的发射和改进筹措资金。根据最新的时间表，OneWeb 期望在 2020 年开启演示，并在 2021 年为客户提供 24 小时全球网络覆盖。

软银曾分别于 2015 年 5 月、2016 年 12 月向 OneWeb 进行了两轮投资，金额分别为 5 亿美元和 8.5 亿美元。美国联邦通信委员会于 2017 年正式批准 OneWeb 公司进入美国宽带服务市场。2019 年 2 月， OneWeb 终于将计划中的 650 颗全球互联网卫星集群中的前 6 颗顺利送入太空并抵达既定的轨道。2015—2017 年，OneWeb 已经获得了来自软银、高通、空客、可口可乐等多家公司的近 22 亿美元的投资。目前，OneWeb 还没有收入，每增加 5% 或 20% 的成本都要靠未来的融资来覆盖。如不遇到巨大的经济波动或金融危机，

OneWeb 将在 2020 年开始正式的服务。

OneWeb 当前主要着眼于以下刚需市场：应急服务市场和移动性市场。尤其是后者，每年有 40 亿人坐飞机，全程享受不到网络服务。GEO 卫星对飞机天线视场角的需求及 GEO 卫星的高延迟都会导致通信性能下降，飞机转个弯，乘客的网就断了，人们需要在空中使用低延迟和快速响应的系统。OneWeb 所提供的 LEO 卫星的服务没有直接与业内其他公司竞争，而是从现有巨头业务的边缘切入，与现有玩家 GEO 卫星的业务形成了互补。

除了 LEO 卫星星座，OneWeb 还计划建设一个由 1280 颗卫星构成的中轨道（MEO）星座，并将根据服务需求和覆盖区域内的业务量在这两个星座之间动态分配业务。OneWeb 新的星座运行在包括低地球轨道和中地球轨道、Ku 和 Ka 波段的频谱上。一旦 OneWeb 卫星星座建成，其他任何非静止轨道轨星座就不能再使用 OneWeb 所占用的 Ku 频段。其竞争公司，如 SpaceX、Leosat 等公司的频谱规划都会受到冲击。OneWeb 正在从"如何建造卫星"阶段向"全球电信运营商"转向。

之前提到，SpaceX 公司成功将 Starlink 星链实验卫星发射到预定轨道后，实验结果表明，在美国指定的地区人们确实搜索到了网络信号并成功上网，联想到星链计划卫星组网运行的未来，世界各国恐怕都有同样的担忧：当美国人的卫星网络信号覆盖我们全国，会不会对我们的国防安全造成影响，并且对我们的运营商也会造成严重的竞争？的确，太空资源事关国家安全，轨道和频段资源本来就有限，对太空资源的争夺，更与未来互联网基础设施的话语权休戚相关。对于中国来说，好消息是，类似的天空组网计划不仅仅马斯克有，我们国家也早就有了，那就是国家队代表"虹云工程"与"鸿雁星座"。

"虹云工程"和"鸿雁星座"分别是中国航天科工和中国航天科技两大集团的低轨通信项目，目前为止，这两项工程进度都超过了预期，并有望于 2022 年前后领先美国率先建成覆盖全球的星基宽带互联网与窄带移动通信网络。在军民融合的背景下，"虹云工程"和"鸿雁星座"对于本文所主要论及的商业航天领域同样具有至关重要的作用。

3. "虹云工程"

"虹云工程"（以下简称"虹云"）脱胎于中国航天科工之前提出的"福星计划"，计划发射 156 颗卫星，它们在距离地面 1000 千米的轨道上组网运行，致力于构建一个星载宽带全球移动互联网络。按照规划，整个"虹云"被分解为"1+4+156"三步。第一步计划在 2018 年前，发射第一颗技术验证星，实现单星关键技术验证；第二步到"十三五"末，发射 4 颗业务试验星，组建一个小星座，让用户进行初步业务体验；第三步到"十四五"末，实现全部 156颗卫星组网运行，完成业务星座构建。

"虹云"对于中国商业航天发展的作用不言而喻——它在中国首次提出建立基于小卫星的低轨宽带互联网接入系统，而"小卫星""低轨""宽带"的组合设置，正是为了契合商业性的发展需求。以"虹云"为代表的天基互联网的构建，将会成为商业航天产业发展的支撑平台，有助于培育"互联网 +"航天新兴产业。

2018 年年底，中国成功将"虹云"首发星即"虹云工程"技术验证卫星发射升空并送入预定轨道，由此迈出了中国天基互联网的关键步伐。"虹云"系统以天基互联网接入能力为基础，融合低轨导航增强、多样化遥感，实现通、导、遥的信息一体化。

这个系统由 156 颗小型卫星构成，每颗 500 千克，运行在 1000 千米的轨道上空，采用 Ka 波段通信，每颗卫星有 4 Gb 带宽的吞吐量。目前，我国已经向国际电联报备了将要使用的轨道与频段。"虹云"之所以计划发射 156 颗卫星，是为了形成一个均匀的网络，实现网络无差别的全球覆盖。地面网络到不了的地方，可以用"虹云"；地面网络已经覆盖的地方，"虹云"可作为补充。

"虹云"是中国五大航天工程之一，也是中国航天科工商业航天重大工程，中国航天科工二院 23 所（以下简称"23 所"）在其中承担了最重要的低轨通信卫星主载荷通信载荷研制工作。通信载荷就像是卫星的"心脏"，实现了低轨通信卫星的通信功能。"虹云"的通信载荷是集团首个低轨通信载荷，这也是全国首次将毫米波同时多波束相控阵星载应用低轨通信卫星上。

23 所技术验证星通信载荷系统在极短的时间内完成了原理样机、电性件、结构热控件、鉴定件和正样件的多轮研制工作，期间历经多次内场、外场联调试验验证，设备稳定可靠，通过多项星载环境试验，取得了重大成果。未来，"虹云"156 颗卫星的通信载荷将全部由 23 所研制提供。

卫星覆盖地面呈锥形，这会造成地面信号的不均衡，有的地方信号强，有的地方信号弱。23 所的毫米波同时多波束相控阵星载应用技术可以为信号弱的地方提供信号增益，保持信号覆盖的均衡和稳定。信号不好甚至没信号的状况将基本不会在虹云卫星覆盖的移动互联网络里出现。

在 2022 年星座完成部署后，"虹云"将可以提供覆盖全球的宽带移动通信服务，届时在海洋、沙漠，没有地面基站的地方，都可以实现电话、互联网接入。坐飞机没有移动信号将成为历史，只要在地球上，都能实现信号全覆盖。

"虹云"目前定位的用户群体主要是集群的用户群体，包括飞机、轮船、客货车辆、野外场区、作业团队，以及一些偏远地区的村庄、岛屿等。无人机、无人驾驶行业等都是其未来可能服务的行业。因此，已经有不少民营企业陆续和"虹云"建立合作关系，而后者的操作很灵活，可以提供技术支持甚至专利。因为"虹云"首星的成功发射，未来 5 ～ 10 年，通信将会是商业航天的一个发展热点，也是有最有可能出现大范围应用的一个领域。

"虹云"系统以互联网接入为基础功能，具备通信、导航和遥感一体化、全球覆盖、系统自主可控的特点，以其高速率、低延时等特征，为全球用户提供通信、导航增强和遥感信息一体化综合服务，这方面更接近于美国的 Starlink "星链"，只是初期卫星数量不如 SpaceX。其中差别与技术并无多大关联。实际上，这正是体现了我国重大工程和私人公司业务之间的区别。

首先，我国的五大航天工程（腾云、飞云、快云、虹云、鸿雁工程）是由国家为长远发展而统一组织运筹、投资的综合性大型工程，这些工程属于基础设施建设，短期内可以不考虑盈利性。而 SpaceX 则不同，私营公司的目的就是盈利，事实上，SpaceX 的小步快跑、快速迭代也有其相对激进的研制策略相关，作为商业航天公司，SpaceX 要拿下来自各方的大单也往往附带了相关的进度承诺。

因此，Starlink 星链计划的首要目的就是要尽快向全球提供互联网服务，并从中获取盈利，这样才能支持后续的研发。而 "虹云计划" 的首要目的是进行综合性卫星实验，携带各种高科技实验设备，技术含量远远高于星链卫星。

其次，由于 Starlink 的私营公司性质，要提供全面的互联网服务，就必须做到全面覆盖，无论该地区是否有地面基站覆盖，即使可以和地面基站配合，也需要向其他运营商付费，同时受到他人的限制。我国的 "虹云工程" 则不同，由于我国体制的高度统一性，完全可以做到全面覆盖、相互配合。在运营商地面基站已经覆盖的地区无须提供卫星网络宽带，天基互联网只需要对偏远地区进行覆盖服务即可。"虹云" 还有一个更加先进的技术，可以施行定向网络信号覆盖。地球上 70% 以上的地区被海洋覆盖，陆地上还有很多人迹罕至的荒漠、森林及偏远山区。对于这些地区实际上并没有必要全天候提供网络覆盖，也许一年之中也没有几个人到达那里，甚至多年没有人到访。对于这些地区，在没有人类进入时无须覆盖，当有人需要网络时再进行定向覆盖。对照 Starlink 的完全覆盖，"虹云" 更具针对性和经济性。

4."鸿雁星座"

和前述"虹云工程"最先配合的是几乎同时发射升空的"鸿雁星座"(以下简称"鸿雁")。2018年12月29日,"鸿雁"首发星在我国酒泉卫星发射中心由长征二号丁运载火箭发射成功并进入预定轨道,卫星的成功发射标志着"鸿雁星座"的建设全面启动。

"鸿雁"是中国航天科技集团有限公司自主建设的低轨卫星通信系统,将专项为地球上的船舶提供卫星通信服务,组网后还可以为外太空的卫星及空间站提供外太空网络通信服务。

该星座由数百颗低轨卫星和全球数据业务处理中心组成,首期投资200亿元,是我国首个国家级、投资规模最大、具有里程碑意义的商业航天项目。具体说来,"鸿雁"由航天科技集团东方红卫星移动通信有限公司负责建设和运营,建成后将开展面向全球的智能终端通信、物联网、移动广播、导航增强、航空航海监视、宽带互联网接入等服务。系统具有全天候、全时段在复杂地形条件下的全球实时通信能力,实现"沟通连接万物、全球永不失联"。

上述系统一期建设由60余颗骨干卫星构成,优先提供全球移动通信业务和重点地区的宽带互联网业务;二期拓展为300余颗补网卫星,将宽带业务也拓展至全球,以服务200万移动用户、20万宽带用户及近1000万的物联网用户,并在导航、航空、航海等领域提供综合服务。首期的60颗卫星组成的星座被称作"移动通信星座",优先满足打电话的功能,更像是美国的"铱星系统",二期完成后,会增加一个"宽带通信星座"解决上网功能。整个计划在2024年后完成。

如前所述,"鸿雁"首发星算是"鸿雁"星座的试验星。依靠深圳东方红前期对工业级产品体系的多次探索与实践,首发星平台采用了该公司研制的CAST5高性价比微小卫星平台,其核心的综合电子系统及其他COTS(商用货架产品）在前期 CAST20 平台的基础上进一步提高了功能密度和性能，并强化了空间环境适应能力，实现了 COTS 产品空间应用由可用向好用的跨越，为未来商业航天系统批量化、低成本研制奠定了基础。

整星的研制过程则采用了"方案＋正样"的精简模式，从 2018 年 4 月确定最终技术需求到整星出厂仅用了 6 个月的时间，这不仅得益于研制团队深入优化研制技术流程和计划流程，也得益于产品体系的标准化、通用化，实现了产品货架化的生产与存储，大大缩短了产品齐套时间，有效保证了研制进度，确保卫星于 2018 年 10 月完成全部研制工作并顺利出厂。

在"鸿雁"系统首发星研制任务中，中国空间技术研究院西安分院不仅承担了该卫星全部有效载荷系统的研制任务，而且还承担了相应地面系统的建设和演示验证任务。为了尽量减轻卫星有效载荷的重量，设计师通过层叠的形式，以多层叠加的方式进行高度集成和一体化设计及组装。同时，在软件的设计上采用了通用化和模块化设计，确保后续卫星研制过程中可以批量化应用。

研制团队后续将做好"鸿雁"首发星在轨试验任务，开展"鸿雁"系统后续相关的建设工作，按照"面向用户、面向市场、面向成本、面向制造、面向验证"开展"鸿雁"系统设计，并对标国际先进水平，打造全新科研生产模式和产品保证模式，加速推动星座系统建设。

值得注意的是，"鸿雁"首发星的发射是长征系列运载火箭的第 297 次飞行，也是航天科技 2018 年度最后一次宇航发射，全年 37 次宇航发射任务全部获得成功，发射次数位居世界第一。

"虹云"与"鸿雁"两套系统各有侧重，互相补充。"鸿雁"着重语音通信，兼顾重点地区的互联网业务；而"虹云"侧重宽带互联网，也兼顾移动通信和其他信息服务。卫星互联网项目中美两国几乎同时起步，目前也都是验证卫星性能的阶段，但中国在 2022 年前后将率先建立起以 Ka 波段为承载的全球宽带互联网卫星星座系统。

在商业卫星方面，从卫星数量来看，截至 2018 年年底，2017 年度中国发射的商业卫星数量总计 8 颗。进入 2018 年以后，随着我国政策放宽及军民融合的不断发展，我国商业卫星发射也取得了较大的进步。截至 2018 年年底公布的卫星发射计划数据显示，我国卫星发射数量快速增长，其中，银河航天、天仪研究院、航天科技集团名列前三（表 2）。

表 2　2018 年中国卫星企业公布卫星星座计划 TOP10

公司名称	卫星数量
银河航天	650
天仪研究院	312
航天科技集团	300
长光卫星	263
航天科工空间工程	161
欧比特	144
华讯方舟	132
世域天基	129
利雅电子	100
行云科技	80

5. 银河航天

银河航天成立于 2016 年，致力于通过敏捷开发、快速迭代模式，规模化研制低成本、高性能小卫星，打造全球领先的低轨宽带通信卫星星座，建立一个覆盖全球的天地融合通信网络。"银河航天的使命，就是让 5G 卫星连接地球每个角落。" 银河航天创始人徐鸣表示。徐鸣曾任猎豹移动联合创始人、总裁，带领猎豹在移动市场取得重大突破，使之成为全球最大的互联网移动工具开发商，并成功在纽交所上市。

银河航天专注于利用低轨小卫星组建通信网络，希望建立覆盖全球的天地融合 5G 通信网络，为用户提供经济实用、快捷方便的 5G 上网服务和体验。该公司自 A 轮融资开始，其资本阵营就十分引人注目，其 A 轮融资的投资方包括顺为资本、晨兴资本、IDG 资本、高榕资本、源码资本、君联资本。其中，顺为资本创始合伙人董事长即小米科技创始人、董事长雷军。

银河航天在 2018 年一年内完成 A 轮 3 次融资，估值为 35 亿元，或成中国民营航天最高。"这是国内商业航天领域 2018 年度完成的最大规模融资。"同行业内其他企业估值普遍在 10 亿元以内。

2018 年 10 月，银河航天成功发射试验载荷"玉泉一号"，"玉泉一号"是银河航天自研的试验载荷，在阿里巴巴"糖果罐号"迷你空间站上进行星载高性能计算、空间成像、通信链路等试验验证。

一个类似于 OneWeb 的低轨宽带通信卫星星座网络——"银河 Galaxy"，是徐鸣的新目标。徐鸣为银河航天带来了互联网基因，公司核心团队由来自互联网、航天系统、科研机构的资深专家组成，以实力雄厚的卫星技术研发为基础，融入互联网思维和模式，为用户提供优质的上网服务和体验。这使得银河航天一开始就展现出更为广阔的视野及更具想象力的商业模式：建设"太空互联网"。

根据徐鸣的话，"太空互联网"有以下 3 个特点。

一是三维网络。"太空互联网"就是将低轨道卫星当成"空中基站"，利用卫星接收地面信号，再通过卫星把这些信号直接一次性地转发到互联网的骨干网络中。如果将目前通过铁塔、基站、各种路由器光纤来提供商业联网的地面通信网看成是二维的，那么由上而下直接进行网络信号传递的太空互联网就是立体的、三维的。二是可普及的互联网卫星通信网络。目前可以提供卫星通信服务的是高轨道卫星，但是高轨卫星造价、发射成本高，系统总带宽小（单个高轨道卫星跟低轨道卫星星座相比），信号相对较弱。而低轨道卫星成本远远低于高轨道卫星，数以千计的低轨道卫星组成"星座"，就可以实现全球的"基站"覆盖。且用卫星的方式来代替地面的铁塔、基站，需要的成本差异有机会降到地面建设的1%。三是地面网络的延伸和补充。"太空互联网"能为地面基站等网络基础设施难以达到的地方提供网络支持，与地面网络结合，实现全球每个角落的高速联网。

商业航天巨大的市场规模已无须赘述，而徐鸣及其银河航天还要做的事情是：弥合数字鸿沟。

根据We Are Social和Hootsuite发布的2019年数字报告显示，全球网民43.88亿人，约占人口数全球人口的57%，仍有近40亿人尚未接入互联网。面对依然巨大的数字鸿沟，徐鸣希望太空互联网能为解决这一问题创造机会。

5G建设方面同样具有巨大机会，2018年年底，仅从基站建设角度，5G投资规模将达到1.2万亿元，且投资周期可能超过8年，如果在全球去铺设这样的5G网络，投资金额将会是量级上的提升。

这些对于银河航天来说都是商业机会——银河航天面向的是一个万亿级大市场。

与市场上所有商用卫星公司一样，银河航天的商业逻辑也是一方面研制、发射卫星，搭建服务设施和平台；另一方面向下游寻找市场客户、铺设渠道、提供服务。但在中国，像银河航天一样对标OneWeb，主营低轨宽带卫星研制运营的公司仍属少数。该公司计划通过由上千颗自主研发的5G卫星组成低轨宽带卫星星座，建立起面向未来5G网络的低轨卫星宽带通信系统，与地面5G网络透明连接，可让用户无感切换天地5G网络，面向全球用户提供5G上网服务；亦可为地面5G基站提供数据回传等服务，是全球各种5G应用场景非常有竞争力的解决方案。

具体来说，未来银河航天的业务可服务于偏远地区和人口分布相对分散地区的个人用户，以及部分无法接入地面网络的企事业单位和个人用户，同时可以为政府、研发基地、观测站等数据上传需求量大的设施场所提供稳定、安全、快速的专属卫星通信网络；也有可能为海陆空交通工具提供低延迟的5G卫星网络基础、连接服务。该公司可应用于基础设施建设、5G服务、智慧交通互联、企业政府专网、应急动态通信、万物互联生态、地面通信补充和科学考察探险等；在AI服务方面，可应用于机场实时监测、油罐储量估计、停车场汽车计数及土地类型分割等，其应用场景十分广阔。该公司多次被评为"年度最具潜在投资价值企业"。

银河航天计划2019年下半年发射自主研发的第一颗低轨道卫星（试验星）。这颗星的性能将直接对标OneWeb，在重量上可能更重一些。

值得注意的是，从2012年创立到2019年首批卫星升空，OneWeb用了7年。而根据银河航天的计划，从公司创立到发射首颗实验卫星只用3年。

在商业航天这个长周期赛道上，从公司创立到发射首颗实验卫星的时间大为缩短，是一个巨大的进步。银河航天之所以能实现上述进步，有以下3个主要原因。

一是OneWeb前路探索为银河航天提供了参考和借鉴经验；二是"小步快跑"的互联网式公司运作模式，提高了公司的效率，先将卫星研制的目标一步步从宏观到细节，从上到下地切分，再从底层设计开始一点点向顶层设计验证，由此完成卫星制造这一个复杂系统的打造；三是团队的经验。目前，银河航天规模已超过120人，研发人员占比过半。其合伙人张世杰为哈工大教授、博士生导师，英国萨瑞大学访问学者，20余年来一直从事小卫星总体设计与研制等相关教学研究工作，参与多个型号小卫星研制。如果走通宽带卫星星座网络财务模型，做国际市场是必然。根据银河航天的设想，做全球通信网络，未来公司业务也必然是全球化的。对于银河航天来说，开拓海外市场，落地海外业务都有优势，其核心创始团队中，有多位猎豹移动的前核心人物，而猎豹在海外市场有着很好的表现，于2014年成功在纽交所上市，此前猎豹业务在国外当地落地的经验都已经为银河航天提供了借鉴。银河航天的解决方案，开启了中国商业航天领域"互联网＋太空"的更多可能。

二、中国商业航天及卫星通信发展状况

1970 年 4 月 24 日，中国第一颗人造卫星"东方红一号"发射升空，拉开了中国人探索宇宙奥秘的序幕。40 多年来，中国人造卫星"队伍"不断壮大，共计发射卫星 400 余颗，在轨卫星超过 200 颗。

从政策层面看，"十三五"是中国航天发展的战略机遇期。经党中央批准、国务院批复，我国将每年 4 月 24 日设立为"中国航天日"。在 2016 年首个"中国航天日"之际，习近平总书记做出重要指示，明确指出"探索浩瀚宇宙，发展航天事业，建设航天强国，是我们不懈追求的航天梦"。

一年后，我国提出了航天强国发展愿景和"三步走"战略构想。第一步，2020 年左右实现重点突破，加速迈向航天强国；第二步，2030 年左右实现整体跃升，跻身航天强国之列；第三步，2050 年之前实现超越引领，全面建成航天强国。

从商业化进程上看，坚决贯彻落实军民融合发展战略已成为建设航天强国的重要内容之一，我国正据此大力发展商业航天事业。

军民融合发展战略以体制改革为动力，以机制创新为抓手，加强航天军民融合顶层设计，推动军民航天在战略规划、系统建设、运行管理、资源共享、法规政策、标准规范、国际合作等方面全要素、多领域、高效益的深度融合。与此同时，要鼓励支持和有序引导社会优势资源、优势力量参与航天发展，积极发展低成本商业运载火箭、商业卫星等航天制造业，着力培育"互联网＋卫星应用"新业态，做大做强做优航天战略性新兴产业，为经济转型升级提供强

大动力。

我国还出台了一系列与此相关的政策和指导意见，支持基于自主卫星的通信、导航和遥感三大领域的应用和推广，促进卫星应用产业规模化发展及卫星资源和重要基础能力建设，在"鼓励、有序"的方针指导下，中央军民融合发展委员会召开了两次会议，进一步促进了各地加快军民融合发展，在政府采购等方面为商业航天发展营造了良好的氛围。以国家航天发射场开启民营火箭发射先河等事件为标志，国家和各地政府对发展商业航天日益重视。如今，火箭和卫星制造已不再是"国家队"的专属，目前我国已有约百家民营商业航天技术初创公司参与了火箭的研发与发射，以及人造卫星的制造与应用。以民营火箭为例，2019 年，国家国防科技工业局、中央军委装备发展部发布了《关于促进商业运载火箭规范有序发展的通知》，这是中国商业航天开放后首个对商业运载火箭进行细则指导的官方文件。内容主要面向民营火箭公司，说明国家层面认可了民营火箭公司，同时也在政策上为该类企业松绑，为民营火箭公司发展提供了良好的政策环境。政策的进一步明晰大大助推了行业发展。如今，国内民营火箭企业已达 41 家，其竞争焦点将从亚轨道发射升级为发射入轨。当前，国内 49 家具有独立法人资格的运载火箭企业中，41 家为民营企业。

在整个商业卫星通信方面，2018 年还呈现以下趋势：国有航天公司与民营商业航天公司互动增多。国有航天公司与民营商业航天公司无论是在商业关系的共建还是产品共享、基础试验设施等资源共用方面，在共同履行国家责任框架下的互动均有所增多。

互联网巨头开始渗入商业航天。百度、阿里巴巴、腾讯和小米以不同的方式进军商业航天领域，将对中国商业航天发展的格局产生重大的影响。

商业航天领域特别是火箭与卫星产业竞争日趋激烈。以民营火箭公司开始发射火箭或航天器等为标志性事件，商业航天领域的竞争逐步进入"真刀实枪"的阶段。卫星星座计划不断亮相，主要卫星公司筹划的卫星数量已达到 2000

多颗，星座竞赛的发令枪已响。商业航天公司技术创新亮点多，以火箭垂直回收制导控制技术验证试验取得成功、天基测控等先进测控产品已有实物、民营火箭公司动力技术攻关成效显著等为标志，商业航天整体技术水平在不断提高。

地面移动运营商高度关注卫星通信市场。以中国电信入股重庆东方红移动通信公司为主要标志，卫星通信与地面移动通信逐步进入深度融合发展的阶段。

国外公司纷纷抢滩中国市场。ORBCOMM 2018 年正式进入中国，与中国公司合作开展业务，意图抢占卫星物联网市场。瑞典 SSC、挪威 KSAT 等卫星测控公司也瞄准了中国的卫星星座项目。中国商业航天的国际化竞争压力越来越大。

国内商业航天投融资减缓。中国商业航天是新科技赛道的投资热点，但截至目前，商业航天公司融资总额较去年有所下降，这并不代表商业航天的关注度降低，而可能与中国整体的经济环境有关系。

商业航天领域人才流动得到全社会高度关注。商业航天人才的流动和工作压力、强度等维度的多起事件，充分表明商业航天的发展是艰难曲折的。

多样化的航天文化传播不断提升了商业航天的价值。"无尽之门"项目的太空基因样本送入太空、"斗鱼666"卫星的发射升空、新东方入股航天创客教育公司等事件，可以让更多民众了解并参与商业航天，深度激活商业航天的商业价值。

三、卫星通信投资现状及产业展望

如前所述，中国商业航天浪潮肇始于 2015 年前后。短短几年之间，传统航天时代唱主角的"国家队"，摆弄资本风云的上市公司，带有工程师文化印记的初创项目，不约而同登上中国商业航天的舞台。党的十八大以来，国家提出军民融合战略，进一步催生了整个商业航天的发展。

目前，我国商业航天事业已进入快速发展期，商业航天在包括卫星制造、卫星发射、地面设备、测控、卫星运营及应用等多个产业链环节都涌现一批优秀的创业企业。这一方面得益于航天技术和产品的不断成熟，具备了走向低成本商业化的可行性；另一方面国家经济的强大使得商业活动已经对航天产品的需求变得现实急迫。技术的成熟和市场需求的出现，这两方面的配合，导致商业航天行业应运而生。通过民间商业航天产业的兴起，一方面，可以快速弥补"国家队"在发射产能、卫星数量和品种，以及多种工业和商业应用的缺口；另一方面，还可以形成良性的产业生态和巨大的商业价值，减轻国家的财政负担。

在商业航天资本和技术进步的推动下，卫星领域正发生着从高轨大型卫星向低轨小卫星星座的演进，国内外已经发布了多个星座计划并已发射了实验星，而 5G 网络被广泛认为是下一代信息技术、人工智能、物联网等新一轮科技革命的基础性战略性平台。但是，地面无线网络的覆盖面积通常低于地表 10% 的面积，如果地面 5G 网络与卫星星座天然的广域覆盖特性结合在一起，则有望建成"全球覆盖、随遇接入、按需服务、安全可信"的天地一体化信息网络体系，在此基础上，无论是高速宽带多媒体通信，还是窄带 M2M/IoT 物联网等应用场景，都将有极大的想象空间和投资机会，也因此吸引了越来越多知名基金的关注。

2014 年年初，还没有大学毕业的胡振宇创办火箭公司"翎客航天"并拉来了一笔投资：来自天使投资人杨宁领投的 300 万元，以及天使汇上被认购的 515 万元额度。这 815 万元也成为中国民营商业航天历史上第一笔投资。一年后，长光卫星、蓝箭航天、天仪研究院、零壹空间先后获得融资，中国民营商业航天正式起步。

2018 年被认为是中国卫星通信产业投资爆发的元年。截至 2018 年年底，中国已有百家左右中国民营航天公司，新关注投资人数量在增加，数家知名基金纷纷投注，包括经纬、华创、高榕、晨兴、IDG、顺为、源码、险峰、明势、复兴、赛富等在内的知名基金均有出手。中国民营航天公司起步时间不长，要学习的有很多：体制航天的技术、流程与经验，以及美国民营航天商业模式的探索等，但在中国参与全球太空资源竞争中，他们将焕发出勃勃生机，无论是从基础建设角度出发，还是从国家重要战略资源角度来看，在极具战略意义的太空领域，中国更需要自己的 SpaceX 和 OneWeb。

截至 2019 年 1 月，我国已有百余家初创企业入局，资本带动了民营火箭的重大发展，其关键动力——发动机也实现了从固态向液态的升级。零壹空间早期以固体运载火箭起步，其自主研制的中国商用火箭液体姿控发动机试车成功；蓝箭航天 10 吨级液氧甲烷发动机推力室试车成功；星际荣耀成功实现 15 吨级液氧甲烷火箭发动机燃气发生器点火试验；之后，蓝箭自主研发的"天鹊"80 吨液氧甲烷发动机短喷管推力室试车成功，仅用 4 年便做到了 SpaceX 10 年时间研制的发动机性能。

自习近平总书记在首届中国国际进口博览会开幕式主旨演讲中宣布了"将在上海证券交易所设立科创板并试点注册制"这项举措以来，"科创板"一词迅速燃爆整个资本市场，其中，航空航天领域也赫然在列，因此，以军民融合为投资导向的资本力量更加聚焦看好商业航天领域。

由于航天领域本身具有的高科技、带动效应强劲的特点，在国民经济各领域具有越来越重要的作用，在当下形成了一波新的创业热点，并快速追赶美国民营商业航天的创业步伐。这与 2000 年前后在中国蓬勃兴起的互联网和近几年的人工智能创业浪潮很类似。随着这波民营商业航天创业浪潮的兴起，5 年或 10 年后，将有助于我国在太空频谱资源和轨道资源的占有和控制方面取得更大的话语权和主导权，从而取得更多的制天权。商业航天具有天然的国际化市场特征，目前，民营商业航天的发展已初步形成了中美双雄的格局，已把欧盟、俄罗斯、印度、日韩等其他航天大国和地区远远甩到了后面。这也意味着未来国内这一方面的被投企业中只要有一家在特定领域取得突破，其相应的技术成果将具备面向全球化输出的优势，这也是目前商业航天领域投资所具备的重大机遇。

商业航天作为一项壁垒极高的高科技领域，属于典型的硬科技产业。由于历史、政治和资金的原因，航天产业在各国都属于国家层面控制的产业，这导致了技术、产业链、人才都有高度的封闭性，对从事这一领域的投资团队的专业性提出了很高的要求。一方面，投资机构和投资人需要有丰富的知识积淀，了解商业航天领域整个产业链环节和关键技术，并梳理出合适的投资方向和投点；另一方面，投资人还需要有深厚的行业圈人脉，了解商业航天领域的人才分布甚至个人的能力和特长，并且能够与他们建立有效的联系，让他们愿意接受投资。与此同时，商业航天产业作为一项高投入、长周期、长产业链及高风险的投资门类，决定是否投一个项目的成本及代价都非常高，无论是投资机构，还是LP和投资人都要具有价值投资的观念，还要有耐心和信念。SpaceX等美国商业航天公司之所以取得巨大的成功，与美国早在2000年就开始在商业航天风潮中提早布局密不可分。

商业航天目前的创业投资主要热点均集中在航天器制造方面，主要包括运载火箭发动机和运载火箭及微小卫星的研制这两个领域，下一步将逐渐转向卫星测控和运营、卫星各类数据应用及地面设备等方面。再远一点机会可能出现在航天技术在工业领域的其他应用方面。下一个很有价值的投资点——运载火箭发射场服务产业尚未启动，这是由于国家政策目前还不明朗，尚待时机成熟。此外，商业航天天然的行业带动能力和技术溢出效应使得行业的延伸性很强，火箭、卫星和测控等商业航天硬核领域的上下游也能受益。

展望未来的卫星通信及整个商业航天的发展，需要关注三大焦点：一是商业模式可不可行，二是市场应用清不清晰，三是技术质量是否过硬。不管是国有公司还是民营公司，只有解决了这些问题，才能让投资者更有信心，才能让中国商业航天发展更加健康。

需要注意的是，如前文所述，商业航天不仅周期长，产业链也长，诸多商业模式还有待验证。以卫星制造商为例，卫星上天且能正常运转并非就已成功，恰恰相反，卫星发射成功只是个开始。卫星的载荷、地面终端、应用系统、测运控必须形成完整的服务体系，最终实现整个商业闭环，为用户带来经济价值，才能称为真正的成功。因此，对卫星创业公司来说，卫星制造公司必须将产业链延伸至下游，打通其运营等环节，方能最终实现其价值。

以银河航天为例，作为中国卫星制造商代表之一，研制卫星并发射上天只是银河航天的第一步。在研制之前，徐鸣就已经设计并不断验证其商业解决方案，根据国内外行业痛点，结合自身的愿景，为公司设计了极为广阔的应用场景。而解决方案的设计也并非一蹴而就。

具体到航空上网场景，在徐鸣看来，太空互联网就是航空上网最优质的解决方案。具体说来，以低轨宽带星座为代表的 5G 太空互联网是航班，尤其是中远途航班上网最优质的解决方案。

对于经常乘坐航班、远途出行的人来说，想要上网是非常迫切的需求。但是，目前乘坐航班时使用客舱内 Wi-Fi 上网的体验并不好，不是太贵，就是网速太慢，还经常断网。在国内，不是所有商业航线都能提供航空网络服务，而国外一些提供航空网络服务的航班收费同样不低。查询官网显示，阿联酋航空会员价购买 500 MB 流量需要 10.99 美元；美国航空上网 2 小时需要 12 美元；芬兰航空则是一小时 7.95 欧元、三小时 11.95 欧元、全程 19.95 欧元，且航空互联网使用体验依然不佳。这类场景需求和痛点都很清晰，成就了一个巨大的市场。IHS 咨询公司曾预测，到 2022 年，全球一半的商用航班将提供航空网络服务。到 2035 年，航空网络服务将覆盖全球航班，这将催生约 1300 亿美元的新市场。

在目前的航空卫星通信系统中，最常见的就是通过 Ku 波段和 Ka 波段提供的航空网络服务。国内民航如东航、南航、海航、厦航等航空公司已在使用 Ku 波段卫星提供航空网络服务。

有报告指出，截至 2018 年 9 月，美国航空已经将超过 450 架飞机的机上网络替换成了 Ka/Ku 卫星通信系统，其中波音窄体机队（737NG，737MAX 系列）和空客新款窄体机队（A321，A320neo）均升级为 Ka 方案。达美航空也在全面更换升级为卫星通信方案，已经为 500 架飞机升级 2Ku 卫星通信网络。不过，基于传统 Ka、Ku 波段的 GEO 通信卫星所提供的航空网络服务，无论在带宽、时延还是全球无缝覆盖等方面，已经远远不能满足日益高涨的航空上网需求，也是国内外航班乘客上网体验差的根本原因。

于是，OneWeb、SpaceX、亚马逊、银河航天等公司纷纷规划组建 5G 太空互联网，通过 Ka、Ku 波段低轨宽带通信卫星组成星座，以提供价格低廉、快捷方便的航空网络接入作为解决方案，这或许将彻底改变航空领域的网络服务现状，带来更广大的市场空间与商业想象力。

回到国内市场，此前航空业内曾预测，到 2022 年，全球装配机载卫星上网设备的民航飞机将达到 11 000 余架次，其中 19% 的飞机属于亚太地区航空公司，尤以中国为主要增长地区。这也意味着中国民航领域或将是太空互联网最先成熟的应用市场，存量和增量市场都有广阔的成长空间。

2018 年，中国民航运输乘客达到了 6.1 亿人次，若按人均飞行 2 小时算，一年在飞机上花费的时间已超过 12 亿小时。如果这些时间的 60% 转化为使用航空网络服务的时间，这其中的巨大市场是显而易见的。

虽然目前航空互联网的主要商业模式还是流量付费服务，但以互联网的模式来看，围绕航班乘客的免费增值服务模式，如以太空互联网 / 卫星上网为入口，接入社交、游戏、视频、电商等内容和服务方，或许将为太空互联网各方带来可观的收益。更何况，航班乘客多属于商业公司眼中的高质量人群。

也就是说，仅仅在国内这片互联网商业热土的万米高空，就拥有巨大想象力与无限可能的空间。"在我看来，太空互联网在不远的未来一定是下一个连接 10 亿人的 Big Market。"徐鸣认为。同样，OneWeb 首席商务顾问 Michele Franci 在航天大会上发表关于 Reinventing Connectivity 的演讲也表明了业内对于太空互联网在航空领域这一典型市场应用场景的看好与期待。

目前来看，商业航天领域普遍存在竞争不充分的情况，还有着大量的投资机会，适合 VC 持续加大投资布局，还在热点期。但在两三年之内，商业航天领域特别是航天器制造领域的早期投资窗口将逐渐关闭。这是因为航天产业的特殊性带来的，主要原因有以下几点：一是有限的人才资源，由于航天产业的封闭性和非市场性，各类资源长期以来均封闭在"国家队"内，也是通过国家的航天任务培养出来的，资源有限，随着商业航天的兴起，与国企争夺人才资源的态势已经非常明显，未来的人才竞争将日趋激烈，后来创业的人才获得会越来越困难；二是资本助推的不可缺特点，商业航天前期投入大、回报周期长，航天产业没有资本持续推动是不可能生存和发展的；三是资本壁垒效应明显，资本投入形成的壁垒效应类似商业模式项目，后来投资者的投资效率和作用会明显降低而风险会大大增加；四是由于商业航天特别是航天器研制领域本身的特点，不可能容纳太多的厂家。随着商业模式的逐步清晰，商业航天领域的竞争格局会较快地定型。这一切的情形会在两三年间发生，从而导致这一领域风险投资的机会也会逐步减少，而热点将转向航天服务领域。

除了技术之外，美国商业航天的探索为中国商业航天提供了学习样例和对标标的。这是后来者特有的福利券。2018 年，美国先行者们完成了从 0 到 1 的探索，在发布试验星和试验箭后，即将步入业务常态化的 1 到 100 阶段。例如，2018 年 11 月，小火箭公司 Rocket Labs 的第一枚电子火箭发射成功；发射服务商 Spaceflight 已经完成其迄今最大的一次发射，同时为 34 个不同客户部署 64 颗小卫星……

这些先行者也是中国民营商业航天的有力竞争者。例如，ORBCOMM 的中国竞争者们可能已经发现，2018 年 10 月，ORBCOMM 已获许在中国建立网关地面站，并与亚太导航合作，将在中国提供卫星物联网服务及解决方案。未来，几乎在全部的领域，中国公司都必须直面美国公司的竞争。

中国智慧互联投资
发展报告（2019）

基于全网数据与统计数据对接融合的
大数据发展指标体系构建及应用实践

于施洋丨国家信息中心大数据发展部主任

陈　沁丨数联铭品首席经济学家

郭明军丨国家信息中心大数据发展部规划与应用处副处长

　　近年来，随着国家大数据战略的深入推进实施，我国大数据产业蓬勃发展，大数据领域的创新应用层出不穷，大数据对其他领域融合渗透作用不断增强。如何对大数据发展进行量化评估，从而为政府科学决策、精准施策提供客观数据支撑，成为众多机构的一项重要任务。据不完全统计，目前，国内已发布 10 余份有影响力的大数据评估报告，其中信通院、赛迪研究院、腾讯、新华三、财新与 BBD 等机构编制的大数据指数，主要从国家层面、区域层面、省级层面、产业层面、领域层面等对我国大数据发展情况进行评估排名，产生了较大影响。

　　从已发布的评估报告可以看出，各机构关于大数据指标的构建及评估，主要分为两类。第一类是互联网大数据分析。基于海量互联网数据，应用大数据方法进行分析评估。这类评估的好处在于，数据样本很大，有的多达数十亿甚至数百亿条，使用了数据挖掘、文本分析、语义分析等大数据技术，同时很多数据能够实时动态更新，是真正意义上的大数据分析。不足之处在于，由于数据采自互联网，容易被认为是网络舆情分析或不能直接反映现实情况。这一类的典型代表是国家信息中心编写的《中国大数据发展报告（2017）》，基于 40 多亿条互联网大数据，应用大数据分析技术，从政策环境、人才状况、投资热度、创新创业、产业发展、网民信心等方面，对全国各省大数据发展情况进行评估。阿里研究院 2017 年发布《阿里品质消费指数报告》，也应用全网采集数据，使用大数据技术，分析了我国居民消费升级趋势。第二类是统计数据分析。基于官方统计数据或调查研究统计数据，使用传统数据分析方法进行分析评估。这类评估的好处是，数据相对权威，不足之处在于并非是真正意义上的大数据分析，而是以传统统计方法及小样本数据进行的分析。例如，中国信通院发布的《中国大数据发展调查报告（2018）》，其数据主要为通过现场访问、电话采访、在线调研和专家访谈等方式获取的调查数据，对我国大数据产业规模及大数据应用现状进行评估。此外，赛迪研究院发布的《中国大数据发展指数报告（2018 年）》，也主要以统计数据对我国大数据发展环境、大数据产业、大数据应用、技术研发创新及数据共享开放进行了评估。

上述两类评估方法，从数据源来看，均存在一定缺陷，无法兼具互联网大数据与统计小数据，不能体现多源数据广泛代表性的优势。同时，由于数据所限，评估对象无法覆盖市级层面。为弥补两类评估方法的不足，国家信息中心联合数联铭品，探索将互联网数据与统计数据进行对接融合，使用大数据方法对全国及各城市大数据发展情况进行评估，从而既体现统计数据的直接性和权威性，也保证了互联网大数据的鲜活性和大样本量。

一、指标设计思路

（一）总体思路

（1）数据层面，拓展多源数据。"指标好编、数据难得"是评估工作中普遍存在的问题，是否拥有广泛的数据源和足够的数据量，直接关系到定量评估的效果。本文进行大数据评估，首先是解决数据源问题，一方面通过互联网全网抓取大数据评估相关的指标，包括政府大数据规划及政策、企业注册数据、专利数据、招聘数据、经济金融产业中间投入及数量等数据；另一方面，采集国家统计局、工业和信息化部、知识产权局、中国电子信息产业统计年鉴发布的相关统计数据，通过互联网数据与统计数据融合分析，兼顾了数据的权威性，同时也保证多源数据的代表性。

（2）技术层面，使用先进技术。传统的统计分析仅能处理小样本数据，而对于数十亿甚至数百亿条的数据，往往束手无策。更重要的是，对于互联网上大量非结构化数据，只能通过大数据手段，才能有效分析挖掘。本文关于数据的分析处理，综合使用了文本挖掘、语义分析、情感分析等先进技术手段，体现了应用大数据技术开展大数据评估的特点。

（3）对象层面，覆盖所有城市。由于此前的评估，主要针对国家层面、区域层面及省级层面，缺少全方位对城市层面进行专门评估。本文通过将评估对象下沉到城市级、通过获取的多源异构数据，对全国351个城市进行全景式分析，力求展现我国各个城市大数据发展水平，为今后政策制定提供客观参考依据。

（二）设计原则

为确保评价指标的有效性，准确、全面衡量我国城市大数据发展水平，本文在设计大数据发展指标时，坚持以下四大原则。

（1）完备性。指标体系中的指标能够全面反映评估对象的发展情况，不遗漏重要指标项。本评估指标体系中的3个一级指标、9个二级指标及50个三级指标，包含了城市大数据发展情况的所有主要方面。

（2）客观性。指标选取及整个指标体系的确立，每个环节均选取客观可量化的指标，除了能够在网上直接采集的客观数据，也采用了政府部门及相关机构发布的客观统计数据，并借鉴了已有的研究成果，尽可能规避主观因素带来的干扰。

（3）导向性。整个指标设计突出了应用导向，将"创新应用"指标的权重设为最大值，达到45%，重点评估各个城市在政务、经济及民生三大领域的应用成效。

（4）易操作性。所有指标的数据均能获取，有些数据甚至可以做到实时获取，评价方法采用专家赋权法，也具有很强操作性。同时，因为有专业分析人员及大数据分析平台，保证了整个评估工作的易操作性。

二、指标体系构建

（一）数据获取

大数据发展指数（2018）主要采用 2 种数据获取方式：一是通过搭建大数据指标监测系统，收集全网大数据与统计小数据，从法人、自然人的维度，遍历时间与空间，采集所有与大数据发展相关的指标。指标的采集既包括直接指标，也包括利用企业个体数据计算得到的间接指标。二是引用现有研究成果，包括财新 BBD 数字经济指数中的产业指数、新华三数字经济指数和国家行政学院电子政务中心研究出的政务应用指数等（表 1）。

表 1　大数据发展指数（2018）

一级指标	二级指标	三级指标	数据来源
基础能力	数据	政务数据共享交换平台	国家信息中心
		开放数据平台	国家信息中心
		市政大数据平台	国家信息中心
		政府数据开放条数	国家信息中心
	算力	局用交换机容量	工业和信息化部
		移动电话普及率	工业和信息化部
		光缆线路长度	工业和信息化部
		互联网宽带接入用户数	工业和信息化部
		互联网宽带接入端口	工业和信息化部
		信息传输计算机服务和软件业全社会固定资产投资完成额	国家统计局
		固网宽带应用渗透率	各地统计年鉴
		移动网络应用渗透率	各地统计年鉴
		网民普及率	各地统计年鉴

续表

一级指标	二级指标	三级指标	数据来源
基础能力	算法	大数据行业专利占总专利比例	知识产权局
		软件产业研发经费	工业和信息化部
		大数据行业专利数量	知识产权局、工业和信息化部
		大数据行业专利转移数量	知识产权局
		大数据行业总薪酬	互联网各大招聘网站
		大数据行业就业岗位数量	互联网各大招聘网站
		软件产业从业人员数	工业和信息化部
创新应用	政务应用	政务服务数字化水平	国家信息中心
		在线服务成效指数	国家行政学院
		服务事项覆盖度指数	国家行政学院
		服务方式完备度指数	国家行政学院
		在线办理成熟度指数	国家行政学院
		办事指南准确度指数	国家行政学院
	经济应用	互联网上网营业收入	工业和信息化部
		大数据行业新三板上市注册资本总额	全国中小企业股权交易中心
		大数据行业新企业注册资本总额	工商局
		大数据行业风险投资总额	私募通
		软件产业信息安全软件收入	中国电子信息产业统计年鉴
		企业数电子商务交易	国家统计局
		电子商务采购额	国家统计局
		电子商务销售额	国家统计局
		经济金融产业中间投入	BBD 大数据
		经济金融产业中间投入数量	BBD 大数据

续表

一级指标	二级指标	三级指标	数据来源
创新应用	民生应用	教育服务数字化	中国互联网络信息中心
		医疗服务数字化	新华三
		社会产业中间投入	BBD 大数据
		社会产业中间投入数量	BBD 大数据
		共享经济服务业中间投入	BBD 大数据
		共享经济服务业中间投入数量	BBD 大数据
		文化产业中间投入	BBD 大数据
		文化产业中间投入数量	BBD 大数据
综合保障	政策保障	大数据相关专题政策	各城市政府网站
		大数据进入政府长期规划	各城市政府网站
	合作保障	外商投资企业投资总额	商务部
		外商投资企业数	商务部
		大数据技术的国际合作	商务部与 Econlit 数据库
	安全保障	感染计算机恶意程序主机数量所占本地区活跃 IP 地址数量比例	国家互联网应急中心

（二）指标体系

大数据发展指数（2018）以"应用"为核心，围绕"能力—成效—保障"3 个方面，构建了由基础能力、创新应用、综合保障 3 类一级指标、9 个二级指标及 50 个三级指标构成的评价指标体系（图 1）。

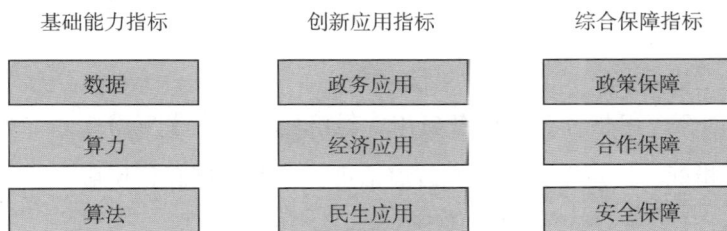

基础能力指标	创新应用指标	综合保障指标
数据	政务应用	政策保障
算力	经济应用	合作保障
算法	民生应用	安全保障

图 1　大数据发展指数指标体系

（1）基础能力指标主要衡量地区的大数据基础，包括数据、算力、算法3个二级指标和20个三级指标（表2）。

表2　基础能力指标

数据	政务数据共享交换平台
	开放数据平台
	市政大数据平台
	政府数据开放条数
算力	局用交换机容量
	移动电话普及率
	光缆线路长度
	互联网宽带接入用户数
	互联网宽带接入端口
	信息传输计算机服务和软件业全社会固定资产投资完成额
	固网宽带应用渗透率
	移动网络应用渗透率
	网民普及率
算法	大数据行业专利占总专利比例
	软件产业研发经费
	大数据行业专利转移数量
	大数据行业专利数量
	大数据行业总薪酬
	大数据行业就业岗位数量
	软件产业从业人员数

（2）创新应用指标包括政务应用、经济应用和民生应用3个二级指标和24个三级指标，体现了大数据在政府治理、产业发展和便民服务领域的应用（表3）。

表 3　创新应用指标

政务应用	政务服务数字化水平
	在线服务成效指数
	服务事项覆盖度指数
	服务方式完备度指数
	在线办理成熟度指数
	办事指南准确度指数
经济应用	互联网上网营业收入
	大数据行业新三板上市注册资本总额
	大数据行业新企业注册资本总额
	大数据行业风险投资总额
	软件产业信息安全软件收入
	企业数电子商务交易
	电子商务采购额
	电子商务销售额
	经济金融产业中间投入
	经济金融产业中间投入数量
民生应用	教育服务数字化
	医疗服务数字化
	社会产业中间投入
	社会产业中间投入数量
	共享经济服务业中间投入
	共享经济服务业中间投入数量
	文化产业中间投入
	文化产业中间投入数量

（3）综合保障指标包含政策保障、合作保障和安全保证 3 个二级指标及 6 个三级指标，着重分析大数据应用的稳定性及可持续性（表 4）。

表 4　综合保障指标

政策保障	大数据相关专题政策
	大数据进入政府长期规划
合作保障	外商投资企业投资总额
	外商投资企业数
	大数据技术的国际合作
安全保障	感染计算机恶意程序主机数量所占本地区活跃 IP 地址数量比例

指标使用了所有可获得的能够度量大数据发展的年度城市数据，并创新地纳入了全网大数据。例如，"数据"二级指标主要来自其他指数的评估结果，包括国家行政学院、复旦大学开放数林指数、新华三的城市数字经济指数，"算力"二级指标主要来自各项统计指标，而"算法"部分则主要来自大数据，从人才总量和专利申请、专利流转 3 个方面来度量大数据的技术水平，选用的数据总量达 20 亿条。各种类型数据的使用，保证了在更细、更高频维度上度量城市大数据发展情况，也是目前其他机构发布大数据指标中所未能体现的特点，属于本次大数据指标设计的首创。

（三）权重设计

大数据发展指数的测算采用主观赋权法对指标体系中各指标进行赋权，通过专家打分再求平均值获得各指标权重，在保证指标体系科学性、全面性的同时，力求指标权重的稳定性（表 5）。

使用定基标准化方法，将测算结果进行标准化处理，既可以较方便地进行横向与纵向比较，也能与 2018 年的北京数值进行对标，有利于各个地方找到大数据发展过程中自身存在的短板。

使用定基标准化法原理如下。

（1）设原始值为 X_{ijt}，其中 i 表示指标项，j 表示城市，t 表示时间；

（2）选择 2018 年北京各项数值为基期，标准化数值为 100，记录其缩放比例，即当 $j=$ "北京"，$t=$ "2018" 时，记录 $\Phi_i=100/X_i$；

（3）将所有指标数值乘以对应的 Φ_i，得到 $\overline{X}_{ijt}=X_{ijt}\Phi_i$；

（4）将 $\overline{X}_{ijt}$ 作为新的指标数值进行计算。

表 5　指标权重设计

一级指标	权重	二级指标	权重
基础能力	40%	数据	14%
		算力	18%
		算法	8%
创新应用	45%	政务应用	10%
		经济应用	25%
		民生应用	10%
综合保障	15%	政策保障	9%
		合作保障	4%
		安全保障	2%

三、指标应用

（一）全国评估

基于所构建的大数据发展指标，我们对 2015 年以来全国大数据发展水平进行了测算。结果显示，4 年来，我国大数据发展总体呈现上升趋势，但 2018 年有所下降。从具体指标来看，4 年来我国大数据发展的基础能力始终保持上升态势，但由于创新应用水平在 2018 年有所下降，所以拖累总指数而出现下降（图 2）。

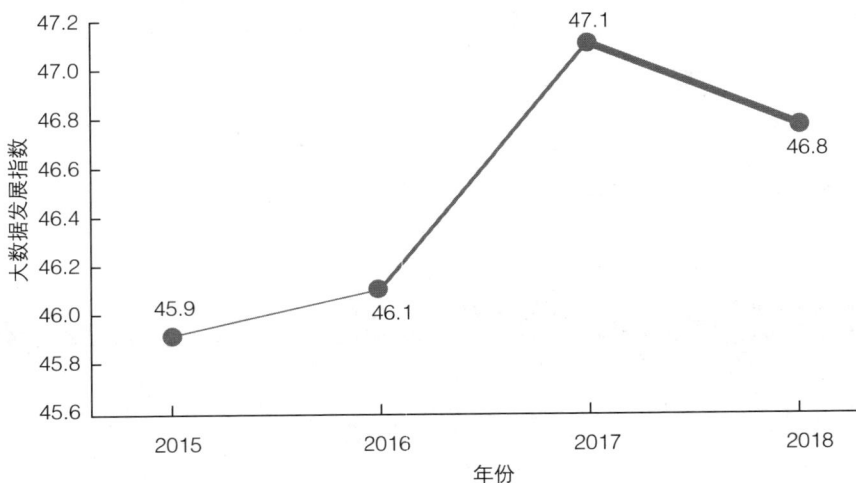

图 2　2015—2018 年全国大数据发展指数

对于 2018 年大数据发展指数总指数下降，产业界人士应该感触更深。一方面，我国经济增速放缓，经济下行压力增大，"资本寒冬"持续存在，给大数据行业发展造成了影响，据统计，大数据行业 2018 年的风险投资额度，仅有 2017 年的 20%；另一方面，前几年政府主导推动的大数据应用，因补贴高速扩张而在 2018 年资金短缺时无法持续，一些大数据公司 2018 年支付高级人才的工资，也往往不如 2017 年高，而且招聘数量明显萎缩。

（二）城市评估

1. 单个城市评估

分析显示，2018 年城市大数据发展指数的排名前五的分别是深圳、北京、上海、杭州、成都，随后是广州、天津、南京、东莞、武汉（图 3）。

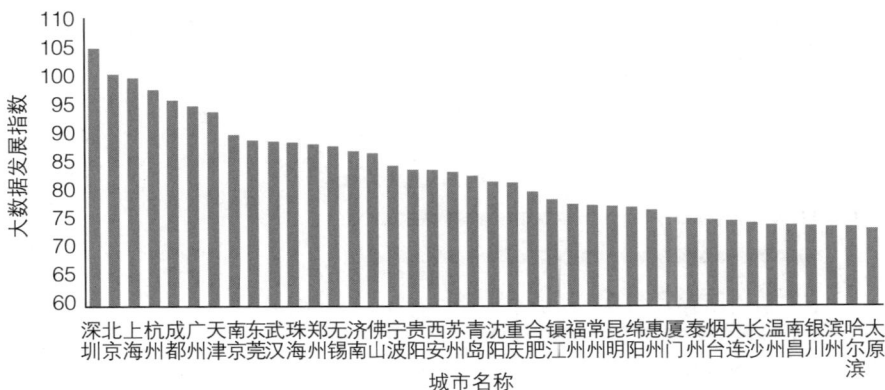

图 3　2018 年大数据发展指数排名前 40 位的城市

东莞、珠海、佛山、宁波、贵阳、青岛排名逐年上升趋势明显，与 2015 年相比，2018 年名次分别上升了 16、16、20、23、25、17 位（图 4）。

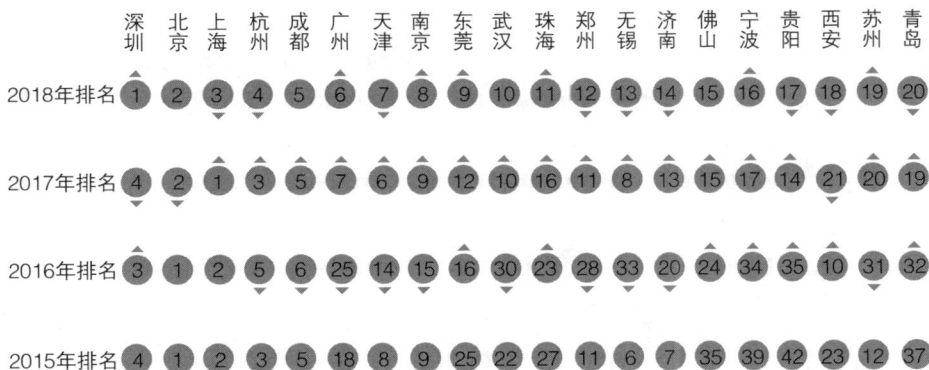

图 4　2018 年大数据发展指数排名前 20 位的城市逐年变化趋势

数据指标前 3 位的为成都、深圳和广州，他们均为数据资源及经济基础较好的城市（图 5）。

算力指标排名前 3 位的为大庆、牡丹江、哈尔滨。这主要是因为算力指标主要的计算来源是大数据相关的信息系统基础，而这部分数据，如人均光纤长度、人均互联网端口数量等，东北三市在全国均处领先地位（图 6）。

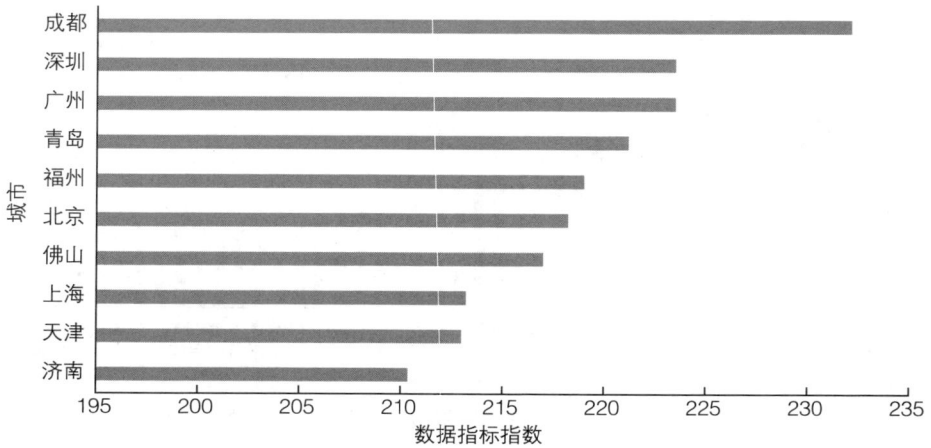

图 5　2018 年数据测算排名前 10 位的城市

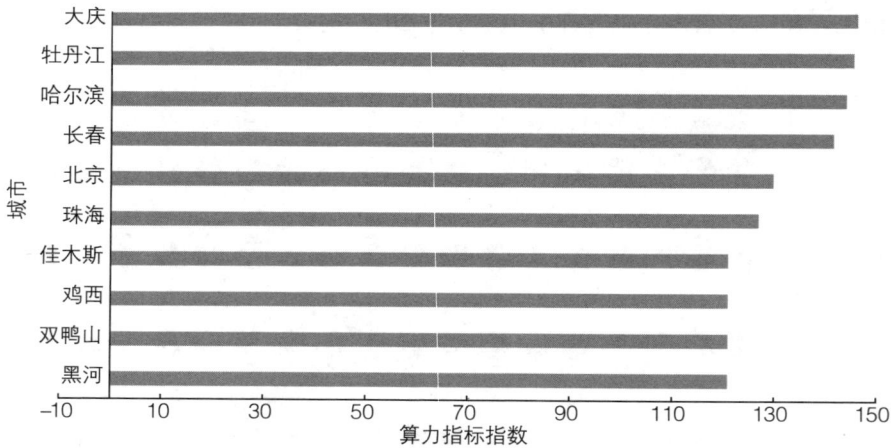

图 6　2018 年算力测算排名前 10 位的城市

　　算法指标排名前 3 位的城市为北京、深圳和东莞，这三市对大数据领域人才吸引力较强（图 7）。

　　政务应用指标的前 3 位的为东莞、深圳和无锡，表示这些地方政府部门大数据整体应用水平较高（图 8）。

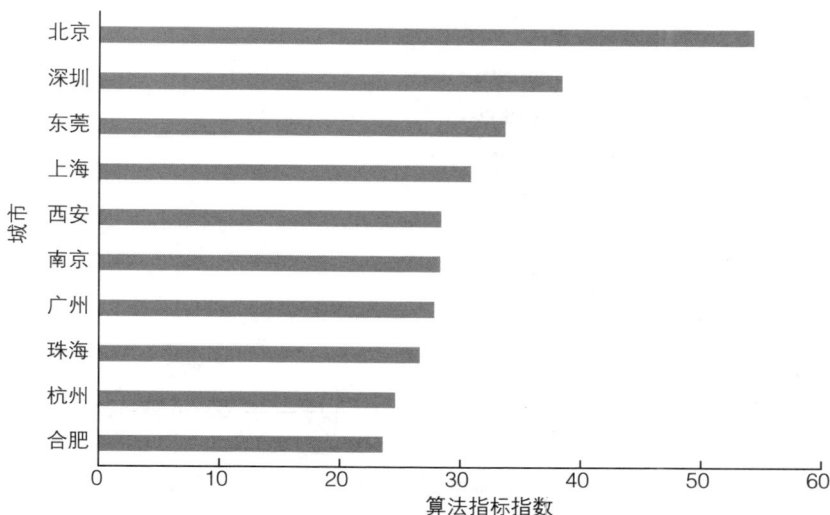

图 7　2018 年算法测算排名前 10 位的城市

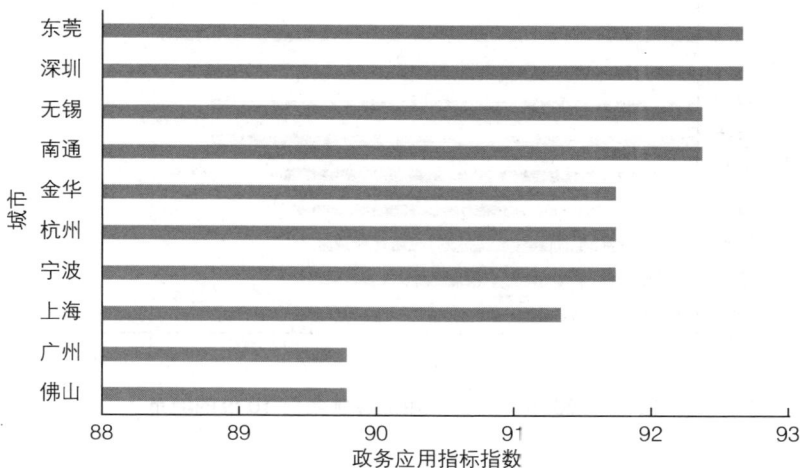

图 8　2018 年政务应用测算排名前 10 位的城市

经济应用和民生应用方面，上海、北京和深圳排名都是前 3 位，这也与腾讯发布的《数字中国指数报告 2019》中北京、深圳和上海的排名一致，表明这 3 个一线城市在大数据推动产业发展及提升便民服务方面位居全国前列（图 9、图 10）。

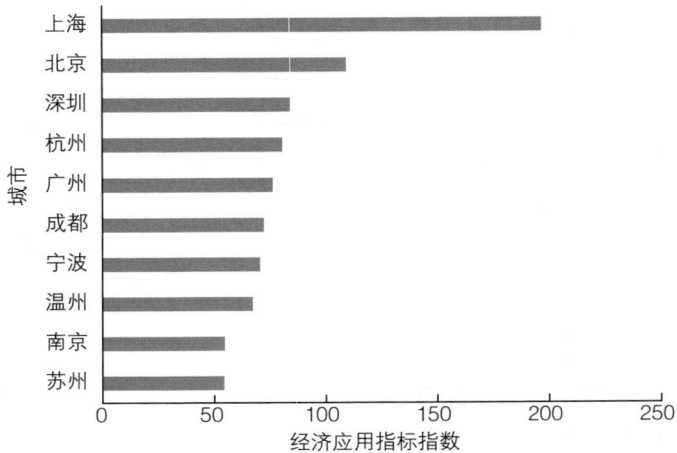

图9　2018年经济应用测算排名前10位的城市

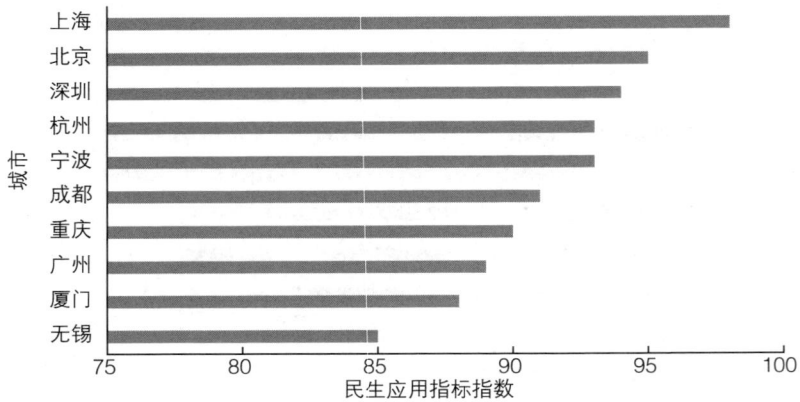

图10　2018年民生应用测算排名前10位的城市

　　综合保障指标上排名前3位的分别是天津、杭州和宁波，表明三市在政策、合作和安全方面保障力度较大，可持续发展能力较强（图11）。

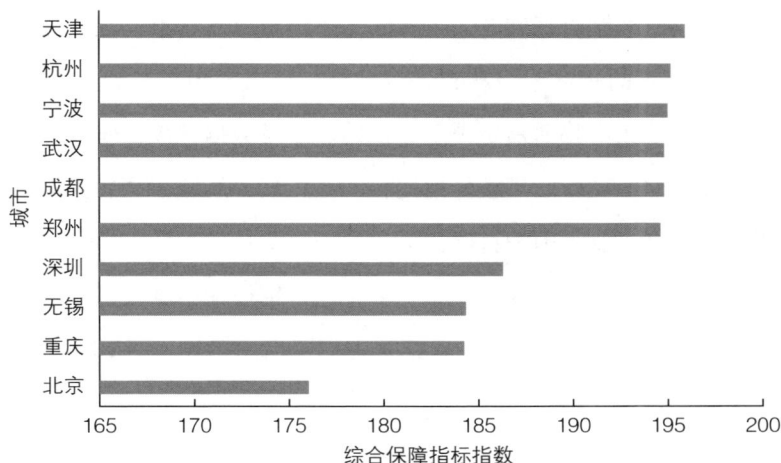

图 11　2018 年综合保障测算排名前 10 位的城市

2. 分级城市评估

将全国城市划分为超一线城市、新一线城市、二线城市、三线城市、四线城市及五线城市总共六大类，对比不同类型城市的大数据发展水平。大数据分析显示，从五线城市到超一线城市，大数据发展指数不断提升（图 12）。

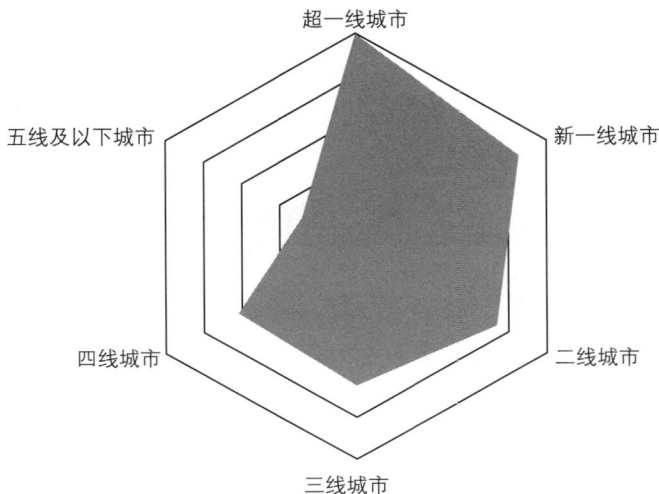

图 12　2018 年各层级城市大数据产业发展水平

通过测算各层级城市基础能力指标的变化趋势可以看出，在数据、算力两项与政府开放相关的指数中，从超一线城市到五线城市的差距并不是非常明显，这是因为多数政府都非常重视基础设施建设及数据开放工作。但从算法这项指标来看，各层级城市之间差异性比较明显，从一线城市往后，指标数值缩减得非常严重。这主要是因为算法指标是由人才、技术等三级指标构成的，即使政府在基础设施、数据开放上做了许多工作，也往往不能吸引到足够的人才前来创业。对于欠发达城市来说，算法是他们突出的短板（图13至图15）。

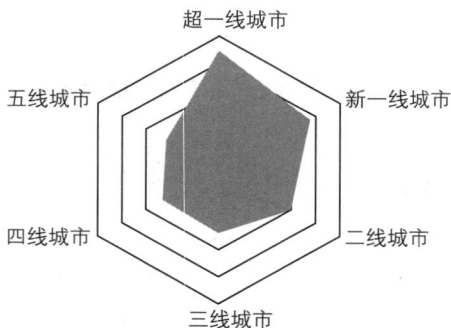

图 13　2018 年各层级城市"数据"测算结果

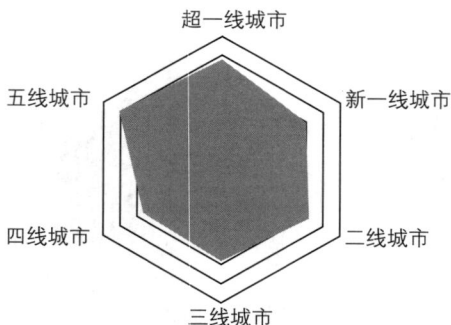

图 14　2018 年各层级城市"算力"测算结果

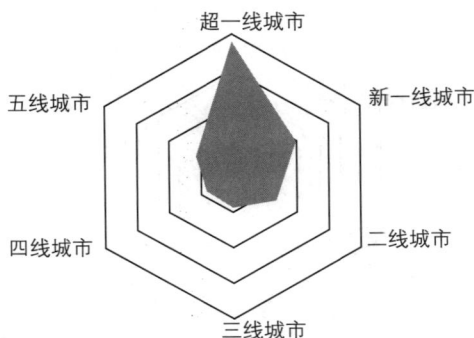

图15 2018年各层级城市"算法"测算结果

在政务应用方面，超一线城市到五线城市也没有明显差距，但在经济应用和民生应用两个指标上则出现了非常大的差距。这是因为这两类应用相对于前者来说更加依靠民间投资自身的推动，也就是在政府主导推动大数据发展的同时，如何能够吸引民间投资，让经济、金融、民生、消费等方面的大数据应用也逐渐发展起来，这方面各个地方差异明显（图16至图18）。

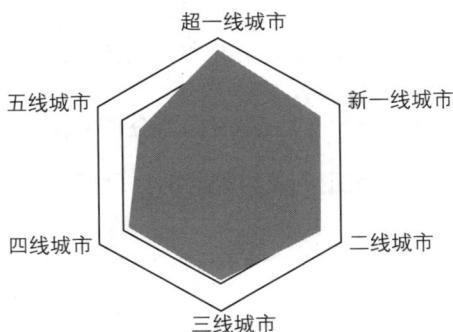

图16 2018年各层级城市"政务应用"测算结果

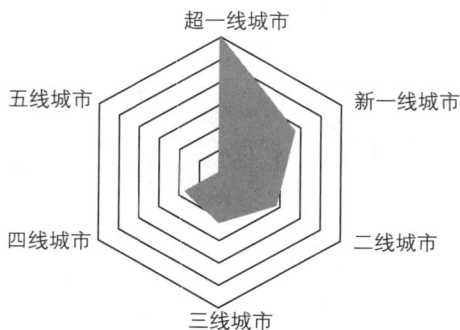

图 17　2018 年各层级城市"经济应用"测算结果

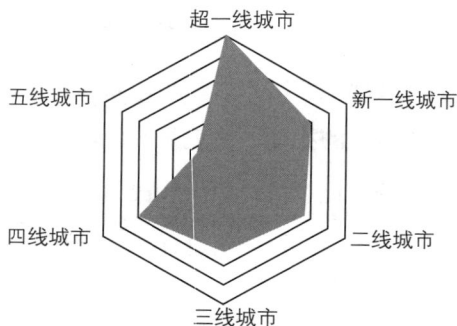

图 18　2018 年各层级城市"民生应用"测算结果

综合保障指标，从五线城市到一线城市，分值差距不是很大，表明各地政府都高度重视大数据发展，制定了较为完善的保障措施（图 19）。

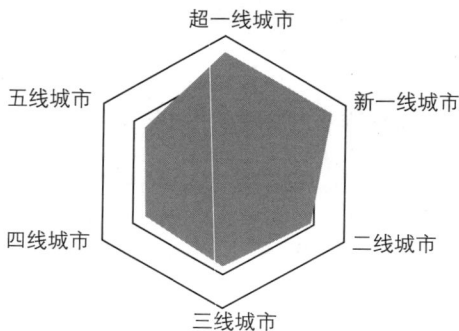

图 19　2018 年各层级城市"综合保障"测算结果

根据以上分析可以看出，大数据发展水平与城市的综合实力呈显著正相关，基础条件好、经济实力强的城市，更有条件也更有能力发展好大数据。超一线城市在大数据发展的各个方面，均表现出明显优势，而五线城市，尽管保障措施也相对到位，但是在经济应用、民生应用方面仍表现得"力不从心"。

3. 典型城市对比

北京、贵阳是我国大数据发展两个极具代表性的城市，北京处于大数据发展第一梯队，科技、经济、金融、人才等各方面均具有优势；贵阳地处西部不发达地区，经济基础等条件较弱，大数据发展总体位于第二梯队，对比这两个城市的大数据发展情况，有助于了解不同类型城市发展大数据的特点。

北京大数据发展总体排名一直位居前2位，尤其是算法和民生应用遥遥领先于其他城市。2018年相较于2017年，增长最快的是政务应用指标，从32位跃升为16位，经济应用出现大幅下降，下跌了33位。分析结果表明，下一步，北京应明确经济应用领域的短板问题，加强投入力度，以保持全国领先地位（图20）。

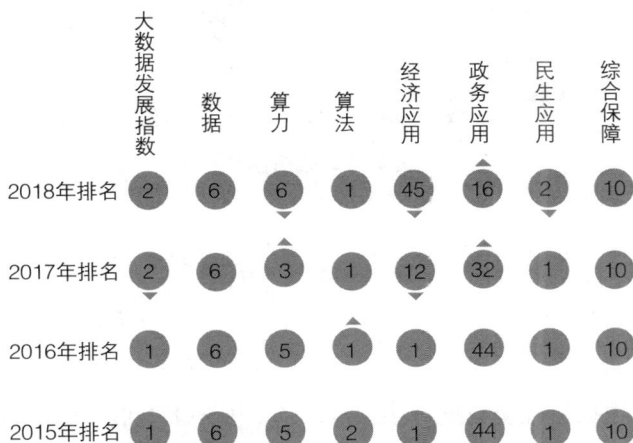

	大数据发展指数	数据	算力	算法	经济应用	政务应用	民生应用	综合保障
2018年排名	2	6	6	1	45	16	2	10
2017年排名	2	6	3	1	12	32	1	10
2016年排名	1	6	5	1	1	44	1	10
2015年排名	1	6	5	2	1	44	1	10

图20　北京市二级指标测算结果

　　贵阳是我国大数据发展的典范，探索出了一条不发达地区转型发展的新路子。在政府主导下，大数据发展指标中的数据、算力一直比较靠前，而且在持续进步。但 2018 年，贵阳在产业化、应用水平上出现了明显下降，经济应用、政务应用和民生应用 3 项指标分别下降 10、6、11 位。这一变化，为贵阳今后推动大数据发展具有参考价值，就是应着力从人才、应用两个方面入手，大力培养大数据人才，积极推动大数据产业化，同时加强政务服务方面的创新应用（图 21）。

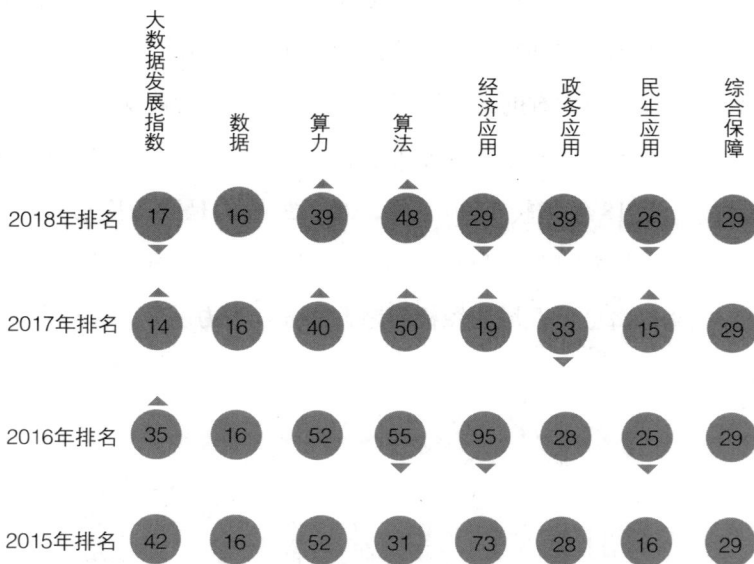

	大数据发展指数	数据	算力	算法	经济应用	政务应用	民生应用	综合保障
2018年排名	17	16	39	48	29	39	26	29
2017年排名	14	16	40	50	19	33	15	29
2016年排名	35	16	52	55	95	28	25	29
2015年排名	42	16	52	31	73	28	16	29

图 21　贵阳市二级指标测算结果

四、结语

　　推动政务数据与社会数据对接融合，是我国未来发展大数据的重中之重。2017 年 12 月，习近平总书记在中央政治局第二次集体学习时强调指出，要"统筹规划政务数据资源和社会数据资源""加快公共服务领域数据集中和共享，推进同企业积累的社会数据进行平台对接"。本文以大数据发展指标为切入点，探索推动互联网全网数据与政府部门统计数据对接，构建了融合多源异构数据的指数体系，弥补了目前大数据指标设计的不足，成为全国第一个以全网数据与统计数据相融合、全景式展示城市大数据"画像"的大数据发展指数。总体来看，该指标体系具有"专、新、多"三大特点："专"，即评估对象聚焦到市，覆盖全国 351 个城市；"新"，即充分利用大数据手段，包括数据挖掘、语义分析、社会网络分析等技术；"多"，即全网数据与统计数据相融合，应用数据量达 20 亿条。下一步，我们还将基于各类数据融合的思路，进一步拓展数据资源范围，充分利用大数据分析技术，构建更为合理的指标体系，客观评估我国国家、区域、领域及省市县各级大数据发展水平，为政府治理、产业发展及民生服务能力提升提供客观数据参考。

视频通信云："小市场"变成"大市场"

舒　骋｜随锐科技创始人、董事长兼 CEO

王周飞｜随锐科技产品市场部

一、前言

我国视频通信行业起源于 20 世纪 90 年代中期原邮电部为国务院、各省部级单位搭建的基于 E1 专用网络的视频会议系统。21 世纪以来，科技发展日新月异，以云计算、大数据、移动互联网、人工智能为代表的信息技术及各类"互联网＋"应用发展迅猛，快速向各行各业渗透，集双向语音视频沟通、数据协作于一体，简单易用的视频通信云应运而生。

视频通信云颠覆了传统视频通信系统建设思路，颠覆了传统人与人之间沟通协作的方式，大幅降低了各类组织和个人用户进行专业化、系统化沟通的门槛。随着在视频会议、远程医疗、远程教育、社会综合治理、智慧党建等领域的应用加速融合落地，视频通信云也开始迎来行业加速爆发的拐点，引起了资本市场的高度关注。以随锐科技为代表的国内领先企业，正致力于打造基于视频通信云，提供既拥有核心硬科技，又简单易用的产品与应用方案。面对日益增长的沟通需求，百亿级的视频通信云市场规模，正以燎原之势迈向千亿级。

二、我国视频通信云发展现状

（一）良好政策环境，提供肥沃土壤

1. 云计算产业成为国家战略新兴产业

世界主要国家高度重视云计算产业发展，我国政府在 2010 年就已将云计算产业列为国家重点培育和发展的战略新兴产业。随后相继出台《关于促进云计算创新发展培育信息产业新业态的意见》《关于积极推进"互联网＋"行动的指导意见》《云计算发展三年行动计划（2017—2019 年）》《推动企业上云实施指南（2018—2020 年）》等文件，大力推动云计算产业发展，有利于视

频通信服务能力提升。良好的政策环境，为视频通信云行业发展，提供了肥沃的土壤。

2. 新型智慧城市建设与政务信息化不断提速

近年来，我国政府以创新驱动高质量发展，进一步加快了新型智慧城市的建设进程。加速推动了智慧城市、政务信息系统、社会综合治理系统建设，以实现人工智能、云计算、物联网、新通信技术等与产业深度融合，实现精细化、智慧化治理，实现国家治理体系和治理能力现代化，构建形成大平台共享、大数据慧治、大系统共治的顶层架构。中国智慧城市信息系统及服务市场（包括信息技术相关的解决方案）规模已经由 2013 年的 1300 亿元增长至 2017 年的 8418 亿元，期间的年均复合增长高达 59.5%（图 1）。

年均复合增长	2013—2017	2018E—2022E
	59.5%	25.3%

2013: 1300
2014: 2309
2015: 3851
2016: 6110
2017: 8418
2018E: 11 076
2019E: 14 104
2020E: 17 680
2021E: 22 123
2022E: 27 594

图 1　中国智慧城市信息系统及服务市场规模

资料来源：国家统计局、弗若斯特沙利文。

我国政府 2016 年 12 月 18 日，工业和信息化部发布了《关于印发信息通信行业发展规划（2016—2020 年）的通知》；2017 年 5 月 18 日，国务院办公厅发布了《关于印发政务信息系统整合共享实施方案的通知》；2017 年 7 月 31 日，发展改革委发布了《关于印发"十三五"国家政务信息化工程建设规划的通知》。

视频通信作为支撑智慧城市发展的关键技术，其衍生应用体系将作为不可或缺的模块，纳入智慧城市的政务、商务即社区各层面，融入城镇化、工业化和信息化的互动体系之中，推动数字中国发展。

3. 多重因素助推行业快速发展

（1）中国云计算产业仍处于快速增长阶段

自 2018 年工业和信息化部发布《推动企业上云实施指南（2018—2020 年）》以来，各类企业上云成为不可阻挡的趋势，云计算行业规模持续增长。据中国信息通信研究院《云计算发展白皮书（2019 年）》统计数据显示，2018 年我国云计算整体市场规模达 962.8 亿元，增速 39.2%，预计 2019—2022 年仍将处于快速增长阶段。得益于云计算基础设施的发展与各类云应用渗透率的提升，视频通信云的市场接受度显著提高（图 2、图 3）。

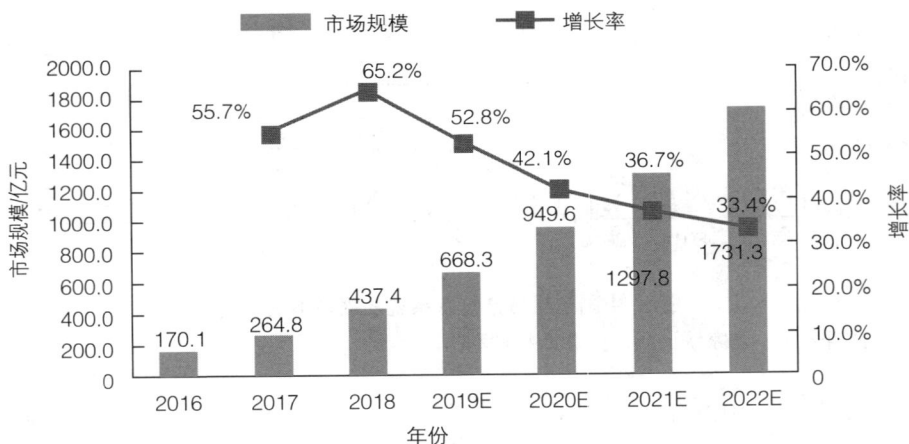

图 2　我国公有云市场规模及增速

资料来源：中国信息通信研究院，2019 年 5 月。

（2）视频通信云市场迎来高速增长

得益于云计算、网络基础设施的发展与各类云应用渗透率的提升，视频通信云市场接受度显著提高。涌现出随锐科技等一批拥有良好产品创新能力、持续技术研发能力的企业快速成长。根据 Frost & Sullivan 预测，2018—2022 年，中国视频通信市场将以年均复合增长率 20.75% 的速度持续增长，预计到 2022 年，中国通信市场规模可以达到 1430.30 亿元（图 4）。

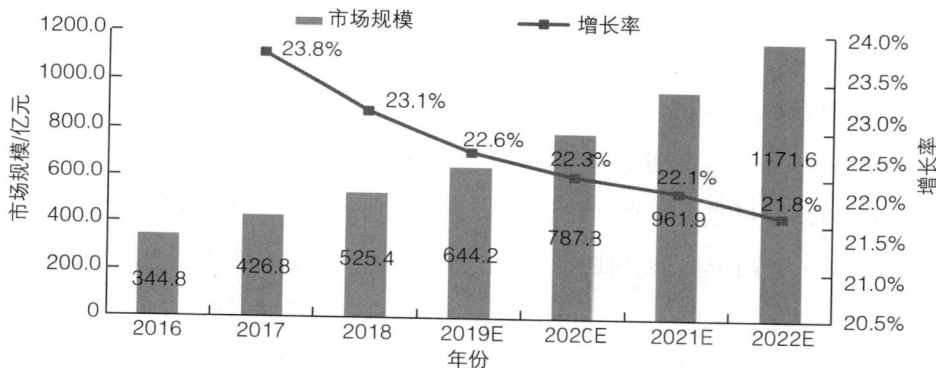

图 3　我国私有云市场规模及增速

资料来源：中国信息通信研究院，2019 年 5 月。

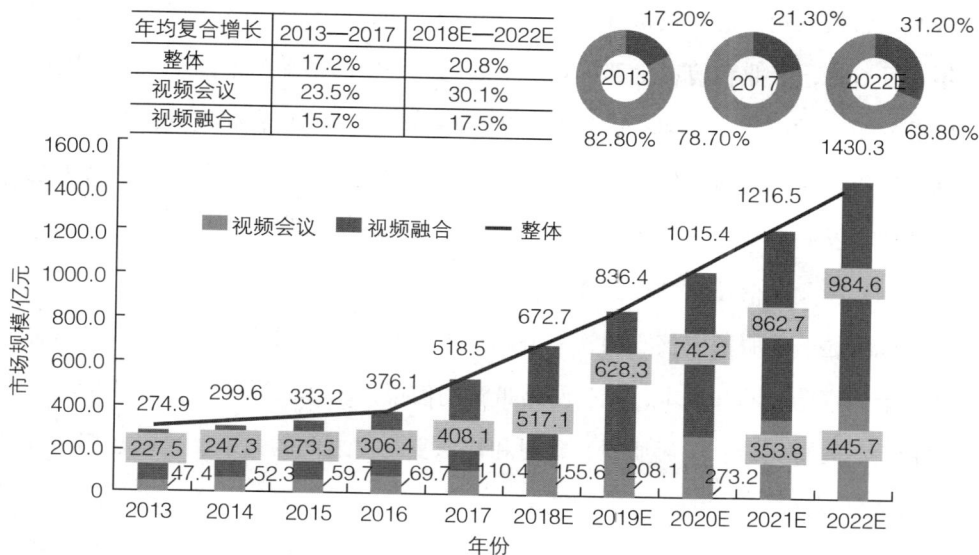

年均复合增长	2013—2017	2018E—2022E
整体	17.2%	20.8%
视频会议	23.5%	30.1%
视频融合	15.7%	17.5%

图 4　中国视频通信市场规模

资料来源：弗若斯特沙利文。

注：以上市场规模按营收统计。

（3）提速降费，"新基建"为视频应用提供广阔空间

2018年年末中央经济工作会议提出，加快5G商用步伐，加强人工智能、工业互联网、物联网等新型基础设施建设。在互联网占领主导地位的时代，网络几乎是所有互联网业务的基础和灵魂，是云计算、大数据、工业互联网、物联网等赖以发展的基石。视频通信云更是如此，4K、8K视频的出现及VR/AR的应用，视频对网络带宽的要求将会越来越高。要想获得随时随地、高清流畅的通信体验，需要够高速、够稳定、够便宜的通信网络来支撑。

自2015年以来，李克强总理连续多次督促通信运营商"提速降费"。目前，我国基本全面建成光网城市，城市地区普遍具备百兆接入能力。我国网络接入速度提升了数倍，资费却大幅降低。各类基于视频的直播（如斗鱼）、短视频（如抖音、快手）等应用一时间如雨后春笋般出现，成功实现了商业化。截至2018年6月，3G/4G基站总数467万个，占比为74.9%；4G用户占移动用户占比为73.5%。全国50 Mbps及以上和100 Mbps及以上接入速率的固定互联网宽带接入用户总数突破3亿户和2亿户，占比达到80.5%和53.3%。2019年6月6日，工业和信息化部正式向中国电信、中国移动、中国联通、中国广电发放5G商用牌照，我国正式进入5G商用元年，5G具有高速度、低时延、高可靠等特点，是新一代信息技术的发展方向和数字经济的重要基础，将为视频通信云发展打开新的空间。

（4）视频通信技术进步，推动服务质量提升

视频通信云服务中核心的视频编码技术不断进步，通过数据压缩降低信息量，节约存储空间和成本，减少网络带宽的使用。H. 265标准在H. 264标准的基础上，改善码流、编码质量、延时和算法复杂度之间的关系，可以在相同画质的情况下标准节省约一半的带宽。

边缘计算技术加速发展应用，使云计算可以和边缘计算实现智能互补，推动节点下沉，大幅提升节点使用率，边缘网络设备计算和通信能力显著提高，

能够解决视频播放中的秒开、延时等问题。

4. 创新驱动成通信云赛道坚实护城河

视频通信平台产品和应用的设计和相关技术开发，综合性强、技术门槛高、开发难度大，需要持续长周期的资金和研发投入，属于典型的技术密集型、资金密集型行业。视频通信云涉及音视频引擎、音视频协议和编解码、网络传输、媒体交换、云服务、通信协议、终端集成等各种通信云核心技术，需要形成一个“从终端到云再到终端”的多媒体产品技术闭环。目前，行业内只有极少数公司成功研发了成熟的核心技术并完成了产品与服务平台的实现。

国内高清视频通信主要用户政府机构、大中型企业等对视频会议系统的稳定性、可靠性和用户体验要求严格，对产品与服务、解决方案的技术要求较高。而通信云系统开发难度较大，技术壁垒高，要求项目实施企业具备强大的技术实力及丰富经验。

新进入者一方面难以具备相关底层核心技术，从而形成较高的技术壁垒；另一方面缺乏对客户需求的深入理解及对技术开发和服务过程中问题的解决经验。行业新进入者在短期内难以对现有厂商发起实质性竞争，形成了较高的经验壁垒。市场上具备相应技术实力及经验的视频通信厂商较为集中，行业“头部效应”较为明显。

（二）视频通信云优势显著，普及成大势所趋

1. 使用门槛低，可惠及每位工作者

传统视频通信模式需要采购服务器、使用专线网络，成本昂贵；操作复杂需设置专业运维人员负责会前调试、会中控制管理等，专业性强。导致视频通信距离大众化普及还很远。在中国大部分基层地区信息化建设需求迫切，但预

算却十分有限。高昂的成本和专业的使用门槛，将广大基层地区拒之门外。大量基层干部长期以不断奔波开会的形式开展工作。我们一位来自广东省信宜市某乡镇的基层干部，在使用视频通信云前每次开会都要往返超过25千米的山路，沟通联系十分不便，各项政策贯彻落实的时效、考核监管的难度可想而知。

视频通信云建设使用门槛低。不同于传统视频通信系统需要采购和部署复杂昂贵的服务器、终端设备等，视频通信云基于云计算直接为用户提供视频通信服务，用户无须复杂部署，只需采购嵌入通信云引擎的视频通信云硬件终端，或注册使用视频通信云软件，即可开始远程视频和数据协作。有数据显示，使用视频通信云硬件成本仅为传统视频通信系统的1/10。需要定制化开发的政府、大中型企业，可以通过API与SDK直接使用安全稳定、易开发的通信云平台。视频通信云使系统建设成本比传统视频通信系统大大降低，视频通信云进村成为现实。人与人可以无缝开会协作的距离，缩短为"屏幕"与"屏幕"的距离。

视频通信云简单易用。嵌入视频通信云引擎的终端设备，只需简单连接与设置即可投入使用。简单易用，无须会前预约准备，还是会中管理控制，上手简单。人人都可以作为主持人发起会议。由于不需要本地化运维，无须配备专业人员主持控制，视频沟通变得更加好用，得以全面渗透于日常的业务协同之中，用户接受度与使用率显著提高，应用场景更加灵活丰富。

2. 打破场所限制，随时随地融合协作

视频通信云可以实现全设备接入，无缝融合协作。支持移动端、PC端、任意品牌会议室终端互通接入，令视频协作不再局限于会议室、指挥中心等固定场所。出差、开车时用手机、平板就可以接入正在召开的会议，让开会随时随地进行，不用再担心错过重要会议和公司培训。高层决策会议，无论高管身

在全球何地，都可以快速召开，从而实现立即决策、高效执行。

完美兼容厂商各类传统视频通信设备，既能合理利用，方便扩容普及，降低建设费用，又可实现各级单位之间、外部单位之间直接接入。支持跨品牌视频会议终端、VoIP/PSTN 电话会议、H.323/H.239/SIP 标准视频终端等融合，支持 Android/iOS 移动端、PC 端接入，支持无人机、安防监控、单兵执法终端接入等，实现真正意义上的全设备、全兼容打通，打破协同边界。

3. 跨网络、跨系统、跨应用，打通协同边界

（1）跨网络

传统政府与大型企业视频通信系统，通常建设在内网／专网运行，这就无法满足外网用户参会的需求，也不能满足外出参会人通过手机、Pad、笔记本电脑等移动设备沟通的需求。例如，某市公安局部署了视频应急指挥系统，由于外出的执法人员不能方便地通过外网设备接入，移动执法终端无法和内网进行实时音视频通信沟通，对快速了解现场情况非常不便。

首先，视频通信云可实现内网／专网与外网融合互联。内网／专网和外网物理隔离运行，安全可控。同时又能打破内外网边界，畅享通信云带来的高效与便捷。其次，可以获得智慧互联的高效通信体验。通过全网设备互通互联，实时音视频通信，3G/4G 网、WiFi、宽带、电话全网络无缝融合，实现在任意网络环境下高效智慧视频通信。

（2）跨系统

政府机构、党组织、军队等一般有其他协同工作系统、指挥调度系统、管理系统等，但不具备实时的音视频通信能力，不利于高效沟通和协同工作。

通过打通和融合不同第三方系统及其通信终端，实现实时音视频通信，满足客户跨系统融合沟通的需求。视频通信云可以打通和融合指挥调度系统、监控系统、各类智慧城市系统，以及相关通信终端，赋予其强大的实时音视频通

信能力，提升沟通协同效率，扩展终端范围，从而实现统一的无缝融合通信。

（3）跨应用融合

各类政企单位业务协同应用、智慧城市应用等及第三方APP，通常具有丰富强大的功能，视频通信云可以通过强大的平台融合能力，为其进行音视频通信赋能，用户既能享受丰富的第三方应用功能和服务，又能体验高效便捷的实时音视频通信。例如，第三方党建APP有新闻推送、党员交流互动、党员管理、缴纳党费等丰富的功能。客户既有视频党建的业务需求，又需要第三方丰富的功能应用，通过SDK和API等方式即可帮其实现。

（4）音视频通信高清晰度、高稳定性

头部企业已实现运营级大并发，高清稳定的视频通信能力。高清稳定的视频通信，不仅需要视频硬件终端高清化，还需要先进的编解码技术与视频压缩技术，具备强大的视频通信云平台基础支撑。以通信云头部企业随锐科技为例，一个会议室最高可以实现10 000方参会者接入；同时并发百万级会议室；据此计算，整体随锐通信云平台的并发能力可以达到100亿并发量，大平台、大并发能力突出。

视频通信云解决了传统专网视频通信对网络环境要求高的痛点，复杂网络适应能力强。随锐科技服务的金川集团，是全国最大的有色冶金、化工联合企业之一，在使用视频通信云服务与位于南非的下属单位进行跨国沟通时，带宽仅有300 kb，视频、音频、文本沟通依然流畅，充分体现了在进行专网、公网混合部署时的超强网络适应、音视频纠错能力。

（5）视频零距离沟通，信息传递扁平化

视频通信云可以令身处全国各地同事，在同一间"云端会议室"开会，实现真正的零距离沟通。工作汇报、部门例会、业务培训，通过视频会议，可以不受会议室大小、参会人地点等因素限制，可以多个部门、多个地区、多个级别单位同时开会，共同参与，信息权威精准传递。信息传递链短，从决策到执行更加扁平化，让基层员工更准确、更快速执行决策，培训使各区域员工业务能力得到有效提升。

三、视频通信云＋融合应用，市场边界被打开

通信是信息时代最基本的需求。伴随互联网＋产业融合的发展及 5G 商用牌照的发放，催生万物互联时代的到来，人们协作对于通信提出了更高的要求，趋于集即时消息、语音、高清视频、业务场景化协作一体化、融合化。同视频会议、社会综合治理、智慧党建、智慧教育、远程医疗、安防监控、指挥调度、智能制造等各行业领域的加速融合，大大拓展了视频通信云的应用领域。当下信息基础设施正在被重构，未来沟通的基础设施也必将被重构，视频通信云自然也不会缺席。

（一）视频通信云＋社会综合治理

2013 年，《十八届三中全会关于全面深化改革若干重大问题的决定》指出要"坚持源头治理，标本兼治、重在治本，以网格化管理、社会化服务为方向，健全基层综合服务管理平台，及时反映和协调人民群众各方面各层次利益诉求"。同年，中央综治办发布了《关于开展全国综治信息系统视频通信建设试点工作的函》，全国综治信息系统视频通信建设工作的正式启动，为我国视频通信市场带来了新增长点，为我国视频通信行业的进一步发展提供了有力支持。

2015 年，中共中央办公厅、国务院办公厅印发《关于加强社会治安防控体系建设的意见》提出网格化管理和社会化服务，在做好治安防控的同时服务好人民群众。2016 年，国家质检总局、国家标准委《社会治安综合治理 综治中

心建设与管理规范》规定了省（自治区、直辖市），市（地、州、盟），县（市、区、旗），乡镇（街道），村（社区）五级管理中心的建设与管理要求，为中心建设与管理提供了标准化依据。

1. 我国社会综合治理的 6 个挑战

第一，信息传递链冗长，基层群众需求和问题难以准确传递和解决。第二，条块分割严重，传统单一管理体制容易出现管理责任不清、交叉管理、无人管理等现象。第三，信息孤岛林立，行政主体间信息无法共享，沟通交流、责任落实、业务协同难度大。第四，问题处置效率低，基层工作权限低、事务多，缺乏标准化机制，民生小问题易积累成大问题。第五，缺乏科学评价和监管，传统评价方式不全面、不客观、不准确；另外，对基层工作人员缺乏有效监管的技术手段。第六，技术的发展提供了基础，移动互联网、云计算、大数据、人工智能等技术发展，为建立数字化社区提供了可能。

2. 视频通信云 + 社会综合治理融合应用

以通信云平台为基础，结合大数据、人工智能、移动互联网与视频通信技术，开启智慧城市管理新模式，为社会治安综合治理打造了网格化、精细化治理综合平台解决方案（图5）。

全网络、全终端融合互联，打通协同边界，为社会综合治理平台赋能。基于视频通信云平台，推动社会综治平台实现视频云升级，实现全终端融合互联，从而具备强大的融合通信能力与平台协作能力。同时，随锐科技等企业已从基础设施层、平台层、软件应用层均实现了国产化，拥有高等级安全体系、丰富的管理措施，安全可靠。平台可融合接入各机关单位视频会议、电话会议系统，融合接入公安等视频监控系统、无人机视频终端、单兵执法终端，还支持个人手机/Pad移动终端有权限音视频通话。无论专家、领导在全球任意地点，都能与社会综治中心视频沟通互动，高效部署和协作。且全程采用国产加密算法进行通信保障，全程内外网隔离运行（图6）。

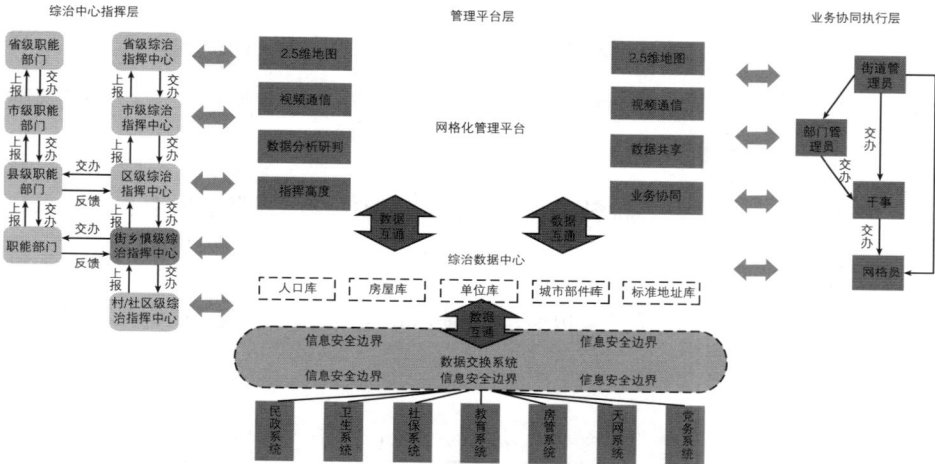

图5 数据与技术构架

资料来源：随锐科技。

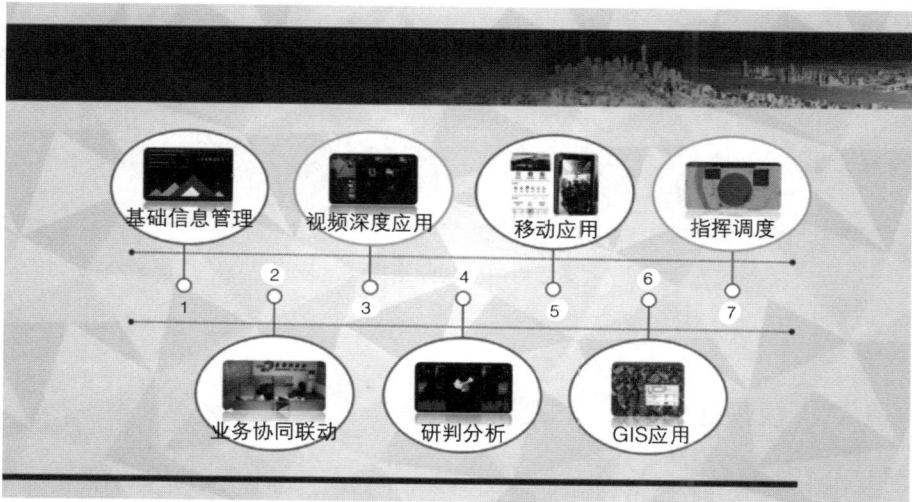

图6 社会综合治理平台

资料来源：随锐科技。

全场景"面对面"沟通和演示，综合治理中心快速研讨与部署。全面实现指挥中心和各单位视频会议、现场监控与单兵终端实时视频接入，一旦现场遇突发情况，网格员可第一时间以视频形式高效上报具体情况。在外出差的领导、国内专家都可以通过视频形式连线指挥中心，既能"面对面"沟通和直观精准了解现场状况，又能查看方案演示，进行批注，高效研讨和制定指挥调度方案，视频部署任务，下达指令，高效执行。

多手段精准把握现场状况。通过基于视频通信云的综合治理中心，可以快速、有效地与远端工程技术人员音视频互动，通过无人机、高清摄像机、手持终端、视频监控系统，全方位精准把握现场情况，进行远程专家指导，协调各单位资源，提高复杂问题效率（图7）。

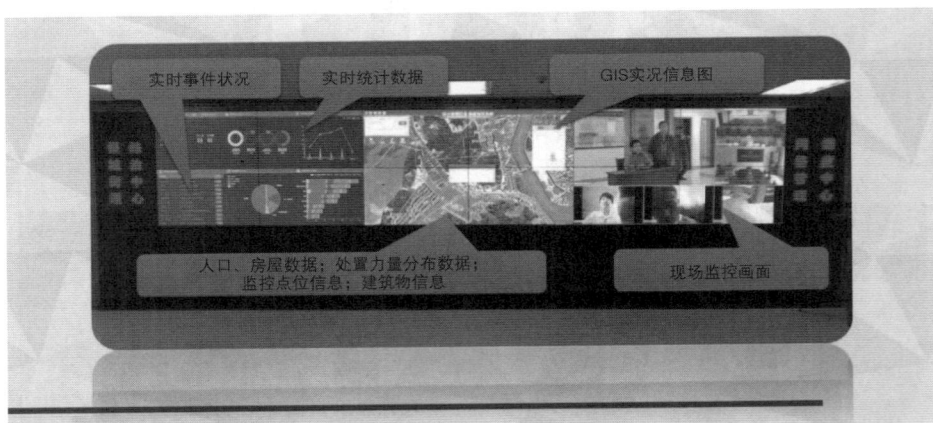

图 7　某综治中心视频指挥调度应用

资料来源：随锐科技。

（二）视频通信云＋智慧党建

为顺应新形势、新常态，加强基层党建工作，增强基层党组织的创造力、凝聚力和战斗力，充分发挥党员的先锋模范作用，是党的重要课题。基于视频通信云产品和运营服务，可以打造集远程视频会议、在线党员教育、政策学习、互动交流、三农讲坛、精准扶贫于一体的智慧党建新模式，形成立体化的党建工作体系。

1. 基层党建需求与挑战

基层党组织分布广，组织难度大。由于位置分散，组织学习难度大，交流时间与交通成本高，城乡之间缺乏制度化的经常性互动。由于受二元体制的影响，城乡基层党建工作仍然存在联系不紧密、协调不顺畅等"技术"问题。

流动党员管理不易到人。党员管理是党建的重要组成部分，是加强党的建设的基本途径之一。然而，基层党员、流动党员数量多，难以对每个党员落实领导方针和对政策学习的情况进行实时精准的掌握。

城乡党建资源不均衡。由于基层党建在人、财、物等各项资源条件和城市差距明显，城乡党建资源不均衡的现象十分普遍，因此，如何推动各类党建优质资源下沉，成为提升统筹城乡党建工作的关键。

需建立真实全面的党员评价体系。长期以来，对于基层党支部的重要决策、专题会议等情况，对于每个党员的学习情况，实时监督和掌握难度大，全面、客观的依据较少。

2. 视频通信云 + 智慧党建融合应用

建立多级组织生活平台，形成立体化党建体系。采用视频通信云，普及高效快捷的远程工作新方式，建立区、镇（街道）、村（社区）三级联动的管理体系，建立互联网工作与学习平台，做到下属数十个单位不必往返奔波，即可"面对面"开展专题会议、工作部署、党员教育、互动交流等。

随时随地，移动化参与，党建轻松快捷。智慧党建云平台，实现了全设备、全兼容融合打通，不但支持会议室终端，还支持手机 APP、平板电脑等移动端，让出差和没有条件的基层干部，随时随地入会，让优质党建资源覆盖每一位党员。

视频在线教育，互动交流，党建形式丰富多样。互联网党建平台内置"视频通信云引擎"，通过党支部信息发布、文件传达、网络直播等多种形式及时发布政策文件及工作动态，公示相关事宜，宣传先进典型等信息。"学习圈"功能，还可以实时与领导、讲师进行网络互动、评价、点赞，进行语音交流，发布学习动态。

建立智慧化学习评价体系，数据全面客观。强大的党建大数据分析系统，可以实时汇总分析各部门、各支部和各党员的会议视频、学习记录、成绩、出席记录、上传资料等指标，结合评分体系，作为全面评估学习效果和后续决策的依据。

智慧党建新模式，基层党员队伍素质有效提升。构建面向基层党组织党委的智慧党建云平台，纵向到底，横向到边。利用互联网、大数据等手段来保证上级决策，精神快速传达，任务高效执行。通过智慧党建解决方案，拓宽了党员的学习渠道，丰富了党员的学习形式，增加了党员的学习积极性，提升了党员的学习效果，加强了对党员的管理，有利于发挥新形势、新常态下党员的引领作用。基层快速普及，让优质党建资源覆盖每一位党员。

让视频云智慧党建平台，全面推广普及到所有基层党支部，惠及每位基层党员。各级单位开展远程工作视频会议、在线党员教育、政策传达和落实效率大大提高，立体化的党建工作体系令基层工作焕发新生机。

（三）视频通信云＋智慧教育

中国国家教育支出于 2017 年达到 30 259.5 亿元，基于 2013—2017 年的时间跨度，年均复合增长高达 8.3%。教育系统是国家长期大举投入的重点基础行业，是国家财政支出最高的版块。在线远程教育越来越成为现代化教育的重要补充。而在线远程教育又呈现移动化、实时视频化趋势。而实时视频化培训也对视频通信清晰度、流畅度、稳定性、便捷性提出了更高要求。

1. 教育行业客户挑战

中国教育资源分布仍然不平衡，优质资源短缺。在中国，一流教师大多集中在一线二线城市与经济发达地区，广大三四线城市，尤其是乡村和偏远地区，优质教育资源匮乏，大多数普通学生还从未体验过一流的学习课堂。

移动化、视频化学习，成为学习新趋势。手机、平板、笔记本电脑已成为每个家庭的必需品，也是学生进行远程学习的入口。而视频"面对面"授课的视频化学习形式，因可实现实时互动交流，学习效果倍增。移动化和视频化学习趋势已不可阻挡。

大型在线教育平台，对稳定性和流畅性要求高。我国教育市场庞大，随锐科技提供视频通信云服务好未来教育集团，线上注册用户就已超过 3500 万个，庞大的学生群体通过旗下各个在线教育平台进行实时音视频学习。但全国各地的师生，网络状况和使用设备不一，这就对视频通信云平台的网络环境适应性、设备适配性，提出了更高要求。

2. 视频通信云 + 智慧教育融合应用

建立云端课堂，让每位孩子都能享受名师教育。基于视频通信云为支撑，建立云端视频实时学习新模式。无论是身在城市的普通学生，还是远在偏远山区渴望知识的孩子，通过实时音视频课堂，就能"面对面"跟名师一起学，获取好未来最优秀教师的精彩课程和辅导。

打通全终端，覆盖全场景，随时随地学习。借助视频通信云融合解决方案，可以实现真正意义上的打通所有网络终端，将教师和学生放一间"云端教室"，不再被终端设备束缚。支持 iOS 与 Android 手机、平板、笔记本电脑、

Surface、iMac 等各类常见设备，以及摄像机、课堂音响麦克风、各类厂商的视频通信终端互联互通，从而实现无论何时都能随时随地便捷地使用。

互动形式丰富多样，"面对面"学习体验。教师通过互动带动课堂气氛，学生有疑问随时举手发言，课件一键同步共享到所有屏幕，学生点赞、留言等多样化互动支持，令教师授课事半功倍，令学生学习轻松高效。

（四）视频通信云 + 智慧工业转型

制造业是国民经济的主体，是立国之本、兴国之器、强国之基。打造具有国际竞争力的制造业，是我国提升综合国力、保障国家安全、建设世界强国的必由之路。"视频通信云 +"、工业互联网在研发、制造、销售、管理等环节不断深化融合应用，进一步推动了"信息化"与"工业化"两化深度融合，为向智慧型工业企业转型提供有力支撑。

1. 制造业客户挑战

业务机构分散、产业链沟通联系密切。制造行业对生产效率、生产品质、产销周转率等有严格的要求。既需要研发、生产、质检、销售、仓储物流、售后等各个环节紧密配合，又需要和上下游产品链的供应商、渠道商的整合和频繁沟通。

重视安全生产管理和生产效率。安全生产管理工作重在以预防为主和对生产、流通环节全方位实时把控监督。随着生产自动化程度的提高，紧密的生产协同和高效的生产调度成为提质增效的关键。制造业生产单元数量多、分工明确，下属单位与经销商网络通常遍布各地，安全生产把控难度高，业务协同工作量大。

大型骨干企业，面临信息安全形势日益复杂。大型骨干企业信息价值高，更容易受到安全威胁。近年来全球信息泄露事件频发，网络安全问题备受关注。信息安全建设需要从物理层、网络层、应用层、管理层等多个维度全面加强。

传统招投标模式，监管难度大，成本高。通过招投标方式进行采购，可以利用市场竞争机制降低采购成本，减少腐败现象。在前期洽谈阶段，为了更好地展示样品和沟通方案，供应商往往需要前往现场，交通和时间成本高。在现场招投标时，由于供应商间拥有接触机会，非常容易滋生串标、围标等舞弊行为。

2. 视频通信云 + 智慧工业转型融合应用

融合统一通信，全面落实安全生产，高效调度管理。融合企业生产调度系统、ERP、电子商务采购系统、OA 协同平台等实时音视频通信能力，同时整合各级单位视频会议系统，实现随时随地多种平台接入和发起视频会议，打造集日常例会、视频招投标、生产指挥调度、应急事故处置、安全生产监督、渠道经销商管理与培训等于一体的集团智慧化生产与管理体系。

集团化云端视频会议协同平台，实现高效沟通。视频通信云平台为主营业务赋能，彻底解决经销网络庞大带来的跨区域管理跨区域协同耗时费力、财务成本高的痛点。信息的传递变得快速而准确，利于管理扁平化。

安全可控，护航无价信息。视频通信云既可采用专网私有化部署、公有云与私有云混合部署，又可针对特殊场景实现全国产化部署，拥有高安全性、高可靠性等特点。首先，基础架构与设备、底层每一行代码都自主可控。其次，会见通过专网与公网隔离运行，采用国产加密体系，确保通信安全可控。最后，所有通信数据全程存储在用户专有服务器上，企业可通过会议加密、入网设备准入机制、录制权限等实现立体化信息安全管理。

远程视频招标，真实、可追溯。全面推进实施远程视频招标制度，全国供应商可登录和视频通信云平台互通的协同平台，通过移动端、电脑、会议室系统筹方式远程参加招投标。供应商之间从对接洽谈到视频投标，全程与其他供应商信息隔离。在视频招投标过程中，需要同某一供应商单独沟通时，其他供应商进入等待区，保密性更好。招投标评审会议实时直播，全程录制，会后统一存储，全面、真实、可追溯，并作为干部考核的依据之一。

四、5G+8K 为视频通信云带来新契机，应用将加速落地

在即将到来的 5G 时代，8K 超高清视频将成为主流媒体应用。之所以被称为 8K，是因为图像在宽度上可以达到 8000 个像素点，像素是 4K 图像的 4 倍。对于随锐科技在内的视频通信云产品运营商来说，5G+8K 技术的爆发，将推翻从前的很多东西，如旧的传感器、旧的采编设备、旧的编码呈现。同时也将会重构很多东西，如新的显示技术、新的 AI 技术、新的通信技术。

首先，5G 超高的传输速度与低延迟特性，能在最大限度上满足 8K 视频传输的需求，也将极大影响超高清视频在技术产品的研发、产业链建设方面的成熟度。在影视娱乐方面自不必说，这应该是 5G+8K 最先商用化落地的领域之一，尤其是大型体育赛事直播和好莱坞大片。8K 带来的不仅仅是更多细节的呈现，更是其震撼的视觉冲击力。

其次，如果把超高清视频迭代到视频通信行业，再应用到远程医疗、远程教育、视频通信、安防监控、指挥调度、工业智造等领域，将会延伸出巨大的产业生态链，取得可观的投资商业回报。

例如，远程医疗 + 超高清视频通信，通过 5G 网络的高速率传输，超高清晰度、低延时的医学影像资料，加速远程会诊、远程 B 超、医学观察、远程手术指导等医疗应用模式创新。

而与超高清视频通信结合后的工业互联网，将可以支持大流量、高速率、

低时延传输视频图像，也可支持大连接、低时延的传感器和控制信号业务，实现精细原材料识别、精密定位测量等环节。将超高清视频应用于工业可视化、机器人巡检、人机协作交互等场景，与机器视觉、人工智能结合，提高工业自动化、智能化水平。

按照产业间的关联关系测算：2020年，5G间接拉动GDP增长将超过4190亿元；2025年，间接拉动的GDP将达到2.1万亿元；2030年，5G间接拉动的GDP将增长到3.6万亿元。10年间，5G间接拉动GDP的年均复合增长率将达到24%。

五、结语

跨界融合，实现全场景、高清晰、沉浸式的呈现及通信。基于视频通信云平台，可以与各行各业相融合，与教育、交通、金融、医疗等行业融合，每一个行业都有其专业属性，把通信的能力、高清呈现的能力作为一个基础能力，为政府、企业、医疗、教育等组织增添视频通信的基础能力，就能帮助他们在其所在的领域实现巨大的化学反应。我们相信，视频通信云核心技术与产业生态链，在新的科技趋势浪潮里一定不会缺位。

金融科技将技术转化为竞争力

刘　勇丨中关村互联网金融研究院院长

一、金融科技的内涵与外延

根据埃森哲数据，2008 年全球金融科技领域投融资额为 9.3 亿美元，截至 2018 年年末上升为 553 亿美元，持续增长的资本推动金融科技高速发展，并不断驱动金融行业创新。金融与科技的深度融合，改变了金融渠道、获客等前端环节，也在驱动产品设计、风控、合规等中后台领域的变革，帮助金融业务提升服务效率、客户体验及服务规模，同时降低企业成本和相关风险。

"金融科技"由英文"FinTech"翻译而来，是 Financial 和 Technology 合成的新名词，可以理解为金融服务中所应用的技术。它起源于美国硅谷，20 世纪 90 年代，高盛、瑞信等投行都成立了"FinTech"的部门。从行业本质来看，金融本身是信息数据驱动的行业，金融行业的发展依赖于信息技术，并随着信息技术的迭代不断进行变革。

20 世纪 60 年代开始，金融行业进入电子时代和信息数字化时代，金融机构利用信息软件和硬件实现电子化办公，大大提高了服务效率。在 20 世纪 70 年代，计算机和本地网络等信息技术的发展为金融业提供了一种快速而经济的方式来访问和获取信息，逐渐普及的计算机刺激了许多处理电子数据处理的小型金融公司的发展。同时，信息技术的速度和可靠性支持了全国金融服务的创建，包括电子支票和信用卡处理。自 20 世纪 90 年代中期以来，金融行业一度成为 IT 产品最大的购买方。

随着互联网的发展，其开放性、公共性威胁着 20 世纪末金融业发展起来的封闭式信息网络。1995 年，富国银行开始使用万维网提供网上银行服务，开启了网上商业交易时代，到 1998 年，互联网已经负责处理了超过 500 亿美元的交易。到 21 世纪，互联网技术快速发展，持续与金融行业融合，整合业务系统、重塑业务流程，实现渠道网络化，不断提升金融服务的可获得性；互联网交易的年交易量更高，需要更大的网络、更多的计算机和更好的安全程序。

2005 年，首家没有营业网点的直销银行在英国出现，在中国随着电子支付、电子商务的普及和网络借贷的兴起，互联网与金融的结合已经开始从技术领域向业务层面深化，金融行业呈现出明显的数字化特征。

21 世纪以来，云计算获得长足发展，极大地推动了信息基础建设，云服务已经成为支撑行业信息化应用和业务模式创新的核心，为协调产业链上下协同、跨行业资源融合提供了条件。它还促进了以移动互联网、物联网和语音识别等为代表的下一代信息技术的应用。这直接导致了大数据的蓬勃发展，大数据处理和分析已成为下一代信息技术融合的核心支撑。新一代信息技术的"新"体现在网络互联的移动化和泛在化、信息处理的集中化和大数据化、信息服务的智能化和个性化。它的发展不是信息领域各个分支的垂直升级，而是信息技术横向渗透到金融等其他行业，这也是产品技术向服务技术转变的体现，为分布式技术等前沿技术与新一代信息技术相互渗透发展提供了条件。

2016 年金融稳定理事会对金融科技进行了全面和系统的定义，并获得了市场认同。金融科技指技术带来的金融创新，它能创造新的业务模式、应用、流程或产品，从而对金融市场、金融机构或金融服务的提供方式造成重大影响。该定义强调了技术为金融业务带来的支撑、改进和变革。

评价科技对金融的促进作用，可以从技术对金融服务供给结构、生产效率和价值创造的影响 3 个维度展开。其中，供给结构反映了金融服务供给和金融服务需求的匹配度；生产效率囊括了要素效率和组织效率，反映了金融业的整体有机性；价值创造包括为金融服务的附加价值。

技术影响了金融创新的潜在水平，共同推动金融供需的发展。从业务流程来看，核身、授权和资金的清算交割是金融交易的 3 个基本要素。因此，能够解决身份核验、授权、清算等金融业务流程痛点的相关技术的变革，势必导致金融行业形态发生变化。在传统金融当中一直存在一些痛点问题，如融资成本高、反欺诈、定价困难、管理成本高、开户程序烦琐、资管效率低下等，这些痛点问题为金融与技术的结合提供了可能性，而云计算、大数据、人工智能和其他信息技术的应用为这些痛点问题的高效率解决提供了重要支撑。

技术创新不仅带来了生产力提升，同时也改变了金融行业的价值创造体系，催生出了新的商业模式和服务关系。借助云计算、人工智能、区块链等新技术，金融科技公司得以优化传统金融机构的服务链，重塑业务场景，使它们在用户管理、产品定价、渠道营销和运营模式方面具备了优势地位，以极快的增长速度和极强的可复制性颠覆了传统金融服务的提供方式。金融行业的边界也被突破，金融业务被具备比较优势的企业所分解，行业衍生出第三方支付、智能投顾等细分业务领域。

金融需求层面也产生一些深刻的变化，用户行为和期望发生了极大的改变，用户对于产品和服务的即时性和便捷性要求越来越高；用户转换服务商的门槛越来越低，用户的忠诚度极大地取决于产品和服务是否满足了其需求，客户体验变得越来越重要；此外，用户需求更加多元化和碎片化，非金融需求日益强烈，金融需求、非金融需求与场景联系更加紧密。需求的转变与增加给金融科技活动带来新的拓展空间。从衣食住行各个领域，金融服务与产品在新技术支撑下，快速跨越空间与时间，整合在用户需求里，无限扩展金融供给与需求对接的市场空间。面向个性化产品的服务需求，企业也可以通过提供差异化的产品及服务，在市场竞争中获得有利的地位。

从整个金融服务层面，平台经济、开放模式等正全面改变现有金融服务生态，传统金融机构、新兴的科技企业、互联网公司等在生态版图中的关系变得愈加复杂。金融服务的产业链不再纵向集成，而是呈网状分布，任何两者都将可能发生信息交换乃至交易关系。

二、金融科技底层热点技术在金融领域的应用情况

通过金融稳定理事会、国际监管机构、各机构发布的报告，以及对金融科技发展现状的研究，当前金融科技的技术热点主要集中在大数据、云计算、人工智能、区块链、生物识别技术、互联技术领域。这些新技术的快速发展不断推动金融与科技的融合发展。

在金融领域，云计算、大数据、人工智能和区块链等技术并不是相互独立的，而是相互关联和促进的。大数据是基本资源，云计算是支持区块链和人工智能等技术应用的基础设施。人工智能依靠云计算和大数据来推动金融科技的智能化发展。区块链为金融业务架构和交易机制的转型创造了条件，其实施与数据资源和计算分析能力的支撑密不可分。随着应用的深化，云计算、大数据、人工智能和区块链等技术之间的技术界限正在逐步弱化。未来的技术创新将越来越多地集中在技术交叉点和集成区域。

（一）大数据技术赋能金融

大数据技术是以数据搜集、分析、应用和挖掘为本质的新一代信息技术。大数据技术的战略意义不是掌握大量的数据信息，而是通过专业化处理，挖掘数据中隐藏的价值，给决策提供数据支持。

大数据技术包括大数据搜集、存储、处理、分析和挖掘技术，如图1所示，该技术图谱以大数据的处理流程为依托，分别罗列了在大数据处理的各个阶段，所需要的具体技术。大数据处理过程分为四大步骤：数据搜集、数据存储、数据处理、数据分析和挖掘（图1）。

图 1　大数据技术图谱

中国大数据产业规模持续扩大，2018 年，中国大数据产业规模突破了 6000 亿元，随着数据经济的推进，预计 2019 年大数据产业规模将达到 7150 亿元。

大数据的应用已成为金融企业的核心竞争力。大数据应用与金融创新的关键在于如何通过大数据技术将数据变成竞争力。当前金融领域的大数据主要应用场景为：第一，用户画像。用户画像是基于对用户标签的判定、分类和验证，以便为客户构建用户画像来进行用户分析，主要应用的环节有信贷风险评估、金融反欺诈、精准营销等。第二，建立客户知识图谱。根据行业、产品、企业和人的联系，形成客户关系图谱，用于管理分析和风险控制。知识图谱通过数据之间的关联链接有机地组织碎片化数据，使数据更易于人和机器理解和处理。它还便于数据的搜索、挖掘、分析，并为人工智能提供知识库。客户知识图谱主要应用的环节有供应链金融、保险核保、反洗钱等。

（二）云计算技术赋能金融

云计算是各种类型应用程序的关键基础架构，也是大数据和人工智能技术应用的支撑技术。根据美国国家标准与技术研究院（NIST）对云计算的定义，云计算是一种按照使用量付费的模式，这种模式提供可用的、便捷的、按需的网络访问，进入可配置的计算资源共享池，共享资源包括网络、服务器、存储、应用软件、服务，这些资源能够被快速提供，只需要投入很少的管理岗工作，或与服务商进行很少的交互。云计算能够降低机构IT成本。云计算技术架构的突出优势是优秀的并行计算能力及大规模的伸缩性和灵活性特点，在提升系统运行效率、创新产品方面赋能金融业务，使得金融机构能够直达客户，精准洞见客户需求，创新运营模式。

根据部署方式，云计算可分为公有云、私有云、混合云、社区云。私有云与公有云之间的核心区别在于使用云服务的客户是否拥有自己的云基础架构。根据应用场景，云计算还可以分为基础设施即服务（IaaS）、数据存储即服务（DaaS）、平台即服务（PaaS）、软件即服务（SaaS）、"云安全"和虚拟化应用。云计算行业的主要参与主体包括IaaS服务商、SaaS服务商、PaaS服务商、硬件和软件基础设施提供商、解决方案提供商、终端提供商、其他支持服务提供商、监管机构及最终用户。

中国云计算市场保持快速增长的态势。2018年中国云计算市场规模达到900多亿元，增长率达39.2%。其中，公有云市场规模为437亿元，比2017年相比略有增长。预计2019—2022年公有云市场依然保持快速增长，2022年市场规模将达到1700多亿元；私有云市场规模为500亿元，虚拟主机同比2017年也有20%的增长速度，预计未来几年将会稳步增长，2022年将会达到千亿元市场规模。中国云计算技术的优势不断增强，核心技术专利申请数量居世界前列。从2010—2018年，全球虚拟化技术的专利申请数量已达到13 000件，而中国的专利申请数量已达到为 4906 件，占总数的 1/3 以上。

机构在进行 IT 基础设施选择时，关键是考虑云计算的安全性与稳定性，其次是可用性。目前，公有云凭借于灵活的配置和较低廉的成本，市场替代需求强劲。整体而言，云计算行业正处于快速增长期，尤其是中小企业需求市场。中型和大型金融机构倾向于使用混合云，通过购买硬件产品、虚拟化管理解决方案、容器解决方案、数据库软件及操作和维护管理系统来构建私有云平台，在私有云上运行核心业务系统及存储重要敏感数据，在公有云上运行营销管理类系统和渠道分销类系统。小型金融机构倾向于将所有系统放置于公有云上，与其他金融机构贡献基础设施资源。

（三）人工智能技术赋能金融

人工智能是一系列用于研究、模拟、延伸和扩展人类智能的理论、方法、技术和应用，通过模拟人类意识和思维信息过程，部分或完全替代人类劳动。人工智能主要有六大技术，如图 2 所示。目前，人工智能技术尚处于发展的初期阶段，即弱人工智能阶段，目前技术发展只能够支撑大规模的量化和替代部分人力分析层面，还无法做到完全替代人脑决策。

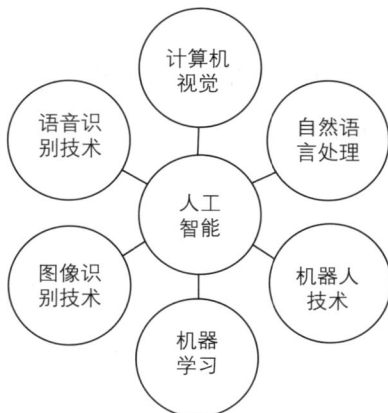

图 2　人工智能技术图谱

如图 3 所示，人工智能产业链可以分为底层计算能力与操作系统层、中层认知层和感知层、上层的应用层。基础层提供的算力和操作系统为人工智能技术的应用提供支撑。技术层解决具体人脑智能类别问题，目前，语音识别技术、自然语言技术和计算机视觉技术逐步趋于成熟，已经出现较广泛的应用场景。应用层解决具体的行业和场景的实际应用问题，如智能驾驶、智能客服等，目前的人工智能产品大多是对简单重复的人类劳动的替代，起到辅助作用。当前，中国人工智能产业主要集中在技术成熟、应用性较强的领域。

根据中国国务院的规划，2020 年中国人工智能核心产业规模将达到 1500 亿元，并将在未来 10 年内保持高速发展。自 2013 年以来，全球人工智能行业投融资规模都呈上涨趋势。2018 年中国人工智能领域共获得融资 1311 亿元，是 2017 年全年的 2 倍。根据 2013—2018 年第一季度全球的投融资数据，中国在人工智能领域的融资规模超越美国，位列全球第一。在全球高水平论文产出

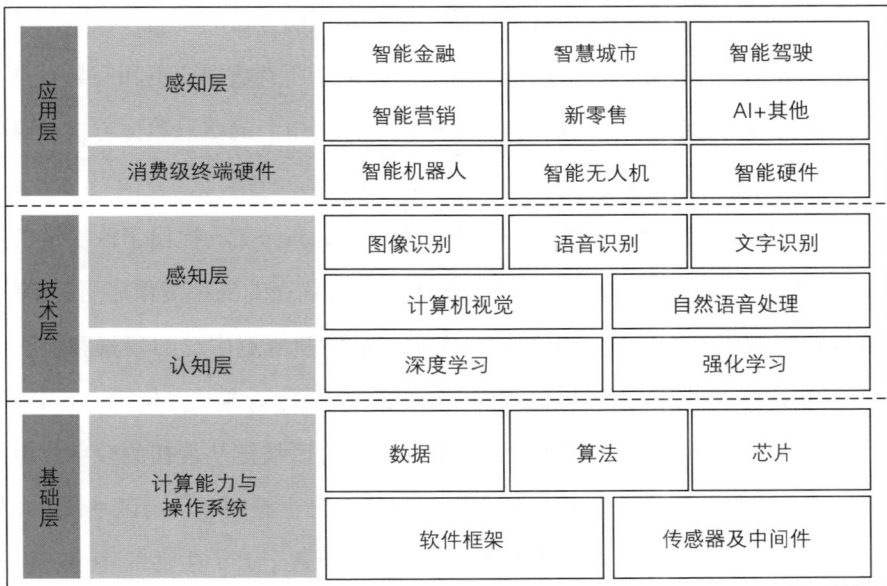

应用层	感知层	智能金融	智慧城市	智能驾驶
		智能营销	新零售	AI+其他
	消费级终端硬件	智能机器人	智能无人机	智能硬件
技术层	感知层	图像识别	语音识别	文字识别
		计算机视觉		自然语音处理
	认知层	深度学习		强化学习
基础层	计算能力与操作系统	数据	算法	芯片
		软件框架		传感器及中间件

图3　人工智能产业链

上，中国是高水平论文产出数量是世界排名第 1 位的国家。

随着人工智能技术的突破，以及其他技术手段的协同推进，金融机构能够对大量且类型丰富的数据进行深度、高频率的筛选分析，颠覆当前触达客户、挖掘客户金融需求的模式，极大降低金融服务的成本，提升服务效率并扩大服务范围。未来，智能投顾、金融预测与反欺诈、智能融资授信 3 个领域将得到极大发展。

（四）区块链技术赋能金融

区块链是一串使用密码学相关方法产生的数据块，每一个数据块中包含了交易的信息，用于验证信息的有效性（防伪）和生成下一个区块，区块链的核心技术包括 P2P 网络、密码学和共识机制（智能合约）。从应用角度来看，区块链是一种分布式账本；从技术角度来看，区块链是点对点网络、非对称加密和数据库等技术的组合。区块链技术的核心意义在于对当前信任机制的变革，通过去中心化和分布式结构的数据存储、传输和证明方法的使用，以数据区块取代互联网对中心服务器的依赖，通过云系统记录所有数据变更和交易数据，最终实现数据的自我证明。区块链技术颠覆了依赖中心的信息验证方式，降低了"信用"的建立成本。

在《区块链新经济的蓝图》一书中，作者 Melanie Swan 提出了区块链应用的 3 个阶段，如图 4 所示，1.0 阶段是以比特币为代表的数字货币应用；2.0 阶段是将数字货币与智能合约相结合，优化了金融领域更广泛的场景和流程；3.0 阶段超越金融经济领域，应用延伸到政府、文化等新领域。与区块链 1.0 相比，区块链 2.0 阶段融合了智能合约的概念，允许区块链从最初的数字货币扩展到权证的确权与转让，以及金融资产的交易、执行等领域。与区块链 2.0 相比，区块链 3.0 阶段超越了金融领域，应用范围覆盖了人类生活的各个方面，进入到司法、医疗、物流、社会公证、社会治理和文化健康等领域。在区块链

区块链的应用层次	各应用层次的应用领域
3.0	智能化物联网 超越金融领域，渗透到司法、医疗、物流、社会公证、 社会治理、文化健康等各个领域
2.0	智能合约 股权、债权和产权的登记、转让，证券和金融合约的交 易、执行，甚至博彩和防伪等金融领域
1.0	数字货币 比特币、以太币等

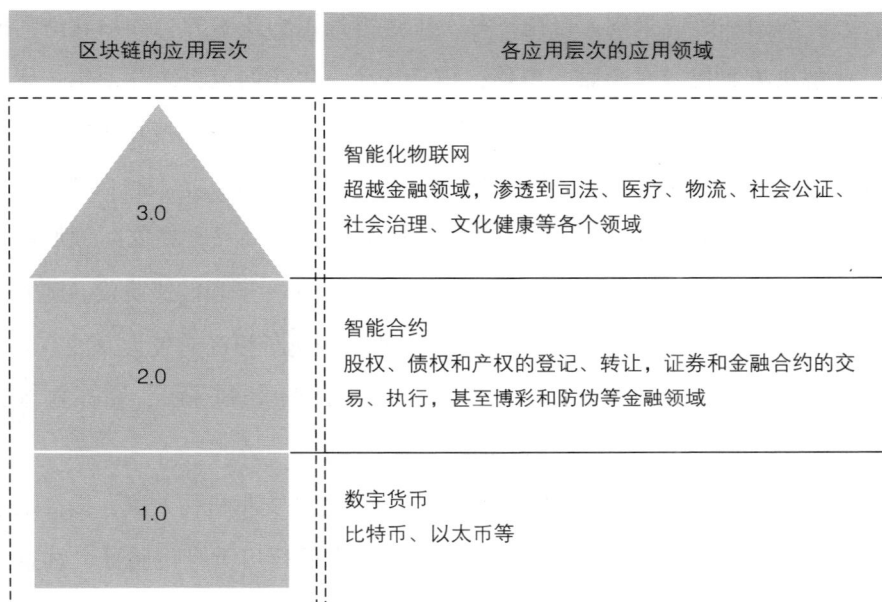

图 4　区块链应用层次

3.0 阶段，区块链技术有可能成为"万物互联"的基础协议。区块链应用阶段的发展受到了技术进步、行业监管、应用场景等因素的影响。

目前，区块链应用已经逐步从数字货币应用转向智能合约 2.0，数字票据、清算和结算、征信管理和供应链金融是四大主要应用场景。未来，随着区块链技术的成熟和监管的逐步完善，如果区块链成为网络基础设施，社会则进入智能物联网时代，区块链将与人们生活密不可分。

（五）生物识别技术赋能金融

生物识别技术指的是通过计算机与光学、声学、生物传感器和生物统计学原理等高科技手段密切结合，利用人体固有的生理特性（如指纹、人脸、虹膜等）和行为特征（如笔迹、声音、步态等）来进行个人身份的鉴定，是一种身份认证的技术，主要包括指纹识别、眼纹识别、虹膜识别、声纹识别、语音识别、人脸识别和虹膜识别。目前，基于生物特征识别技术的硬件和软件产品及行业解决方案已经在金融、电信、信息安全、生产制造、医疗卫生、电子政务、电子商务、军事等领域被广泛应用。从各技术的发展和应用现状来看，指纹识别技术发展最早并且技术成熟度最高，使用成本较低；人脸识别易于使用，适用于公共安全领域；虹膜识别安全性高但成本高昂，在安防领域应用较广泛；静脉、虹膜和声纹 3 种特征识别技术尚处于探索和改进阶段。随着技术的不断成熟和应用场景的扩大，中国生物识别市场规模尚有较大发展空间。2002—2015 年，中国生物识别市场的年均复合增长率达到 50%，预计到 2021年，中国生物识别行业的市场规模将突破 340 亿元。

在金融领域，生物识别技术可以提升金融机构和支付机构效率、提高反欺诈能力、促进金融创新。近年来，生物识别技术已应用于身份验证、远程开户、支付结算、转账取款和核保核赔等场景。未来，生物识别技术将与机器学习等其他新技术相结合，从而创造更大的应用空间。随着生物识别算法的不断优化和创新，生物识别产业链将更加精细化。

（六）互联技术赋能金融

互联技术使得大量不同形式的信息能够以更低的成本，摆脱空间限制，实现信息的高速交换、互动。目前，最广泛应用的互联技术包括移动互联网技术和物联网技术。

广义的移动互联网是指通过各种无线网络使用移动电话、PAD 或者其他手持设备，包括移动无线网络（如 4G、5G 等移动通信网络）和固定无线接入网等，访问互联网，进行语音、数据和视频等的传输。移动互联网最大的优势在于，传输时不受传统数据通信的时间和空间等因素的影响，技术上有效整合了互联网的开放性和移动性。移动互联网技术是指实现数据信息在各种移动终端设备之间进行传输和共享的网络技术，是移动通信技术与互联网技术的融合。

　　移动互联网的技术架构可以分为终端层（设备层）、接入层（网络层）和应用层（业务层），其最大的特点是业务的多样性，不同业务相对应的通信模式和服务质量要求也各不相同：移动终端趋向于个性化和智能化，包括移动电话、PAD 或其他手持设备；访问层支持多种无线接入方式，目前主要的方式有蓝牙、WiFi 网络、4G 或 5G 等移动通信网络。

　　当前中国移动互联网经济进入"新常态"。2017 年，中国移动互联网交易规模达到 6.89 万亿元，占 GDP 的 8.3%。尽管增速逐步放缓，但仍为 GDP 增速的 3.25 倍。2017 年，中国移动互联网行业投融资活跃度降低，但独角兽公司成长速度加快，移动互联网创业的热度不减。

　　目前，移动互联网技术已经发展成熟，5G 技术已经成熟并逐渐商用化，移动支付在推动零售市场多样化发展、满足消费者碎片化和个性化支付需求方面正发挥着不可替代的作用。二维码支付、数字银行等都反映了移动互联网技术在金融领域的应用。

　　物联网（Internet of Things，IOT，也称为 Web of Things）被视为互联网的应用扩展，于 2005 年被国际电信联盟正式提出，其发布的《ITU 互联网报告2005：物联网》将物联网定义为，通过各种信息传感设备，如传感器、射频识别（RFID）技术、全球定位系统、红外线感应器、激光扫描器、气体感应器等各种装置与技术，实时采集任何需要监控、连接、互动的物体或过程，采集其声、光、热、电、力学、化学、生物、位置等各种信息。其目的是实现物与物、物与人、所有的物品与网络的连接，便于对物品进行识别、管理和控制。

　　物联网的技术架构可分为三层：感知层、网络层和应用层。感知层由各种传感器及传感器网关构成，如二维码标签、RFID 标签和读写器、摄像头、GPS 等感知终端。感知层的功能相当于人眼、耳、鼻、喉和皮肤的神经末梢，用于识别物体、采集信息。网络层由各种专用网络、互联网、网络管理系统和云计算平台组成，负责传输和处理感知层获取的信息。应用层是物联网与用户或者终端系统之间的接口，根据行业需求实现物联网在特定行业的应用。

物联网有 3 项关键技术：第 1 种是传感器技术，这也是计算机应用中的关键技术，其发展和应用取决于计算机性能。第 2 种是 RFID 技术，这是一种集无线射频技术和嵌入式技术为一体的综合技术，RFID 在自动识别、物品物流管理方面有着广阔的应用前景。第 3 种是嵌入式系统技术，这是一种集计算机软件和硬件、传感器技术、集成电路技术、电子应用技术为一体的复杂技术。目前，嵌入式系统的终端产品最普遍，小到人们身边的 MP3，大到航天航空的卫星系统都应用了嵌入式系统技术。

随着 5G 技术的商业化，中国物联网产业前景可期。从 2012—2017 年，中国物联网产业规模扩大了 3 倍以上，预计到 2020 年，中国物联网产业规模将超过 1.5 万亿元，中国将在 2025 年引领全球物联网市场。

物联网技术的行业特征主要体现在应用领域，目前绿色农业、工业监测、公共安全、城市管理、远程医疗、智能家居、智能交通等都在努力探索物联网技术的应用，某些行业已经积累一些成功的案例。在金融领域，物联网技术在定价、风控、监管方面拥有显著的业务优势，在保险精准定价、抵押物和动产监控、供应链金融等领域已经实现了应用，随着传感器、稳定传输、智能处理等物联网技术的突破，物联网技术在金融乃至其他领域会有更多的场景落地。

三、新技术在金融领域的应用发展前景

（一）5G 技术助力金融科技产业升级

2018 年，5G 标准化进程迎来里程碑时刻，中国企业在 5G 国际标准制定过程中做出了积极贡献，成为 5G 国际标准制定的主导力量。5G 技术的成熟

为中国金融科技发展抢占了国际制高点，并提供了重要机遇。随着以 5G 技术等为代表的互联技术发展的成熟，并逐步走向商用，数据在得到进一步积累的同时，数据的处理、运算效率将得到进一步提高，人工智能等新技术也将因此得到跨越式发展，产业浪潮进入全新阶段。

5G 技术的加密可以让移动支付更加安全与高效，并促进物联网金融的进一步发展。5G 技术带来的是一个万物互联的时代，5G 技术势必将产生全新技术与模式，并催生出一大批新的金融科技公司，也将进一步带动金融科技领域的投融资。随着 5G 技术在金融领域的深度应用，金融服务将呈现无界性的特点，实现"无所不在"的金融服务模式。金融服务的获取已经不再局限于网点等线下实体，而是围绕客户的需求实现随时随地、无感化地触及。

（二）混合云将成为企业应用的主要方向

在一个数据驱动型的社会中，越来越多的企业依靠云计算实现数字化转型。著名咨询公司 Gartner 预计，2019 年云市场将从 2018 年的 1750 亿美元上升到的 2060 亿美元，公共云收入将在 2019 年增长到 2062 亿美元，基础设施服务（IAAS）将是市场增长最快的部分。但公共云并不是一种适合所有类型企业的解决方案，对于有特定需求的机构来说，将所有内容移动到云上可能是一项艰巨和风险较大的任务。混合云模式提供了一个过渡解决方案，将现有的内部基础设施与公共云和私有云服务混合在一起。一般来说，混合云中的应用程序和数据可以在私有云和公共云之间来回传输，从而提供更多的可能性、部署选项和工具。例如，公共云可以用于高容量、低安全性的项目，如电子邮件广告，而内部云可以用于更敏感的项目，如财务报告。通过混合云，公司能够快速满足上云的需求，实现数字化转型，同时又具有灵活性和高效率。

（三）数据质量管理迅速兴起

人工智能、云计算和物联网技术大大扩展了数据获取的广度和深度。大数据分析已经超越了热门的 IT 趋势标签，成为数字经济最宝贵的资产之一。收集尽可能多的数据信息固然很重要，但数据质量与数据使用和解释的环境也同样重要。数据源和数据类型的差异增加了数据集成过程的复杂性，从大规模数据源中分析和提取价值可能带来一系列错误和低质量的报告。从准确了解客户到构建正确的业务决策，不良数据质量的后果是多方面的。因此，数据管理的兴起正成为公司商业智能战略中的一个重要优先事项。大多数公司都了解数据质量对于分析和进一步决策过程的影响，因此选择实施数据质量管理（DQM）政策、开设相关部门或进行相关技术研发。数据质量管理不仅在 2019 年的商业智能趋势中迅速兴起，而且也日益成为公司获得投资而采用的一项关键实践。满足严格的数据质量要求也有利于满足日益成熟和严格的数据技术标准和规范。

（四）区块链技术仍处于探索期，应用前景广阔

区块链技术的应用价值已不止于加密货币，扩展到经济社会的各个领域。当前区块链技术落地应用仍处于探索阶段，但随着越来越多科技巨头和国家对区块链技术的关注，区块链技术的应用正在加速。据统计，目前包括美国、日本等 20 多个国家政府专门立项研究区块链技术，或成立相关研究机构。区块链技术在以下四大应用领域具有较大的应用价值：一是点对点交易，如跨境支付和汇款、贸易清结算及金融产品的交易等。二是登记。区块链具有去中心化和可追溯的特点，它可以用作可靠的数据库来记录存储，如反洗钱客户识别信息和交易记录。三是确权，如验证土地所有权和其他合同或财产的真实性验证和转让。四是智能管理，即将"智能合约"应用于支付利息等。虽然区块链技

术具有广阔的应用前景，但目前区块链技术缺乏顶层设计和核心技术突破，面临人才短缺、较高的安全风险等问题，大范围应用仍需较长时间的探索。

（五）监管科技等新型监管方式成为监管共识，将获得广泛应用

在新技术环境中，金融机构面临七大金融风险：信用风险、操作风险、市场风险、流动性风险、合规风险、声誉风险和系统性风险，这些风险将以更具挑战性的形式展现。加强金融监管是未来很长一段时间内金融科技发展的基调。

当前中国对于金融科技的监管处于起步阶段，监管面临评估数据不足、技术更新等障碍，还不能完全适应金融科技高速发展的速度。要做到既鼓励创新，又审慎监管、及时监管和有效监管，需要结合自身发展情况，借鉴国外金融科技监管经验，注重监管科技的发展，确保金融科技行业健康可持续发展。2018 年，中国证监会发布的《中国证监会监管科技总体建设方案》，标志着中国证券业监管科技建设工作顶层设计的完成。从本质来看，监管科技是技术密集型产业，它的发展也顺应科技和金融融合发展的趋势，具有很强的落地性。目前在全球流行的"监管沙盒"就是监管科技的一种方式，中国也将在加速"监管沙盒"的落地。

（六）核心技术"ABCD"将加速金融与科技深度融合发展

基于对 Gartner 全球新兴技术成熟度曲线和金融科技核心底层技术的系统分析，以人工智能（AI）、区块链（blockchain）、云计算（cloud computing）和大数据（big data）为核心的"ABCD"将进一步加速金融科技的纵深发展，未来，将形成"ABCD+"技术生态系统，金融科技行业整个技术发展格局将更加清晰。

人工智能和大数据技术将继续作为业务赋能的关键技术。未来，人工智能将渗透到整个金融领域，从基础层到应用层，形成更加完备的人工智能生态体

系。大数据技术不仅可以实现物联网等新型尖端网络技术的集成。同时，它可以促进多学科的跨界融合，充分发挥出新时期跨学科和边缘学科的新功能与效用。区块链技术的迭代速度将加快，与云计算等其他新技术的融合将进一步深化。跨链技术将得到较大发展，公有链和联盟链将迅速发展，并率先实现区块链技术的落地应用。

图书在版编目（CIP）数据

中国智慧互联投资发展报告.2019 / 建投华科投资股份有限公司主编. —北京：科学技术文献出版社，2019.8

ISBN 978-7-5189-5884-9

Ⅰ.①中… Ⅱ.①建… Ⅲ.①互联网络—应用—投资—研究报告—中国—2019 Ⅳ.① F830.59-39

中国版本图书馆 CIP 数据核字（2019）第 158144 号

中国智慧互联投资发展报告（2019）

策划编辑：李 蕊 责任编辑：王瑞瑞 崔灵菲 责任校对：文 浩 责任出版：张志平

出 版 者	科学技术文献出版社	
地 址	北京市复兴路15号 邮编 100038	
编 务 部	（010）58882938，58882087（传真）	
发 行 部	（010）58882868，58882870（传真）	
邮 购 部	（010）58882873	
官 方 网 址	www.stdp.com.cn	
发 行 者	科学技术文献出版社发行 全国各地新华书店经销	
印 刷 者	北京时尚印佳彩色印刷有限公司	
版 次	2019 年 8 月第 1 版 2019 年 8 月第 1 次印刷	
开 本	710×1000 1/16	
字 数	284千	
印 张	21.75	
书 号	ISBN 978-7-5189-5884-9	
定 价	98.00元	